普洱学院 2020 年度校级重点科研专项规划项目"普洱茶论与实践"研究成果

普洱茶知识产权法律保护研究

郭　杰　著

中国商务出版社

·北京·

图书在版编目（CIP）数据

普洱茶知识产权法律保护研究 / 郭杰著. —北京：
中国商务出版社,2023.6
ISBN 978-7-5103-4589-0

Ⅰ.①普… Ⅱ.①郭… Ⅲ.①普洱茶-知识产权保护
-研究-中国 Ⅳ.①D923.404

中国版本图书馆 CIP 数据核字(2022)第 230856 号

普洱茶知识产权法律保护研究

PU'ERCHA ZHISHI CHANQUAN FALÜ BAOHU YANJIU

郭杰 著

出 版：	中国商务出版社	
地 址：	北京市东城区安外东后巷 28 号	邮 编：100710
责任部门：	发展事业部（010-64218072）	
责任编辑：	周青	
直销客服：	010-64515137	
总 发 行：	中国商务出版社发行部（010-64208388 64515150）	
网购零售：	中国商务出版社淘宝店（010-64286917）	
网 址：	http://www.cctpress.com	
网 店：	https://shop595663922.taobao.com	
邮 箱：	295402859@qq.com	
排 版：	旧雨出版	
印 刷：	北京银祥印刷有限公司	
开 本：	710 毫米×1000 毫米　　　1/16	
印 张：	13.5	字 数：235 千字
版 次：	2024 年 1 月第 1 版	印 次：2024 年 1 月第 1 次印刷
书 号：	ISBN 978-7-5103-4589-0	
定 价：	79.00 元	

前　言

随着社会的发展，人们渐渐意识到了知识产权对维护产业发展以及正当竞争的重要作用。如何通过做好茶产业的知识产权保护工作来促进茶产业不断发展，是当今我国茶产业面临的一个重要问题。

茶是世界三大饮料之一，随着人们健康生活观念的增强，茶产业日益发展壮大。在云南，茶业是其经济的重要支柱，在经济社会中具有特殊的地位，而作为其中的特色品种，普洱茶的产业化发展尤其应该予以特别关注。普洱茶产业是云南的重要传统优势产业，推进普洱茶产业发展，对提高云南省农业综合生产能力、增加农民收入、带动经济欠发达地区农民致富、促进云南省经济社会发展具有十分重要的意义。实施普洱茶产业知识产权保护是保证普洱茶产业长久持续发展的基础，并已成为当地政府、企业的共同目标。普洱茶产业涉及普洱茶生产、销售的各个环节，包括从源头的种质资源保护，到生产、销售环节涉及的专利权、商标权传统领域著作权的知识产权保护，再到地理标志、非物质文化遗产等特殊领域的知识产权保护，特别是对古茶树资源的知识产权保护，更是值得研究和探讨。本书从诸多角度对普洱茶产业发展的现状进行了分析，对普洱茶知识产权保护的诸多环节进行了研究。

本书一共分为七章，第一章主要阐述了普洱茶产业发展现状及趋势，第二章主要阐述了普洱茶传统知识产权保护，第三章主要阐述了普洱茶种质资源知识产权保护，第四章主要阐述了普洱茶地理标志知识产权保护，第五章主要阐述了普洱古茶树资源知识产权保护，第六章主要阐述了普洱茶非物质文化遗产保护，第七章主要阐述了普洱茶品牌建设与开发策略。

为了确保研究内容的丰富性和多样性，作者在创作过程中参考了大量理论与研究文献，在此向涉及的专家学者表示衷心的感谢。

由于笔者水平有限，加之时间仓促，本书难免存在疏漏，恳请各位读者批评指正！

作　者
2022 年 11 月

目　　录

第一章　普洱茶产业发展现状及趋势 ························· 1

    第一节　普洱茶的起源及发展 ····························· 1

    第二节　普洱茶的界定及国家标准 ······················· 3

    第三节　普洱茶产业发展现状及发展趋势 ················· 7

    第四节　普洱茶产业发展中的 IPO 困境分析 ·············· 19

第二章　普洱茶传统知识产权保护研究 ····················· 25

    第一节　知识产权概述 ································· 25

    第二节　传统知识产权 ································· 27

    第三节　普洱茶产业与传统知识产权 ····················· 33

    第四节　普洱茶老字号知识产权保护——同庆号商标权 ········· 38

    第五节　普洱茶知名山头茶知识产权保护——曼松商标权 ········ 46

    第六节　普洱茶商标性意义使用的认定——凤山商标权 ········· 51

    第七节　普洱茶知名商品特有名称、包装、装潢保护——大益和小罐茶
商标权 ··· 55

第三章　普洱茶种质资源知识产权保护 ····················· 64

    第一节　普洱茶种质资源 ······························· 64

    第二节　普洱茶植物新品种知识产权保护 ················· 69

    第三节　普洱茶植物新品种权纠纷中潜在问题分析 ··········· 74

第四章　普洱茶地理标志知识产权保护 ····················· 97

    第一节　地理标志的概念、价值及法律保护 ··············· 97

    第二节　我国地理标志保护途径及关键争议 ··············· 101

    第三节　普洱茶地理标志的利用和保护 ··················· 107

    第四节　普洱茶地理标志保护存在问题及解决 ·············· 112

　　第五节　普洱茶地理标志的正确使用 …………………………… 120

第五章　普洱古茶树资源知识产权保护 …………………………… 125

　　第一节　古茶树保护的意义及现状 …………………………… 125

　　第二节　古茶树资源保护立法中的政府角色 ………………… 134

　　第三节　古茶树资源保护立法中的参与者权益 ……………… 144

第六章　普洱茶非物质文化遗产保护研究 ………………………… 157

　　第一节　非物质文化遗产的概念、特征 ……………………… 157

　　第二节　我国非物质文化保护的法律体系 …………………… 160

　　第三节　非物质文化遗产的知识产权保护 …………………… 162

　　第四节　普洱茶非物质文化遗产的法律保护 ………………… 165

　　第五节　普洱茶非物质文化遗产数据库的法律保护 ………… 178

第七章　普洱茶品牌建设与开发策略 ……………………………… 183

　　第一节　我国茶叶区域品牌发展状况 ………………………… 183

　　第二节　普洱茶区域品牌经营状况分析 ……………………… 191

　　第三节　普洱茶区域品牌构建的策略与建议 ………………… 199

参考文献 ……………………………………………………………… 208

第一章　普洱茶产业发展现状及趋势

第一节　普洱茶的起源及发展

一、普洱茶的起源

普洱茶起源于什么时间、什么地方，虽然已有通论，但是仍不乏争议。普洱茶因为起源地属于边远地区，与中心统治地区远隔千山万水，加之受汉族文化影响较浅，文字记载极少，所以可查找的和可以互为印证的历史资料非常少。

大致有几种说法。一是较为公认的关于最早普洱茶的文字记录是唐朝樊绰于咸通四年（公元863年）撰写的《蛮书》，其中在《蛮书·云南管内物产卷七》中记载："茶出银生城界诸山，散收无采造法，蒙舍蛮以椒、姜、桂和烹而饮之。"这是最早关于普洱茶的文字记录。此记载中的"银生"，在范文澜、蔡美彪等著十卷本《中国通史》和《云南大百科全书》有载："银生节度与银生府同城而治，位于景东县城，即今景东彝族自治县锦屏镇。"银生节度又称开南节度，是唐南诏七节度之一，银生府又是银生节度的下设机构，辖区包括了今普洱市、临沧市一部、西双版纳州等地，这一带从目前的文字记录看也是较为公认的茶的起源地。此记载中的蒙舍蛮即南诏国的统治民族，南诏统一前在洱海周围有"六诏"（六个小邦国），南面的蒙舍诏又称"南诏"，其民族属于当时所称"乌蛮"的一部分，其他五诏的民族都是"白蛮"，后来南诏统一其他五诏建南诏国，并先后征服今云南大部分地区。"蒙舍蛮"是当时"乌蛮"的一支，是南诏国的统治民族，所饮之茶应该是来自"银生城界诸山"的古老的普洱茶，只是在饮用时有加上椒、姜、桂煮饮的习俗。二是起源于三国时期的说法。如清代檀萃撰著的《滇海虞衡记》，记载了云南的风土人情、风物习俗，并记载有"茶山有茶王树，较五山独大，本武侯遗种，至今夷民祀之"。此外，清道光年间的《普洱府志》卷二十记载："旧传武侯遍历六茶山，留铜锣于攸乐、置鏄于莽枝、埋铁砖于蛮砖、遗木梆于倚邦、埋马镫于革登、置撒袋于慢撒。因以名其山，又莽芝有茶王树，较五山茶树独大，相传为武侯遗种，今夷民犹祀之。"这两本书可以相互印证孔明兴茶和武侯遗种传说，另外种茶先民布朗族分支基诺族至今仍深信武侯遗种传说，并世代相传，每年都要祭祀诸葛亮，将其视为茶祖进行祭拜。但是也有学者指出根据诸葛亮南征的历史记载，诸葛亮不可能到达普洱、西双版纳、临沧等滇南地区，最远只可能到昆明周边地区。三是在缅甸掸邦木埠布朗族聚居区发现的一本名叫《布朗族志》的布朗族经书中，用傣文写的经书记录留下了有关"孔明兴茶"的文字，记载"布朗族 1800 多年前已在今澜沧景迈山芒景建村和种茶"。三种说法谁最可信，仍需要不断考究，需要其他资料相互印证。

二、普洱茶历史发展

根据清代阮福写的《普洱茶记》记载，"西番之用普茶，已自唐时"，证明产于西双版纳产的普洱茶，在唐代就已经销往全国各地了。该书包含普洱茶的历史渊源、六大茶山、贡茶案册、采摘时间及相应茶叶品种名称等多方面的知识，是了解古代普洱茶发展史不可多得的资料。

宋代文人王禹偁写的《龙凤茶》"香於九畹芳兰气，圆似三秋皓月轮。爱惜不尝惟恐尽，除将供养白头亲"，记载的圆茶就是普洱茶茶饼，证明在宋代已有压制普洱茶。元代李京在《云南志略·诸夷风俗》中写到"金齿百夷（指傣族），交易五日一集，以毡、布、茶、盐相互贸易"，可见普洱茶在滇南傣族居住地区已经成为市场上交换货物的重要商品。

明代谢肇淛在《滇略》中所写"士庶所用，皆普茶也"，"普茶"一词首次进入文字记载。另据史料记载，清朝统治期间，普洱茶的产销十分旺盛，仅清顺治十八年（公元 1661 年）销往西藏地区的普洱茶就达 3 万担之多，同治年间仅慢撒茶山（现今易武）就年产 5 千余担。之后清政府云南总督鄂尔泰在普洱设置"普洱府治"，施行改土归流，在攸乐山（今景洪市基诺族乡），设置"攸乐同知"，征收茶捐。在勐海、勐遮、易武、倚邦等茶山，设置"钱粮茶务军功司"，专管粮食、茶叶交易。清乾隆元年（公元 1736 年）撤销攸乐同知，设置"思茅同知"，并在思茅设官茶局，在"六大茶山"分设"官茶子局"，负责管理茶叶税收和收购。在普洱府道设茶厂，茶局统一管理茶叶的加工制作和贸易，一改历代民间贩卖交易为官府管理贸易，更是促进了普洱茶的产销和知名度。同时，由于商品经济的发展，1732 年同兴号茶庄在普洱府成立，之后的如雷永丰号，同庆号、陈云号、车顺号、兴顺祥、江城号、敬昌号等茶号相继成立，大大促进了普洱茶的生产和交易，繁荣了普洱茶市场，促进了普洱茶知名度的提高。正如清代檀萃在《滇海虞衡记》记载"普茶名重于天下，此滇之所以为产而资利赖者也，出普洱所属六茶山，一曰攸乐、二曰革登、三曰倚邦、四曰莽枝、五曰蛮砖、六曰慢撒。周八百里，入山作茶者数十万人，茶客收买，运于各处，每盈路，可谓大钱粮矣"。

　　新中国成立后，印记茶逐渐取代号记茶，印记茶分为红印、蓝印、黄印等。1972 年，中国土产畜产进出口公司云南茶叶分公司正式成立，这一时期的普洱茶多以"七子饼"为主，分为熟茶、生茶两种，开创了普洱茶七子饼时代，并影响至今。改革开放后，受诸多因素影响，普洱茶产业始终未能实现高速发展。2000 年以后，云南省通过举办普洱茶研讨会、普洱茶节、普洱茶国际博览交易会、推介会、马帮进京、迎回贡茶等方式，使普洱茶知名度和普洱茶文化影响力迅速提升；随后将现代先进科技引入普洱茶产业发展，便捷性袋泡茶、茶粉等产品的出现，以及区块链等数字技术的加入，使得普洱茶的便利性、安全性和数字化、标准化、规模化、国际化、品牌化都得到快速发展。

第二节　普洱茶的界定及国家标准

　　普洱茶在相当长的一段时期内，没有统一的界定标准，概念也比较模糊。比如产地范围，普洱茶既然是以产地命名，那么在哪些范围以内生产的才是普洱茶？这些范围以内生产的红茶、绿茶算不算普洱茶？所以就出现了普洱红茶和普洱绿茶。直到《普洱茶云南省地方标准》和普洱茶国家标准的相继出台，普洱茶才有了统一的定义和标准。

　　2003 年 3 月 1 日施行的《普洱茶云南省地方标准》中规范了普洱茶的定义："普洱茶是以云南省一定区域内的云南大叶种晒青毛茶为原料，经过后发酵加工成的散茶和紧压茶。其外形色泽褐红，内质汤色红浓明亮，香气独特陈香，滋味醇厚回甘，叶底褐红。"

　　这个定义包括了以下四个内容：①普洱茶的产地是云南省一定区域；②普洱茶采用的原料是云南大叶种晒青毛茶；③普洱茶加工工艺是独特的后发酵工艺，包括自然后发酵工艺和人工渥堆后发酵工艺两种；④普洱茶的感官指标必须符合《普洱茶云南省地方标准》，即外形色泽褐红，内质汤色红浓明亮，香气独特陈香，滋味醇厚回甘，叶底褐红。

2008 年 6 月 17 日，在普洱茶地方标准的基础上出台了国家标准《地理标志产品普洱茶》，并于 2008 年 12 月 1 日起正式施行。普洱茶国家标准规定了普洱茶地理标志保护范围，规范了普洱茶的概念和定义，从文字和实物两个方面明确了普洱茶生茶和普洱茶熟茶的类型和分级标准；并对普洱茶树生长的地理、气候、土壤环境、茶园种植、施肥、植保、修剪和采摘管理等做出了明确的规定；对普洱生茶和普洱茶熟茶的加工工艺流程和技术要求做出了具体的规定。普洱茶国家标准的出台，对规范普洱茶行业的健康发展提供了有力依据。

普洱茶国家标准《地理标志产品普洱茶》规定普洱茶必须以地理标志保护范围内的云南大叶种晒青茶为原料，并且在地理标志保护范围内采用特定的加工工艺制成。云南省人民政府发布的《普洱茶地理标志产品保护管理办法》规定的普洱茶地理标志产品保护范围为昆明市、楚雄州、玉溪市、红河州、文山州、普洱市、西双版纳州、大理州、保山市、德宏州、临沧市共 11 个州（市）75 个县（市、区）639 个乡（镇、街道办事处）现辖行政区域。普洱茶国家标准在《普洱茶云南省地方标准》的基础上，对普洱茶地理标志保护范围进行了细化，明确到了地市县乡。非上述地理标志保护范围内地区生产的茶不能叫普洱茶，云南茶企业到上述地理标志保护范围外的地区购买茶青，以此为原料做成的茶也不能叫普洱茶。

普洱茶国家标准《地理标志产品普洱茶》中规定的晒青茶的感官品质特征要求（见表 1-1）。

表 1-1 普洱茶晒青茶感官品质特征

级别	外形				内质			
	条索	色泽	整碎	净度	香气	滋味	汤色	叶底
特级	肥嫩紧结芽显毫	绿润	匀整	稍有嫩茎	清香浓郁	浓醇回甘	黄绿清净	柔嫩显芽
二级	肥壮紧结显毫	绿润	匀整	有嫩茎	清香尚浓	浓厚	黄绿明亮	嫩匀
四级	紧结	墨绿润泽	尚匀整	稍有梗片	清香	醇厚	绿黄	肥厚
六级	紧实	深绿	尚匀整	有梗片	纯正	醇和	绿黄	肥壮
八级	粗实	黄绿	尚匀整	梗片稍多	平和	平和	绿黄稍浊	粗壮
十级	粗松	黄褐	欠匀整	梗片较多	粗老	粗淡	黄浊	粗老

普洱茶国家标准对普洱茶（熟茶）散茶的感官品质特征要求（见表1-2）。

表1-2　普洱茶（熟茶）散茶感官品质特征

级别	外形				内质			
	条索	整碎	色泽	净度	香气	滋味	汤色	叶底
特级	紧细	匀整	红褐润显毫	匀净	陈香浓郁	浓醇甘爽	红艳明亮	红褐柔嫩
一级	紧结	匀整	红褐润较显毫	匀净	陈香浓厚	浓醇回甘	红浓明亮	红褐较嫩
三级	尚紧结	匀整	褐润尚显毫	匀净带嫩梗	陈香浓纯	醇厚回甘	红浓明亮	红褐尚嫩
五级	紧实	匀齐	褐尚润	尚匀稍带梗	陈香尚浓	浓厚回甘	深红明亮	红褐欠嫩
七级	尚紧实	尚匀齐	褐欠润	尚匀带梗	陈香纯正	醇和回甘	褐红尚浓	红褐粗实
九级	粗松	欠匀齐	褐稍花	欠匀带梗片	陈香平和	纯正回甘	褐红尚浓	红褐粗松

一、国家标准普洱茶的理化指标

普洱茶的理化指标是指对水分、总灰分、粉末、水浸出物、茶多酚、粗纤维的含量指标。对于晒青茶、普洱茶（生茶）、普洱茶（熟茶）各有不同的要求指标（见表1-3、表1-4、表1-5）。

表1-3　晒青茶理化指标

项目	指标/%
水分	≤10.0
总灰分	≤7.5
粉末	≤0.8
水浸出物	≥35.0
茶多酚	≥28.0

表1-4　普洱茶（生茶）理化指标

项目	指标/%
水分	≤13.0[①]
总灰分	≤7.5
水浸出物	≥35.0
茶多酚	≥28.0

注：① 净含量检验时计重水分为10.0%。

表1-5　普洱茶（熟茶）理化指标

项目	指标/%	
	散茶	紧压茶
水分	≤12.0①	≤12.5②
总灰分	≤8.0	≤8.5
粉末	≤0.8	—
出物	≥28.0	≥28.0
粗纤维	≤14.0	≤15.0
茶多酚	≥15.0	≥15.0

注：①② 净含量检验时计重水分为10.0%。

国家标准对普洱茶（生茶）紧压茶要求如下：外形色泽墨绿，形状端正匀称、松紧适度、不起层脱面；洒面茶应包心不外露；内质香气清纯、滋味浓厚、汤色明亮，叶底肥厚黄绿。

普洱茶（熟茶）紧压茶要求外形色泽红褐，形状端正匀整、松紧适度、不起层脱面；洒面茶应包心不外露；内质汤色红浓明亮，香气独特陈香，滋味醇厚回甘，叶底红褐。

二、国家标准普洱茶的安全性指标要求

晒青茶及普洱茶的安全性指标会考虑到各种有害物质的含量限值和致病菌的检查，一共有17项（见表1-6）。

表1-6　晒青茶及普洱茶安全性指标

项目	指标/%
铅（以Pb计）/（mg/kg）	≤5.0
稀土/（mg/kg）	≤2.0①
氯菊酯/（mg/kg）	≤20.0
联苯菊酯/（mg/kg）	≤5.0
氯氰菊酯/（mg/kg）	≤0.5
溴氰菊酯/（mg/kg）	≤5.0
顺式氰戊菊酯/（mg/kg）	≤2.0
氟氰戊菊酯/（mg/kg）	≤20.0
乐果/（mg/kg）	≤0.1
六六六（HCH）/（mg/kg）	≤0.2
敌敌畏/（mg/kg）	≤0.1
滴滴涕（DDT）/（mg/kg）	≤0.2
杀螟硫磷/（mg/kg）	≤0.5
喹硫磷/（mg/kg）	≤0.2
乙酰甲胺磷/（mg/kg）	≤0.1
大肠菌群/（MPN/100g）	≤300
致病菌（沙门氏菌、志贺氏菌、金黄色葡萄球菌、溶血性链球菌）	不得检出

注：①关于茶叶稀土限量标准，国家卫计委已经在 2017 年（GB2761－2017）正式取消，其他安全性指标按国家相关规定执行。

国家标准还对普洱茶产品的术语和定义、类型、等级、品质要求、试验方法、检验规则及标志、包装、运输和贮存做了具体规定。如标签标识要真实反映产品的名称，如普洱茶（熟茶）、普洱茶（生茶），厂名、厂址、生产日期、质量等级、产品标准号等，应清晰可见。在符合国家标准的贮存条件下，普洱茶适宜长期保存。

第三节　普洱茶产业发展现状及发展趋势

普洱茶主产区集中于普洱市、西双版纳傣族自治州、临沧市。普洱市是最早发现和利用茶的地区之一，种茶、制茶、饮茶的历史悠久；普洱市拥有国际茶叶委员会授予的"世界茶源"称号，是世界公认的茶树起源地和核心地带。普洱市茶产业覆盖全市 10 个县（区），茶农数量占全市人口数量的一半以上，茶产业的收入在农民总收入中占据重要地位，茶产业是全市社会经济发展的支柱产业之一，普洱市的茶叶种植面积、产量、产值均居全省前列。所以，探讨普洱茶产业发展现状及发展态势，特以普洱市为例展开。

一、普洱市茶产业基本情况

（一）普洱市基本市情

普洱市是"茶马古道"上的重要驿站，也是普洱茶的重要产地之一。其位于云南省的西南部，东临红河、玉溪，南接西双版纳，西北连临沧，北靠大理、楚雄；东南与越南、老挝接壤，西南与缅甸毗邻。普洱市南北纵距 208.5 公里，东西横距北部约 55 公里、南部约 299 公里，总面积 4.5 万平方公里，是云南省面积最大的市（州），地处北纬 22° 02′－24° 50′、东经 99° 09′－102° 19′之间，海拔在 317~3370 米之间，中心城区海拔约 1302 米。另外，普洱市年平均气温在 15~20.3℃之间，年无霜期在 315 天以上，年降雨量在 1100~2780 毫米之间。由于受亚热带季风气候的影响，这里大部分地区常年无霜，冬无严寒，夏无酷暑，享有"绿海明珠""天然氧吧"之美誉。独特的高原气候和偏酸性红土以及澜沧江所形成的特有生态系统，让大叶种普洱茶形成了丰富的茶叶内质，"天赐普洱，世界茶源"，普洱茶所含有的成分和种类、含量与其他品种的茶叶大不相同，所表现出来的耐泡度、汤色、香气、口感都不一样，与其他茶叶相比有明显的优势特点。普洱茶能采摘的时间很长，一年内采摘期为 3 月到 11 月。

（二）普洱市茶产业发展基本情况

近年来，普洱市茶产业发展迅猛，截至 2021 年 1 月，普洱市茶产业一二三产业融合发展，茶叶种植面积 166.85 万亩，同比增长 1.21%，其中可采摘面积 156.5 万亩，同比增长 1.29%；毛茶产量 11.82 万吨，同比增长 0.51%；综合产值 293 亿元，同比增长 7.73%，其中农业产值 59.2 亿元，同比增长 2.96%，工业产值 105 亿元，同比增长 8.84%,第三产业产值 128.8 亿元,同比增长 9.15%；毛茶均价 50.08 元/公斤，同比增长 2.43%，平均单产 75.52 公斤/亩，同比下降 0.77%；茶产业上缴税收 10253 万元，同比增长 18.8%。

二、普洱市普洱茶产业发展现状

普洱市茶产业是一个系统概念，具体来说可以分为普洱茶第一产业、第二产业、第三产业。近年来，普洱市普洱茶全链条产业都获得了巨大发展，但不得不承认，还存在一些问题，亟须解决。笔者按照农业、工业、服务业来分别介绍普洱茶，普洱茶农业主要是指不需要经过深加工就生产可消费的原料的环节；普洱茶工业主要指对原料进行初步和深度加工生产的环节；普洱茶服务业主要指为第一、第二产业提供流通和服务的交通、物流、金融、咨询、教育、科研等环节。

（一）普洱茶第一产业发展现状

近年来,普洱茶第一产业获得巨大发展，无论是在普洱茶种质规模上，还是种植质量上都有很大进步，在传统普洱茶农业的基础上，又突出了绿色、有机特点。

（1）普洱市加大茶园基地、茶叶产品、茶叶加工的有机、绿色认证，严格按照程序做好茶产业绿色发展政策支持资金的申报和拨付管理。一是制定了《普洱市茶园施用农药化肥目录》《普洱国家绿色经济试验示范区农药经营管理使用办法》，规范茶园管理；出台了《普洱市人民政府关于普洱市茶产业绿色发展的实施意见》，采取"领证后补"的方式，对面积 500 亩以上、获得国内外具有认证资质的机构绿色认证的茶园，市级财政分别按照每亩 50

元、100 元标准给予茶园经营主体一次性奖励，获得有机认证证书后连续 3 年续证的奖励 10 万元，连续 5 年续证的奖励 20 万元，用于支持绿色、有机茶园基地建设。二是按照《普洱市人民政府关于普洱市茶产业绿色发展的实施意见》，明确了龙头企业有机茶产业发展扶持政策和标准，采取"领证后补"的方式，完成 2017—2019 年 79 家企业 189.2 万元初次有机茶园认证补助兑付。三是积极组织企业申报云南省茶产业绿色发展政策支持资金，截至 2021 年 1 月普洱市申报绿色（农产品）茶园认证企业 6 家，认证面积 2.8 万亩；申报有机（农产品）茶园认证企业 74 家，认证面积 19.8 万亩；申报茶叶地理标志证明商标 1 家；申报茶叶初制所建设 3 家；共涉及省级财政补助资金 4500.75 万元。四是制定出台了《普洱市有机农业发展三年行动计划》，完善有机茶产品标准体系，加强日常监测和风险监控，搭建有机销售平台，规划到 2022 年，全市有机茶园面积达 60 万亩以上。截至 2021 年 1 月，普洱市有机茶园认证面积 43 万亩，其中，获得中国有机茶园认证 155 户企业共计 208 张证书，认证企业数和认证证书数量均居全国第一。2020 年，普洱市有 61 家企业共计 8.13 万亩茶园完成初次有机认证登记工作。

（2）积极引进国内外有资质的有机认证机构入驻云南，严格落实认证监督管理各项制度，加强有机茶园、有机茶产品的认证工作，强化茶产品市场监督。一是成立了云南直通欧盟、美国、日本等多个国家和地区的有机认证机构——南京国环有机产品认证中心普洱分中心、北京爱科赛尔认证中心云南分中心，引进了中国质量认证中心、北京五洲恒通等有资质的认证公司在普洱开展有机认证工作。二是组织开展普洱市有机茶认证培训，共有 157 户企业 200 余名有机茶认证员参加培训，有效提升了普洱市有机茶从业人员有机生产技术水平和品牌意识。三是在普洱市范围内组织开展有机茶产品质量风险监测工作，对普洱市有机茶认证企业和有机茶产品进行检测，全面掌握普洱市有机茶产品质量安全状况，共涉及 169 家有机茶生产企业，抽取样品 217 个批次。

（二）普洱茶第二产业发展情况

近年来，普洱市普洱茶产业在政府的积极推动和社会各界的共同努力下，实现了飞跃发展，并形成了自有特色。

1. 重视生产环节的绿色、有机认证

积极组建有机茶产业联盟，扩大联盟覆盖面，加强全省有机茶生产主体行业自律，推动建立统一的生产标准、区域品牌和服务平台，提高普洱茶产品竞争力。一是整合普洱市有机茶企业优势资源，组建普洱市有机茶联合会，制定《普洱市有机茶产业联合会章程》，对 61 家联合会成员进行有机茶生产培训。同时，加大监管力度，规范有机产业发展，逐步构建"政府主导、部门联动、行业自律、企业自主"的品牌建设体系，推动普洱市有机茶区域品牌、企业品牌、产品品牌集群发展。二是思茅区获国家认证认可监督管理委员会批准创建国家有机产品认证示范区，示范引导普洱市企业积极融入有机茶产业集群，建立统一的生产标准、区域品牌和服务平台，进一步提高普洱茶产品区域品牌竞争力。三是通过推行"企业+基地+农户+标准"的农业标准化生产模式，实施产前、产中、产后全过程质量控制的标准化管理，使食品生产经营的每个环节都有标准可依、有规范可循，以点带面、辐射带动普洱市高原特色现代农业产业的发展。截至 2021 年 1 月，普洱市已建成茶产业类标准化示范区 5 个（国家级 4 个、省级 1 个）。

2．重视普洱茶初步加工环节，全面规范普洱茶初制所

（1）根据《云南省全面规范茶叶初制所建设行动方案》，对辖区茶叶初制所进行普查建档，实现了规范化茶叶初制所全部建档管理。制定了《普洱市全面规范茶叶初制所建设行动方案》，对普洱市规范茶叶初制所建设行动进行了全面安排部署。一是开展全面宣传。通过各类媒体平台进行广泛宣传，积极营造良好的社会舆论氛围；对辖区内的茶叶初制所进行全覆盖的宣传告知。二是开展集中整治。对辖区内茶叶初制所进行全面摸底，全面掌握辖区内茶叶初制所基本情况，按照"一所一档"的要求建立茶叶初制所档案，截至 2021 年 1 月，共建档茶叶初制所 2306 户。

（2）按照《云南省茶叶初制所建设管理规程（试行）》（以下简称《建设管理规程》）对原有茶叶初制所进行提质改造，新建的茶叶初制所严格按照《建设管理规程》建设和验收。对通过验收的茶叶初制所按照《云南省食品生产加工小作坊登记管理办法》的规定予以登记。一是制定出台《普洱市绿色茶叶初制厂技术规范（试行）》，加紧编制《普洱茶加工技术规程》《有机普洱茶质量控制技术规范（试行）》《绿色普洱茶质量控制技术规范》等地方标准，截至 2021 年 1 月，完成对 153 个茶叶初制所标准化、清洁化提升改造。二是按照《建设管理规程》要求，重点对茶叶初制所生产加工条件是否符合《云南省茶叶初制所建设规范》；鲜叶采收管理是否规范；加工环境是否卫生；加工工艺是否科学；生产加工过程是否全程控制；食品安全管理台账记录是否完整真实；标识初制产品标签是否正确；是否存在使用不合格原料进行加工；是否存在生产销售不合格初制茶叶产品；是否存在假冒绿色食品、有机产品认证标志和假冒古茶树产地、古茶树产品、"傍名牌"误导消费等违法行为。对符合规范的茶叶初制所按照"符合一家，验收一家，登记一家"的原则进行验收和登记。截至 2021 年 1 月，各县（区）市场监管局和茶特中心已完成 349 户茶叶初制所验收工作，对 172 户符合条件的初制所进行了小作坊登记发证。

（3）加大政策宣传，鼓励符合条件的规范化茶叶初制所积极申报云南省茶产业绿色发展政策支持资金。下发《普洱市绿色茶叶初制厂技术规范（试行）》建设规程，推动以企业自主实施为主、项目支持为辅的模式，整合国家现代农业产业园、云南省"一县一业"示范县建设项目、华能集团扶贫和上海金山区援助扶贫等项目资金，推进标准化茶叶初制所提升改造建设。

3. 培育、壮大普洱茶生产制造业

一是积极推进规上企业培育力度，鼓励普洱市农业产业化重点龙头企业升规达规。二是创新龙头企业培育扶持机制。以现有的澜沧古茶、天士力、祖祥等优势企业为依托，推进深加工项目建设，延伸产业链。全力支持澜沧古茶做大做强，帮助企业争取帮扶措施和惠企政策。三是坚持外引与内培并举，通过完善政策措施，改善投资环境，积极推进中国茶谷建设项目，引进武汉格睿特科技有限公司入驻普洱市，在茶叶花青素、茶多酚、黄酮等多种生物活性物质提取深加工项目上实现转型升级；引进云南云垦茶业集团在普洱市成立云南国资有机茶业有限公司，计划投资 20 亿元，与普洱茶投资集团合作开发绿色云茶、有机茶产业综合示范区，加快现代茶园有机化进程，建设省内顶尖有机加工厂，打造全国知名的有机品牌；与云南中茶茶业有限公司开展多轮会谈，成立中茶普洱茶叶有限公司，合力提高普洱市茶叶附加值、促进普洱市茶产业高质量发展。

（三）普洱茶第三产业发展情况

普洱市成立了多个集中的茶叶交易市场，规范管理，加大政策支持，使茶叶交易行情逐年增长，同时积极与相关机构合作，构建以普洱茶原料交易为核心、服务全产业链茶农茶企、线上线下一体化和开放共享的数字化综合服务平台，普洱茶交易市场线上平台已于 2021 年 1 月开通试运行。另外，普洱市积极引进京东、淘宝、抖音等平台，开展普洱茶线上销售经营。普洱市质量技术监督综合检测中心于 2016 年开始探索普洱茶质量追溯体系，2020 年 6 月建成"普洱茶品质区块链追溯平台"，该平台是云南省打造世界一流"绿色食品牌"的重点项目，也是云南省首个场景式普洱茶区块链追溯平台，自上线以来至 2022 年 2 月，共有线上企业 41 家，线上品牌 40 个，线上产品 67 个批次，发放追溯标签 136360 枚，实现扫码总数 242622 次，实现了"从茶园到茶杯"产业链全程可追溯，为普洱茶产业发展插上了大数据翅膀。

1．加大普洱茶企业和茗茶庄园建设和推介宣传力度

（1）积极组织企业参加优质企业评选，加强推介宣传。按照云南省打造世界一流"绿色食品牌"工作领导小组办公室印发的《关于开展 2020 年云南省绿色食品"10 强企业"和"20 佳创新企业"评选活动的通知》要求，积极组织企业参加评选。经市县两级审核，共推荐澜沧古茶、天士力等 6 户企业参加评选 2019 年"10 强企业""20 佳创新企业"，对 2018 年、2019 年获奖涉茶企业开展重点宣传推介，鼓励获奖企业积极宣传企业品牌。

（2）因地制宜建设一批名茶庄园，推动茶旅结合，利用"一部手机游云南"等平台加强宣传推介和线上销售。一是持续推进百里普洱茶道、普洱国家公园、茶马古道旅游景区、天士力帝泊洱生物茶谷、茶马古城·旅游小镇、普洱茶小镇、中华普洱茶博览苑等文化旅游项目建设，建成运营倚象山房车营地半山酒店，依托周边绿水青山、茶山云海等优势资源，结合房车营地，打造集户外露营、茶园康养、研习游学为一体的茶旅融合项目。二是根据《普洱市人民政府办公室关于印发普洱市旅游庄园创建实施方案（试行）》，积极培育柏联普洱茶庄园、三国庄园、银生庄园、雅咪红庄园等多样化的普洱茶旅游庄园，促进普洱茶一二三产业融合发展，提高普洱茶产旅融合程度，延伸产业链。三是充分利用"一部手机游云南"App 等平台推介名优商品 53 项，涵盖文创产品、传统名茶、特产食材、特色零食、冲调饮品等类别，以天士力帝泊洱茶珍、柏联普洱茶为代表的茶叶商品日益丰富，深受消费者喜爱。

2．多措并举，为普洱茶企业发展、壮大提供优质服务

（1）贯彻落实《云南省人民政府办公厅关于培育壮大农业小巨人的意见》（云政办发〔2015〕92 号），推进金融机构培育农业小巨人金融服务，引导鼓励金融机构进一步加大对茶企支持力度。制定出台《普洱市人民政府关于普洱市茶产业绿色发展的实施意见》《普洱市人民政府关于创新金融服务机制推进普洱茶产业产融发展的实施意见》，鼓励金融机构加大普洱茶产业开发创新产品及中小企业的支持力度。一是鼓励和支持融资担保机构积极为符合条件的茶叶企业和茶农提供融资担保服务，撬动更多银行信贷资金满足茶产业的资金需求。2020年，普洱市融资担保机构累计为390户茶企和茶农提供融资担保服务，累计融资担保金额13157.5万元，截至2021年1月，在保茶企和茶农共432户，在保金额16237.5万元。二是引导融资担保机构为茶企和茶农减免担保费，降低其融资成本。2020年，普洱市融资担保机构为33笔融资担保减免担保费用33.47万元。成功争取一家融资担保公司按照承保金额的0.5%/年~0.8%/年（有扶贫带动项目的0.5%/年）收取绿色优惠费率。三是助推市政府与银行战略合作协议落地，助力完成云南省人民政府与中国建设银行深度合作打造的数字化平台，打通农村经济"微循环"，完成普洱茶品质区块链追溯平台第一批试点企业纯信用线上贷款授信额度1110万元。

（2）贯彻落实《云南省人民政府办公厅关于印发云南省推进企业上市倍增三年行动方案（2019－2021年）的通知》（云政办发〔2019〕2号），截至2021年1月，从200家省级后备企业资源库中精准确定50户重点企业作为"金种子"企业，予以重点扶持、重点推进、重点突破。一是制定了《普洱市推进企业上市倍增三年行动工作方案》（普政办函〔2019〕68号），在省级基础上，加大财政对企业上市的奖励力度。2020年，为有关企业共申报争取市本级上市挂牌财政奖励补助资金280万元。二是"金种子"企业所在州市人民政府和所属省级行业主管部门要分别建立领导负责、有关部门和专家及中介机构参加的工作专班，建立"一对一"联系机制。三是做好"金种子"企业上市协调服务工作，对"金种子"企业上市工作进行全程跟踪服务。2020年，根据证监会对上市企业提交申报材料的要求，24小时内与北京、上海、广州、深圳、佛山等地市场监管、公安、银行、法院等部门协调，为企业出具企业守法情况证明函件40余份。四是召开工作专班会议，会同企业研究梳理改制上市问题清单，研究制订服务方案，帮助拟上市企业协调解决历史遗留行政合规性等问题。截至2021年1月，普洱市共有4家云南省"金种子"企业（其中1家茶企），数量居全省第三位。

3. 运用大数据，建立普洱茶品质追溯体系

（1）抓好茶产品质量追溯体系建设，实现"一品一码"的质量安全信息化追溯。一是在全省率先成立普洱茶生产企业诚信联盟，选取普洱市26

座古茶山中的景迈山、普洱山、凤凰山、无量山、景谷山、千家寨、江城号为代表成立了 7 家产业联盟，制定高于国家标准的诚信联盟企业产品标准，探索出生产有记录、加工可查询、流向可追踪、质量可追溯的产品质量安全追溯体系。二是利用思茅区国家现代农业产业园建立了思茅区有机茶互联网溯源平台，与国内外 7 家科研机构合作，建立 2 个院士专家工作站、1 个研究院、1 个国家级检验检测中心、2 个技术研发中心、3 所茶专业高等院校。建立农业物联网数据交换共享和可视化农产品追溯体系，建成智慧茶山物联网及溯源平台，促进农业技术和信息技术的深度融合。三是普洱茶投资集团创新、培育了茶产业投融资平台。普洱茶投资集团探索了基于普洱茶纹路成像识别技术、银行票据特种印刷防伪技术、NFC 加密芯片等"三重防伪"技术及"一品一码"技术的普洱茶防伪追溯系统。四是启动普洱市普洱茶品质区块链追溯平台，建成全省最具代表性普洱茶产品质量可追溯安全体系。建成平台门户网站、公众服务应用端、企业生产应用端、平台运营管理端"一门户、三终端"的便捷查询追溯体系。出台《普洱茶追溯平台建设规范》《普洱茶质量追溯实施规程》两个标准及《普洱茶品质区块链追溯平台管理规范》《普洱茶品质区块链追溯平台业务流程》《普洱茶品质区块链追溯平台业务流程运行操作规程及文书》三份管理文件，规范原料基地、生产过程、标准仓储、质量检测、产品销售、金融支持等六大区块建设。截至 2021 年 1 月，通过平台推出的金融服务为 20 户上线企业提供 1100 万元贷款，诸多茶企已经实现"一品一码"的质量安全信息化追溯。

（2）将茶叶初制所纳入质量安全追溯体系，实现初制茶产品来源可查询，去向可追溯。一是制定普洱市茶产品质量安全全程可追溯体系建设实施方案，按照"源头可溯、去向可追、风险可控、公众参与"的基本要求，健全标准体系、质量监管体系、追溯体系的规章制度，以"源头赋码、一品一码、品码统一、一码关联"为主线，形成可视、可防、可控、可预警的追溯体系。指导符合条件的企业做好上链工作，截至 2021 年 1 月，对普洱茶品质区块链追溯平台上链 62 户企业 150 人、10 县（区）运营监管端开展基地信息录入审核，对产品监督抽样人员进行系统培训。二是积极组织企业参加云南省工信厅举办的《食品工业企业诚信管理体系》国家标准培训。引导企业建立完善食品质量管控机制，运用信息化成果，推进产品质量可追溯系统建设。三是加大对普洱茶产品食品安全风险监测评估，将名牌产品和获奖产品作为监督监测重点，开展化学污染物、微生物、放射物污染等 35 个项目检测，2019 年和 2020 年检测普洱茶产品和项目均符合国家标准。

4. 重视科技引领，加强科研资源整合

整合省内科研单位及茶叶企业资源力量，组织申报"茶产业关键技术创新与应用"重大科技专项，协调推动科技创新和科技成果转化。一是普洱祖祥高山茶园有限公司与中国农业大学吴文良教授合作。建立吴文良专家工作站，开展有机茶生产示范基地改造及集成相关技术应用示范，按国际"雨林联盟"和国际 UTZ 认证标准，改造公司已获国内外有机认证的 2000 亩茶园，并成功取得"雨林联盟"和 UTZ 认证，2018 年 6 月，获得科学技术进步奖，2020 年 9 月，获得工业和信息化部"国家级绿色工厂"认定，推进实施 10000 亩有机茶园改造建设，并连续 3 年取得欧盟有机认证证书，该项目获省级科技经费支持 90 万元。二是国家普洱茶产品质量监督检验中心与中国农业科学院茶叶研究所陈宗懋院士合作，建立陈宗懋院士团队科研平台。依托院士团队，开展茶叶农残检测技术研究，突破茶叶农残检测技术 7 项，茶叶农残检测能力从 106 项提升到 522 项，申请发明专利 2 项，检验中心的茶叶农残打包检测能力达到国内先进水平；开展茶园绿色防控关键技术集成与示范培训，建立绿色防控试验示范基地 2 个，制定普洱市绿色、有机普洱茶质量控制标准 2 个，撰写《普洱市有机产品风险分析报告》，编制《有机茶园管理技术手册》，为省政府打好绿色食品牌、普洱市创建绿色经济试验示范区及有机产品认证示范区提供技术支持；依托院士工作站，获批云南科技厅"茶叶中农药残留检测新方法的研究及应用""茶叶绿色防控关键技术集成示范研究"2 个重点科研项目，经费支持 130 万元，检验中心科研能力、服务茶产业发展的能力进一步提升。截至 2020 年底，普洱市有效期内高新技术企业 25 家，涉及茶产业 1 家（云南天士力帝泊洱生物茶集团有限公司），通过云南省科技型中小企业认定 24 家，涉及茶产业 1 家（普洱峻峰茶业有限公司）。

5. 推动普洱茶叶交易市场有序整合，做好产业链服务工作

成立普洱茶交易市场有限公司，按照"大产业+新主体+新平台"的发展思路，结合上海黄金交易所、贵州酱香酒交易中心、昆明国际花卉拍卖交易中心、云南咖啡交易中心等单位的经验和意见，与中国建设银行、中农信达企业集团合作共建普洱茶交易平台，构建以普洱茶原料交易为核心、服务全产业链的综合服务平台。目前已完成了平台一期的建设，之后将逐步完善系统开发，打造集展示、交易、拍卖、仓储、物流、检测、评审、防伪、溯源、融资、资源整合等功能于一体的普洱茶交易市场，积极构建一个交易市场、多个交易窗口和交割仓库的大市场格局。

（四）实现普洱茶产业三产融合，推进全产业链建设

虽然普洱茶一二三产业从传统上区分较容易，但仔细区分对普洱茶产业的发展意义不大，如今产业融合发展是新时代经济的发展趋势，只有加快普洱茶一二三产业的深度融合，才可以完善、延伸产业链，提高产业附加值，做大做强普洱茶产业。

近年来，普洱市积极推动普洱茶产业三产融合示范建设项目。一是百里普洱茶道项目。百里普洱茶道建设 110 公里左右（以最终规划为准），投资估算 30 亿元；沿线规划项目静态投资估算 270 亿元。项目已启动茶源片区 10 公里示范路段及服务区建设，于 2021 年完工并投入使用；启动项目概念性规划方案，筹划开展可研、环评、水保等项目前期工作；完成项目区域 1∶500 地形图测绘工作。二是思茅区国家现代农业产业园项目。项目建设期内计划投资 9.98 亿元，利用中央财政奖补资金 9423.56 万元，主要用于茶叶生产基地、茶叶加工工程、品牌营销工程、科技支撑工程、产业园基础设施工程、改革创新等六个方面。通过建基地、拓市场、抓经营、做示范、促融合等措施，实现茶产业一二三产业融合发展。截至 2021 年 1 月，已经完成项目工程总量的 99%。三是思茅普洱茶小镇项目。在前期建设的基础上，截至 2021 年 1 月，续建项目 5 项，包括游客服务中心项目、千茶湾一期项目、茶庄园一期项目、茶林居项目、万茶坡一期项目，累计完成项目投资 72426 万元，全部为投资主体投入。与华南理工大学何镜堂院士设计团队、深圳市城市规划设计研究院专家团队进行多轮对接，及时调整相关规划和方案。关于技术及仓储中心林地征占报审工作，云南省农业农村厅《对省十三届人大四次会议第 0419 号建议的答复》2021 年 6 月已批复。积极开展普洱茶树良种场企业改制相关工作，截至 2021 年 1 月，实物认证及资产清查审计和评估工作已基本完成（项目涉及的三分场 98 户茶农资产除外），正在积极推进企、事资产剥离划分。四是景迈古树茶小镇项目。结合景迈山申遗和创建国家 AAAA 级景区规划建设景迈古树茶小镇。景迈山茶产业三产融合发展示范园实施方案已编制，截至 2021 年 1 月，共完成投资 33493 万元。完成安缦系列酒店项目、景迈普洱茶文化中心、家斯密酒店和月亮湖休闲度假中心片区的征地工作，共征地 2887 亩。全面启动安缦酒店项目水电路等相关项目建设，完成除道路以外地块围栏施工。完成 15.1 公里的路基改扩、7 公里供水主管架设和 600 立方米（2 个）蓄水池建设，项目区已实现 4G 网络全覆盖。景迈古树茶小镇展览馆（小镇会客厅）已完成建设；东部片区家斯密酒店进场道路路基工程建设已完成；小镇月亮湖引水工程已完工；云南柏联普洱茶庄园有限公司示范庄园项目完成 1.1 万亩高优生态有机茶园及标准茶窖中心一期建设。景迈古树茶小镇已通过省发改委验收。

四、普洱市普洱茶产业发展存在问题及发展思路

（一）普洱市普洱茶产业发展存在问题

虽然普洱市普洱茶一二三产业都获得了突飞猛进的发展，但还存在一些问题。一是有机茶园建设、巩固存在困难。有机茶园认证程序繁杂，认证周期较长，技术标准严格，导致产量较低，难以收获真正的绿色品牌效益，加之政府补贴虽有增长，但还是不高，因此不少企业对绿色有机认证的申请、巩固存在动力不足和实力不济问题。二是茶企如生产规模小、数量杂多、实力较弱、小作坊、自行加工等特点突出，产品同质化竞争严重，深加工程度较低，产业链带动乏力，带动地方经济的龙头作用不足。茶叶加工技术相对不规范，没有较为系统科学合理的加工技术支撑，这对普洱茶的可持续发展有很大的阻碍。还有一些茶叶加工厂，厂房设置不合理、环境差，加工区和生活区离得太近或与生活区相连，卫生标准较低；加工工人的管理不科学，加工技术不规范，工人文化素质不高，对卫生、质量问题认识不够。三是科技引领不够。部分茶叶初制所缺乏必要的质量安全检验设施，设备陈旧，缺乏生产加工设备提质改造资金，技术创新成果转化应用支撑不力、科技成果转化应用能力薄弱、技术创新人才缺乏。四是普洱茶产业人才缺乏，特别是与茶业相关的科技类、金融类、营销类人才极其缺乏，导致普洱茶转型升级困难，普洱茶产业的融资能力、销售能力受到很大影响。五是品牌营销建设滞后。由于缺乏综合运用标准化、认证认可、地理标志保护等提高农产品质量的措施，打造品牌的意识不强、能力不足，致使大部分茶叶企业的品牌知名度不高，市场认知度低，处于杂而不大、多而不强的状态，没有获得绿色产品、有机产品应有的经济效益。

（二）普洱市普洱茶产业发展思路

1. 普洱市普洱茶产业发展目标

"十四五"期间，普洱市茶产业将按照"大产业+新主体+新平台"的发展思路，坚持有机化、标准化、品牌化发展方向，统筹一二三产业协调发展，做活交易平台，丰富体验消费，建立健全茶产品质量可追溯体系，推动普洱茶标准产品"金融化"，推进茶产业集团化发展，做大做强龙头企业，擦亮"普洱茶"金字招牌，打造中国有机茶第一强市。《普洱市茶产业"十四五"发展规划（2021—2025）》提出：到 2025 年，全市茶园面积稳定在 200 万亩，毛茶产量 15 万吨，综合产值 600 亿元，其中第一产业产值 120 亿元，第二产业产值 220 亿元，第三产业产值 260 亿元。

2. 普洱市普洱茶产业发展趋势

（1）与国家大政方针紧密结合。任何产业的发展都离不开国家大政方针的指引，将来普洱市普洱茶产业的发展必将与乡村振兴紧密结合，做好产业振兴文章，积极发挥普洱茶产业在乡村振兴中的中坚作用，不断改善人居环境，造福人民。

（2）注重顶层设计，做好筹谋规划。普洱茶产业的发展，离不开省委、省政府的高位推动，根据《普洱市茶产业"十四五"发展规划（2021—2025）》，合理布局茶产业发展层次，依托重大项目，推动茶产业转型升级，实现高质量发展。

（3）依托绿色有机，实现跨越发展。绿色有机食品是未来食品行业发展的趋势，普洱茶也要抓住这个关键。普洱市以打造"中国有机茶第一强市"为总目标，大力发展有机茶园，加大实施用有机肥替代化肥、标准化茶园建设力度，有序推进茶叶初制所规范化建设。

（4）培育、壮大龙头企业，充分发挥其带领作用。坚持内培外引，运用多种举措，创新龙头企业培养政策和机制，积极支持本土企业做大做强。另外，积极引进农业、茶业一二三产业大型企业，提供优惠政策，推动普洱茶一二三产业同频共振，促进全产业链有机协调，实现普洱茶一二三产业有效融合发展。

（5）提高大数据应用水平，加快普洱茶各产业数字化建设步伐。依托普洱市现有的普洱茶品质区块链追溯平台、普洱茶交易市场，加快普洱茶整个产业链的大数据建设、物联网建设，提升普洱茶产业的数字化、智能化水平。

（6）注重品牌建设，力促普洱茶品牌扩大影响。在"天赐普洱 世界茶源"的城市品牌影响下，依托普洱茶节、普洱茶产品博览交易会、普洱茶高端论坛、斗茶、制茶大赛等，加大普洱茶品牌宣传力度，同时积极支持企业在驰名商标、地理标志产品保护申请上获得突破，扩大本土品牌影响力。

（7）强化科技、人才、金融等服务功能。加强科技人才体系建设，强化关键技术和关键领域攻关，实现技术链、人才链和产业链的深度融合。同时积极与国内外金融机构展开合作，创新金融服务渠道和方式，全方位开展供应链金融服务，为普洱茶产业发展提供强有力的科技、人才、金融支持。

第四节　普洱茶产业发展中的 IPO 困境分析

一、普洱茶产业发展中的 IPO 必由之路

在我国，普洱茶企业绝大部分属于中小企业，由于生产销售规模较小，产品利润率较低，盈利能力较弱，市场占有率低，资本实力薄弱，融资实力和融资人才欠缺，加之部分企业内部管理架构、机制、制度不健全，导致融资很难得到商业银行的贷款支持。这部分中小茶企的融资除需要增强自身实力、健全企业自身制度、争取银行信贷支持，更需要在普洱茶产业全链条上创新融资模式，除了一般的抵押、质押融资，还可以采用融资租赁、让与担保、保理、保兑仓交易等模式开展融资，当然，这需要专业融资人才的支持，所以中小企业除了重视融资，人才的培养和引进同样是制约企业发展的关键。

企业发展壮大后，对于如何进一步扩大经营规模，完善组织架构，增强盈利能力，几乎所有的普洱茶企业都选择了唯一的一条出路，或者说终极目标，就是 IPO，即在国内 A 股上市。截至 2022 年 5 月，国内茶企挂牌主要在新三板，A 股市场没有上市茶企（指主营业务为茶类产品销售），仅港股主板有天福茗茶和龙润茶挂牌上市，华祥苑、安溪铁观音、八马茶业、谢裕大、七彩云南等茶企都曾欲在 A 股上市。普洱澜沧古茶股份有限公司（以下简称澜沧古茶）曾于 2020 年 6 月提交了股份在深圳证券交易所上市的申请，但在 2021 年 6 月撤回了上市申请。2022 年，港交所官网披

露了澜沧古茶招股说明书，澜沧古茶拟在港交所主板挂牌上市。

二、普洱茶产业发展中的 IPO 困境分析

茶企 IPO 之所以很难，源自资本方和拟上市茶企（目标企业）的原生性矛盾，资本方要求投资要有超值回报，而茶企是否能上市，则取决于多种原因，不仅是投资是否到位的问题。如果茶企最终没有上市，那么资本方要求回购股权，则面临诸多障碍，引发诉讼则在所难免。对于投资有上市潜力的茶企而言，风险投资的退出机制不外乎以下几种，如目标企业 IPO 成功、并购、破产和清算、股份回购、股权转让等。这些方式中，在我国最常见的风险投资退出方式是进行股权转让，因为目标企业 IPO 成功只是少数，大多数目标企业并不能如愿上市；并购一般是在没有投资前景的前提下，把股份转让给第三人，既然没有投资前景，第三方一般也不会买入风险投资所占的股份；破产和清算是在公司"资不抵债"等法定破产的情况下发生的，实践中，风险投资进入后，大多数目标企业一般也不会经营到破产、清算地步；股份回购也只有在《中华人民共和国公司法》第一百四十二条规定的特定情形下才可进行。据此，在我国的风险投资实践中，除股权转让外的其他退出方式出现较少，而股权转让退出方式则完全尊重双方当事人的真实意思表示，风险投资人和受资人还可以约定一个让风险投资人满意的条件，能最大限度保护风险投资人的利益，故是最常见的退出方式，但碍于我国对民间融资、股权转让的法律规定比较严格，风险投资的退出仍有诸多法律限制。

【案例分析】

A 公司是云南省一家主营普洱茶、兼营其他产品的实力雄厚的股份有限公司，注册资本 900 万元，原始股东 50 人。B 公司是外省一家专门从事风险投资的资本投资有限责任公司。2007 年初随着普洱茶的炒作和升温，A 公司的经营效益越来越好，经营规模也越来越大，A 公司的管理层信心也越来越强，想通过引资来增强公司实力，同时，B 公司也看到了 A 公司的投资潜力，于是和 A 公司以及其 50 名原始股东年签订了一份《增资协议》，约定："B 公司投资 A 公司 3000 万元，其中 100 万进入注册资本，取得 A 公司 10%的股权，其余 2100 万元进入公司资本公积金。A 公司需在该协议签订后，另外再找两个投资人分别投资 3000 万元，B 公司可派出相应的董事、监事和财务总监进入公司管理层。双方的共同目标是在某年年底前实现 A 股上市，如果 A 公司未能如期上市，B 公司为了能收回其投资并享有

一定收益,则有权要求 A 公司 50 名原始股东以其投资的 3000 万元和自其投资之日起每年 10% 的利息收购其 10% 的股权。"协议签订后,双方把该约定写入了章程,双方也依约履行了各自的义务,公司经济效益不断提高。2007 年底因受普洱茶市场价格泡沫破灭的影响,A 公司经营效益急剧下滑,又因我国股市大跌,国家也加强了对股份有限公司首次 IPO 的控制,A 公司虽提出了上市申请,但迟迟未得到证监会批准。在此情形下,B 公司为能及时收回其投资和收益,提出要求 A 公司 50 名原始股东以其投资的 3000 万元和每年 10% 的利息收购其在 A 公司 10% 的股权,而 A 公司股东则认为双方的此约定显失公平,予以拒绝,由此发生争议。

(一)风险投资退出方式约定的法律效力之争

此案例中,B 公司认为其是以入股的方式投资 A 公司,B 公司就是 A 公司股东,双方约定的退出方式是 B 公司把其股份转让给 A 公司 50 名原始股东,属于股权转让的退出方式,该约定是双方在自由、平等协商下的真实意思表示,完全有效,也并不违反我国法律、行政法规的强制性、禁止性规定,且所附的条件已经成就,A 公司的原始股东就应履行双方的约定。

A 公司 50 名原始股东则认为,B 公司要求以其投资的 3000 万元和每年 10% 的利息收购其仅占 10% 的股权,是不能成立的。因为:第一,B 公司是 A 公司股东,A 公司每个股东股权都是平等的,B 公司只占 A 公司 10% 的股权,对此 10% 股权的价格,应以每股的净资产价值进行核算,而 B 公司却不顾公司实际经营情况、净资产情况,都要以其投资的 3000 万元和每年 10% 的利息收购其股权,有违《中华人民共和国公司法》第一百二十六条规定的"股份平等原则"和第三条规定的"股东应承担有限责任原则",有违《中华人民共和国民法通则》第四条、《中华人民共和国合同法》第五条规定的"公平原则"和《中华人民共和国合同法》第六条规定的"诚实信用原则",对 A 公司 50 名原始股东来说显失公平,A 公司有权依据《中华人民共和国合同法》第五十四条第二款第二项的规定请求撤销。第二,A 公司则认为,该《增资协议》是 A 公司及其原始股东和 B 公司签订的,对于 A 公司和 B 公司来说,B 公司以入股的方式投资 A 公司,B 公司应依其出资承担有限责任,但 B 公司却要"旱涝保收",此实质为一种"借贷"行为,而我国相关法律、行政法规是不允许企业向企业借贷的,如根据 1998 年国务院颁布的《非法金融机构和非法金融业务活动取缔办法(2011 年修订)》第二条、第四条规定,明确规定了企业之间的借款行为是未经中国人民银行批准的"发放贷款""资金拆借"的非法金融行为，已违反行政法规，又根据我国《中华人民共和国商业银行法》第二条、第三条、第十一条、第十六条等规定，明确了包括发放贷款等商业银行业务，是国家限制经营、特许经营的业务，应当经国务院银行业监督管理机构批准方可经营。据此，B公司向A公司投资入股但按本息收回其投资的行为属于非法金融借贷行为，A公司可依据《中华人民共和国合同法》第五十二条和《最高人民法院关于适用<中华人民共和国合同法>若干问题的解释（一）》第四条的规定，主张该约定无效。第三，A公司还认为，B公司以入股方式投资A公司，此方式属于公司之间的法人型联营，B公司要依《中华人民共和国公司法》规定承担有限责任，但B公司却不顾联营体的盈亏，在到指定期限后，仍要收回其投资和收取规定固定利息，根据最高人民法院《关于审理联营合同纠纷案件若干问题的解答》第四条第一款的规定，此约定属联营合同的"保底条款违背了联营活动中应当遵循的共负盈亏、共担风险的原则，损害了其他联营方和联营体的债权人的合法权益"，因此应当确认无效。

综上，风险投资人为了确保自己的投资能够及时收回，并享有一定收益，往往会和目标企业及其原始股东约定以其投资和一定利息为价格转让其股权，这也是风险投资中最常见的操作方式，但约定是否有效，直接关系风险投资人的利益，也直接影响目标企业和其股东以及其债权人的利益。笔者认为，上述案例中的B公司、A公司及其原始股东签订的《增资协议》主要约定了两个内容，产生了两个法律关系，即B公司入股A公司的投资法律关系，B公司与A公司原始股东间的附条件的股权转让关系。对于第一种法律关系而言，B公司投资A公司是严格按照相关法律规定进行操作，无任何问题，对于第二种股权转让法律关系而言，法律效力上是有瑕疵的，因为对于股权转让所附的条件B公司是否有权转让其股份、何时转让、以何价格转让来说，虽然可完全遵循当事人意思自治，但当事人之间的约定还要遵循民事活动的基本原则和我国法律、行政法规的强制性规定。据此，笔者认为，B公司和A公司之间的以其投资额和每年10%的利息的价格转让其股权的约定无效，其理由并不是"B公司投资A公司属非法借贷"或"违反联营合同中的保底条款"，因为无论是借贷还是联营仅发生在B公司与A公司之间，即A公司应是股权转让的受让人，应由A公司购买B公司的股权，而该约定明确约定的购买人是由A公司50名原始股东，故该约定绝不是A公司所说的"借贷"或"联营中的保底条款"，A 公司完全混淆了借贷、联营主体与该约定中的股权转让主体的不同。笔者认为，该约定真正无效的原因是，B 公司作为 A 公司的股东，只占 A 公司 10%的股权，该 10%股权价格应以 A 公司每股净资产价值计算，如果双方约定的价格过于离谱，就会违背《中华人民共和国民法通则》第四条、《中华人民共和国合同法》第五条规定的"民事活动应当遵循自愿、公平、等价有偿、诚实信用原则"和"当事人应当遵循公平原则确定各方的权利和义务"的强制性规定而归于无效。

（二）风险投资退出未上市股份有限公司困境之建议

风险投资怎样才能既获得利益又能规避风险，这就需要设计好风险投资进入和退出方式，保证投资进入、退出合法合规，避免法律风险，鉴于我国风险投资法律规制和本文中案例的启示，笔者认为在此过程中应注意以下几点。

1. 风险投资进入未上市股份有限公司时关于合同约定的建议

风险投资在和目标企业签订投资合同时，一定要在平衡风险投资人和目标企业利益的基础上，详细约定双方的权利和义务。首先，应该把所有投资都作为股份，而不能像本文案例中的 B 公司只把极少部分投资作为股权，其他部分作为资本公积金，否则退出时，就可能违反相关"公平原则"。但是如果目标企业管理层考虑到可能会动摇其在企业中的控制地位，不愿意风险投资人把其全部投资都作为股权时，双方可以约定大部分股份是优先股，虽无参加公司经营中的投票权，但是可以优先分配红利，这样可以兼顾双方利益，得到双方认可。其次，要建立合理的公司治理结构，如风险投资人可派出自己的董事、监事和财务总监等监督目标企业的经营。最后，一定要把这些约定写入目标企业章程，因为章程是公司经营的"最高准则"，我国对公司章程的约定多采取"意思自治原则"，只要"法律不禁止，即视为允许"。

2. 风险投资在未上市股份有限公司股份退出的建议

（1）对退出时间的建议。一般情况下，不论是否以股权转让的方式退出，风险投资人都会和目标企业及其原始股东约定在上市未成功时退出，但此种约定过于死板，因为目标企业上市未成功的情况，一般是由于经营效益不好或国家对有关产业进行控制，如果风险投资此时退出，很难找到有经济实力的受让人且风险投资人的股份已经贬值，所以可以约定一个相对灵活的退出时间，并进行细化，以此保证风险投资人的利益。

（2）对退出方式的建议。第一，可通过向目标企业转让股份即股份回购的方式退出。但要注意的是，根据《中华人民共和国公司法》第一百四十二条规定，股份有限公司回购其股份只有在法定情形下才可进行，而股份回购的形式属于"减少公司注册资本"的情形，而减少公司注册资本必须经股东大会表决通过，故在约定此退出方式时，一定要和目标企业及其原始股东一起签订，并约定目标企业原始股东将来不投赞成票的违约责任。但回购价格是否能提前约定，值得探讨。笔者认为，回购价格如果不能提前约定，只能依据每股的净资产价值确定，因为如果允许提前约定回购价格，就会损害目标企业其他股东和其债权人的利益，所以不应允许提前约定回购价格。如果不允许提前约定回购价格，在目标企业上市未成功的情形下，目标企业的每股价值一般都会贬值，所以在实践中风险投资人最好不选择此种退出方式。第二，可通过股票转债的方式退出。首先，如上所述，股票转债同样属于减少公司注册资本，故一定要和目标企业及其原始股东一起签订，并约定目标企业原始股东将来不投赞成票的违约责任。其次，不可约定债的总额，只能依据风险投资人的每股净资产值计算债的总额，因为如果允许约定债的总额，同样会损害目标企业其他股东及其债权人的利益，但可约定债的利息、债的期限等，以此来实现风险投资人的收益。实践中，通过此方式退出的也比较少。第三，可通过向目标企业原始股东转让股权的方式退出。但要注意，此股权转让只能和目标企业股东签订，不能和目标企业签订，以免落入像前文案例中的"联营合同保底条款"的嫌疑，另外，要和目标企业原始股东约定好转让价格，此价格的约定不要用"投资额加利息"的表述方式，以免落入"非法借贷"的嫌疑，而可以约定一个总的转让价格，并要明确是"双方的真实意思表示"，并明确相关违约责任等，以此来约束目标企业的股东。笔者认为此种方式是目前最好的退出方式，既符合相关法律、法规，又可以提前约定一个风险投资人满意的条件，对风险投资人最有利。

总之，上市是大型茶企发展的必由之路，也是充满荆棘之路，茶企应以我国法律、法规为出发点，合理规划融资之路，合理设计 IPO 利益各方的权利义务，以实现 IPO 上市。

第二章　普洱茶传统知识产权保护研究

第一节　知识产权概述

一、知识产权的概念与范围

关于知识产权，目前并没有统一的定义，纵观各国立法，主要有两种方式定义：一是知识产权包含类型的列举式定义，二是从列举类型中抽取出共同特征下的定义。如英美法系国家常采用案例式教学和思考，所以很多学者都是按列举式进行定义，特别是一些国际公约更是如此。《成立世界知识产权组织公约》是保护工业产权的巴黎公约的成员国与保护文学和艺术作品的伯尔尼公约的成员国的 51 个成员国于 1967 年 7 月 14 日在斯德哥尔摩召开会议，决定将两个国际机构合并后签订的，于 1970 年 4 月 26 日正式生效。在该公约的第二条第八款规定"知识产权包括：文学、艺术和科学作品的权利；表演艺术家的演出、录音和广播的权利；在人类一切活动领域内的发明的权利；科学发现的权利；外形设计的权利；商标、服务商标、厂商名称和标记的权利；制止不正当竞争的权利；以及在工业、科学、文学或艺术领域内一切其他来自知识活动的权利"；世界贸易组织通过的《与贸易有关的知识产权协定》是世界贸易组织框架下达成的一个多边贸易协定，是世界上影响最大、内容最全面的知识产权国际保护多边协定，我国已加入该协定，这也意味着，我国必须遵守该协定的基本原则和最低要求。该协定的第一部分第一条第二款规定"就本协定而言，'知识产权'一词指作为第二部分第一节至第七节主题的所有类别的知识产权"，具体包括版权和相关权利、商标、地理标识、工业设计、专利、集成电路布图设计（拓扑图）、对未披露信息的保护。

我国法律因受大陆法系的影响，加上我国知识产权立法，并没有统一的知识产权法典，只有《中华人民共和国著作权法》《中华人民共和国专利法》《中华人民共和国商标法》等专门法，故一般对知识产权定义，采用归纳主义方式。如刘春田教授在主编的《知识产权法》中将知识产权定义为"知识产权是基于创造性智力成果和工商标记依法产生的权利的统称"，吴汉东教授在主编的《知识产权法》中将知识产权定义为"知识产权是人们对于自己的智力活动创造成果和经营管理活动中的标记、信誉依法享有的权利"。但在其他民事立法上，我国对知识产权则采取了列举方式，如《中华人民共和国民法典》第一百二十三条规定"知识产权是权利人依法就下列客体享有的专有的权利：（1）作品；（2）发明、实用新型、外观设计；（3）商标；（4）地理标志；（5）商业秘密；（6）集成电路布图设计；（7）植物新品种；（8）法律规定的其他客体"。从以上定义来看，我国法学界似乎把知识产权的主要内容分为两类，即智力劳动创造成果及工商标记，即通常理解的著作权、专利权以及商标权，这三种权利也是知识产权的核心权利，也属于所谓的传统知识产权的范畴。

二、知识产权的特征

从以上知识产权的概念来看，知识产权范围很广，包括多种权利。这些权利之间虽有差异，但是也有其共同特征，主要表现以下几个方面。

（一）知识产权的无形性

知识产权是一种新型的民事权利，是一种有别于财产所有权的无形财产权。不像普通的民事主体对物的所有权，知识产权的客体都是无形的，只不过其只是以有形的载体形式出现。如著作权虽然表面上保护的是著作的文字表述，但其实质保护的是作者的思想表达形式。专利权表面上保护的是某种专利申请书中陈述的某种技术方案，但其实质保护的是某种发明创造。商标权表面上保护的是注册的文字、图形等，但其实质保护的是注册人的智力劳动成果。所以，知识产权保护的客体都是无形的，都是人的智力劳动创造的成果。

（二）知识产权的专有性

所谓专有性，即知识产权权利人对所拥有的知识产权具有独占的权利，其可以占有、使用、收益、处分，也可以许可、转让他人。只不过此专有性与普通所有权的专有性有所不同，普通所有权人对物的处分，可以将现实存在的物扔掉、毁掉，也可以将物转让给他人，但是知识产权权利人对"物"的处分，则不是扔掉、毁掉就可以使权利消失的；普通所有权的专有性具有唯一性，即一物一权，但是知识产权因其无形性，一个知识产权可以存在多个权属人。

（三）知识产权的地域性和时间性

普通所有权没有国界和时间限制，所有权人对物的所有，无论在任何国家和时间，都是有效的。知识产权则有地域和时间的限制，如专利权和商标权在世界各国基本都要注册才能享有，所有权受各国法律规定限制，在我国注册的专利权和商标权，到其他国家，如果两国没有双边协议和国际公约限制，则无法得到保护。著作权也是一样，只不过随着世界上绝大多数国家加入了《伯尔尼公约》，该公约采取的是国民待遇原则，所以，著作权在世界上多数国家能够得到统一保护，但是未加入《伯尔尼公约》或没有双边协议的国家除外。时间性指的是知识产权大多有时间限制，过期失效或需要续展，而所有权没有时间限制，大多数国家法律规定，发明专利的有效期是 10 年，实用新型和外观设计专利是 10 年，商标权是 10 年；著作权中的财产权和自然人作品的发表权的保护期为作者终生及其死亡后五十年；法人或非法人组织的作品、著作权由法人或者非法人组织享有的职务作品，其发表权的保护期为五十年。

（四）知识产权的法定性

法定性是指知识产权的取得、种类、内容等都由法律规定，不得由当事人自由创设。如《中华人民共和国专利法》《中华人民共和国商标法》中对专利权和商标权的取得条件、取得方式、权利内容、保护期限、使用方式等都做了规定，不允许当事人随意获得专利权和商标权，不允许当事人随意设置专利权和商标权的期限、内容、使用方式等。这类似于物权法的原则，与债权的设置完全不同。

第二节　传统知识产权

传统的知识产权并不是法律术语，是为了本书叙述方便。如前所述，无论是采用列举法还是归纳法给知识产权下定义，知识产权的范围都很广，包括诸多权利，但是著作权、专利权、商标权仍是知识产权的传统权利，加上与之配套的不可或缺的反不正当竞争权，基本可以说是传统意义上的知识产权，本章主要围绕著作权、专利权、商标权、反不正当竞争权四个传统知识产权与普洱茶的保护范畴展开论述。

一、著作权

《中华人民共和国著作权法》（以下简称《著作权法》）第二条第一款规定"中国公民、法人或者非法人组织的作品，不论是否发表，依照本法享有著作权"，以及第三条规定"本法所称的作品，是指文学、艺术和科学领域内具有独创性并能以一定形式表现的智力成果，包括：（1）文字作品；（2）口述作品；（3）音乐、戏剧、曲艺、舞蹈、杂技艺术作品；（4）美术、建筑作品；（5）摄影作品；（6）视听作品；（7）工程设计图、产品设计图、地图、示意图等图形作品和模型作品；（8）计算机软件；（9）符合作品特征的其他智力成果"。由此可知，著作权就是作者或者其他著作权人依法对文学、艺术、科学领域具有独创性的以一定形式表现的智力成果享有的专有权利，简单来说，就是作者对作品享有的权利，作者是著作权的权利主体，作品是著作权保护的客体。

我国《著作权法》对著作权采取的是自动取得制度，即作品已经完成，就取得了著作权，不需要登记注册，也不论发表与否。根据我国《著作权法》第四章规定，对作品的保护，除了著作权外，还有著作权邻接权，意思是与著作权邻近（有关）的权利，通常指的是表演者、录音录像制作者和广播电视组织对其表演活动、录音制品和广播电视节目享有的一种类似著作权的权利，具体包括图书、报刊的出版权、表演权、录音录像权、电台和电视台播放权。

根据《著作权法》相关规定，著作权的取得虽然采取自动取得制度，但是也要具备一定条件：第一，独创性。即作品是作者独立创造完成的，不是抄袭别人成果创作的。当然，独立创造并不意味着只能是一个人，也不表示不能借鉴他人已有成果。第二，有形性。即作品必须是可以某种有形形式进行复制，因为著作权是无形财产权，必须要有有形形式为人类所感知，著作权保护的是作品的表达形式，而不保护其思想，故著作权具有有形性。当然随着社会的发展，此规则正在不断被突破，如我国著作权法赋予声音著作权就是例证。

根据《著作权法》第十条规定，著作权的权利内容包括人身权和财产权。著作权人身权包括：（1）发表权，即决定作品是否公之于众的权利；（2）署名权，即表明作者身份，在作品上署名的权利；（3）修改权，即修改或者授权他人修改作品的权利；（4）保护作品完整权，即保护作品不受歪曲、篡改的权利。财产权包括：（1）复制权，即以印刷、复印、拓印、录音、录像、翻录、翻拍、数字化等方式将作品制作一份或者多份的权利；（2）发行权，即以出售或者赠与方式向公众提供作品的原件或者复制件的权利；（3）出租权，即有偿许可他人临时使用视听作品、计算机软件的原件或者复制件的权利，计算机软件不是出租的主要标的的除外；（4）展览权，即公开陈列美术作品、摄影作品的原件或者复制件的权利；（5）表演权，即公开表演作品，以及用各种手段公开播送作品的表演的权利；（6）放映权，即通过放映机、幻灯机等技术设备公开再现美术、摄影、视听作品等的权利；（7）广播权，即以有线或者无线方式公开广播或者转播作品，以及通过扩音器或者其他传送符号、声音、图像的类似工具向公众传播广播的作品的权利，但不包括本款第十二项规定的权利；（8）信息网络传播权，即以有线或者无线方式向公众提供，使公众可以在其选定的时间和地点获得作品的权利；（9）摄制权，即以摄制视听作品的方法将作品固定在载体上的权利；（10）改编权，即改变作品，创作出具有独创性的新作品的权利；（11）翻译权，即将作品从一种语言文字转换成另一种语言文字的权利；（12）汇编权，即将作品或者作品的片段通过选择或者编排，汇集成新作品的权利；（13）应当由著作权人享有的其他权利。

二、专利权

根据《中华人民共和国专利法》（以下简称《专利法》）第二条规定"本法所称的发明创造是指发明、实用新型和外观设计。发明，是指对产品、方法或者其改进所提出的新的技术方案。实用新型，是指对产品的形状、构造或者其结合所提出的适于实用的新的技术方案。外观设计，是指对产品的整体或者局部的形状、图案或者其结合以及色彩与形状、图案的结合所作出的富有美感并适于工业应用的新设计"可知，我国专利权分为发明、实用新型和外观设计。根据上述规定，可以把专利权定义为发明创造人或其权利人对特定的发明创造在一定期限依法享有的独占的权利。

根据《专利法》第二十二条和二十三条规定，并不是所有的发明创造都可以获得专利权，只有符合一定条件的发明、实用新型和外观设计，才可以获得。其中，发明和实用新型要想获得专利权，应当具备新颖性、创造性和实用性。《专利法》第二十二条规定："新颖性，是指该发明或者实用新型不属于现有技术；也没有任何单位或者个人就同样的发明或者实用新型在申请日以前向国务院专利行政部门提出过申请，并记载在申请日以后公布的专利申请文件或者公告的专利文件中。创造性，是指与现有技术相比，该发明具有突出的实质性特点和显著的进步，该实用新型具有实质性特点和进步。实用性，是指该发明或者实用新型能够制造或者使用，并且能够产生积极效果。"根据《专利法》二十三条规定，外观设计要想获得专利权必须"与现有设计或者现有设计特征的组合相比，应当具有明显区别。授予专利权的外观设计不得与他人在申请日之前已经取得的合法权利相冲突。总的来说，发明专利强调的是新的产品或方法的技术方案，实用新型强调的是产品的新的形状、特征及其组合，外观设计强调的是对产品的形状、图案和色彩富有美感的设计。

三、商标权

根据《中华人民共和国商标法》（以下简称《商标法》）第八条规定"任何能够将自然人、法人或者其他组织的商品与他人的商品区别开的标志，包括文字、图形、字母、数字、三维标志、颜色组合和声音等，以及上述要素的组合，均可以作为商标申请注册"及第九条规定"申请注册的商标，应当有显著特征，便于识别，并不得与他人在先取得的合法权利相冲突"可知，商标权是指商标持有人依法对注册的商标享有的专用权。商标权的取得必须具备三个条件：

（1）显著性。显著性就是便于识别，便于与其他商品和服务区分。根据《商标法》第十一条规定 "下列标志不得作为商标注册：①仅有本商品的通用名称、图形、型号的；②仅直接表示商品的质量、主要原料、功能、用途、重量、数量及其他特点的；③其他缺乏显著特征的。前款所列标志经过使用取得显著特征，并便于识别的，可以作为商标注册"可知，显著性的获得可以通过两种方式，一是商标本身具有的显著性特征，如与众不同的色彩、名称、图形；二是通用的色彩、图形等，通过长期使用，便于识别的，也可以作为商标注册。

（2）在先性。根据《商标法》第三十二条规定"申请商标注册不得损害他人现有的在先权利，也不得以不正当手段抢先注册他人已经使用并有一定影响的商标"，商标的取得不得与其他在先权利冲突，包括他人在先取得的著作权、专利权、商标权、商号权、肖像权等冲突。

（3）合法性。这主要指的是申请注册的商标不能是法律禁止注册的。根据《商标法》第十条规定"下列标志不得作为商标使用：①同中华人民共和国的国家名称、国旗、国徽、国歌、军旗、军徽、军歌、勋章等相同或者近似的，以及同中央国家机关的名称、标志、所在地特定地点的名称或者标志性建筑物的名称、图形相同的；②同外国的国家名称、国旗、国徽、军旗等相同或者近似的，但经该国政府同意的除外；③同政府间国际组织的名称、旗帜、徽记等相同或者近似的，但经该组织同意或者不易误导公众的除外；④与表明实施控制、予以保证的官方标志、检验印记相同或者近似的，但经授权的除外；⑤同"红十字"、"红新月"的名称、标志相同或者近似的；⑥带有民族歧视性的；⑦带有欺骗性，容易使公众对商品的质量等特点或者产地产生误认的；⑧有害于社会主义道德风尚或者有其他不良影响的。县级以上行政区划的地名或者公众知晓的外国地名，不得作为商标。但是，地名具有其他含义或者作为集体商标、证明商标组成部分的除外；已经注册的适用地名的商标继续有效"。人们之所以申请注册商标，是因为商标具有诸多功能，如识别功能，可以识别出商品或服务来源于哪家企业；质量保证功能，名牌商标往往意味着过硬的商品或服务质量；宣传功能，经过长时间的使用，商标自身的附加值会越来越高，与商标密不可分的商品和服务也会越来越为人们所熟知。

四、反不正当竞争

竞争是市场经济必备的要素，可以促进市场的流动性和繁荣。不正当竞争是各国都明令禁止的。根据 1883 年通过的《保护工业产权巴黎公约》第十条之二规定"凡在工商业事务中违反诚实的习惯做法的竞争行为构成不正当竞争的行为。下列各项特别应予以禁止：（1）具有不择手段地对竞争者的营业所、商品或工商业活动造成混乱性质的一切行为；（2）在经营商业中，具有损害竞争者的营业所、商品或工商业活动商誉性质的虚伪说法；（3）在经营商业中使用会使公众对商品的性质、制造方法、特点、用途或数量易于产生误解的表示或说法"，我国于 1993 年 9 月通过《中华人民共和国反不正当竞争法》（以下简称《反不正当竞争法》），于同年 12 月起施行，并于 2017 年和 2019 年分别进行修订和修正，该法第二条规定"本法所称的不正当竞争行为，是指经营者在生产经营活动中，违反本法规定，扰乱市场竞争秩序，损害其他经营者或者消费者的合法权益的行为"。根据以上规定，不正当竞争总的来说是违反了市场经营中的诚信原则，包括"扰乱商业标记""诋毁竞争对手""虚伪表示行为""侵害商业秘密行为"等。我国《反不正当竞争法》除了规范市场经营者的行为外，还规定工商行政管理机关不得滥用权力，排除了限制竞争行为。此外我国还颁布了《关于禁止仿冒知名商品特有的名称、包装、装潢的不正当竞争行为的若干规定》《关于禁止侵犯商业秘密行为的若干规定》等，建立了较为完善的反不正当竞争法律法规体系。

反不正当竞争看似与知识产权联系不大，但实则不然。国际上通常，都是把反不正当竞争纳入知识产权范畴，如《保护工业产权巴黎公约》将发明专利、实用新型、外观设计、商标、服务标记、厂商名称、货源标记及原产地名称、制止不正当竞争等都纳入了工业产权的保护范围。1967年7月14日在斯德哥尔摩签订的《建立世界知识产权组织公约》，也将反不正当竞争纳入了知识产权的保护范围。我国的《反不正当竞争法》第六条规定"经营者不得实施下列混淆行为，引人误认为是他人商品或者与他人存在特定联系：（1）擅自使用与他人有一定影响的商品名称、包装、装潢等相同或者近似的标识；（2）擅自使用他人有一定影响的企业名称（包括简称、字号等）、社会组织名称（包括简称等）、姓名（包括笔名、艺名、译名等）；（3）擅自使用他人有一定影响的域名主体部分、网站名称、网页等；（4）其他足以引人误认为是他人商品或者与他人存在特定联系的混淆行为"以及第八条规定"经营者不得对其商品的性能、功能、质量、销售状况、用户评价、曾获荣誉等作虚假或者引人误解的商业宣传，欺骗、误导消费者。经营者不得通过组织虚假交易等方式，帮助其他经营者进行虚假或者引人误解的商业宣传"等，都说明了《反不正当竞争法》与知识产权具有密切联系。

另外，我国学界无论是在教材里还是在专著中，也都将反不正当竞争纳入知识产权讨论范围。所以笔者在此书中，也将反不正当竞争算作传统知识产权的一种。

综上所述，笔者将上述著作权、专利权、商标权以及与保护三种权利密切相关的反不正当竞争统称为传统知识产权。一些较为新兴的地理标志、植物新品种在后文讨论。知识产权制度主要作用是对发明创造者进行激励，通过在一定期限内授予知识产权创造者或所有者的专有权，并保护该专有权不受侵犯，侵权人将受到法律惩罚，使知识产权的创造者或所有者可以通过转让或生产获得经济利益并收回人力、物力成本，从而调动知识创新者的积极性，也为知识产权创造者提供继续研究和开发的动力和物质条件。另外，知识产权还具有促进公共利益的功能，即知识产权创作者在申请知识产权保护时，应当向社会披露自己创作的内容，特别是对于专利权来说，通过公开自己的智力成果，来促使他人在自己的成果上创造更先进的技术。知识产权制度还具有保护投资者的作用，有利于促进国际经济技术交流与合作。

第三节　普洱茶产业与传统知识产权

一、普洱茶产业离不开知识产权

如今是知识经济时代，谁拥有知识产权，就能拥有未来。当今世界的竞争，不再是物质资源的竞争，而主要是知识和技术的竞争，知识在经济社会发展中的作用越来越突出。党的十九大报告指出要"倡导创新文化，强化知识产权创造、保护、运用"，并高度重视知识产权工作，审时度势，高瞻远瞩，就知识产权法律制度建设、知识产权综合管理改革等作出了一系列重要部署，提出了一些重要论断。我国正站在新的历史起点上，大力开发和利用知识资源，对于转变经济发展方式、缓解资源环境约束、提升国家核心竞争力、满足人民群众日益增长的物质文化生活需要等，具有重大战略意义。2021 年 3 月，《中华人民共和国国民经济和社会发展第十四个五年规划和 2035 年远景目标纲要》全文发布，全文中共提及"专利"3 次、"知识产权"14 次、"科技成果"5 次、"高新技术企业"1 次。2021年 10 月 28 日，国务院发布《"十四五"国家知识产权保护和运用规划》（以下简称《知识产权规划》），这是我国"十四五"时期知识产权建设的纲领性文件，同时也是我国"十四五"时期知识产权建设的重要基石。《知识产权规划》提出："到 2025 年，知识产权强国建设阶段性目标任务如期完成，知识产权领域治理能力和治理水平显著提高，知识产权事业实现高质量发展，有效支撑创新驱动发展和高标准市场体系建设，有力促进经济社会高质量发展。"由此可见，任何产业的发展都必须依靠知识产权。云南是普洱茶的故乡，也是普洱茶的原产地，2020 年，全省茶园面积 719.3万亩，全省茶叶综合产值突破千亿元大关，达 1001.4 亿元，全省普洱茶产量 16.2 万吨，占茶叶总产量的 45.4%，品牌价值达到 662.46 亿元，在促进云南产业转型升级、脱贫攻坚精准扶贫、实现乡村振兴方面都发挥着重要作用。普洱茶产业的发展必然需要知识产权的支持。

二、普洱茶产业中的传统知识产权保护

普洱茶产业全链条都涉及知识产权的保护，但对于传统知识产权来说，其主要体现在以下方面。第一，为普洱茶生产工艺方法的发明提供专利权

保护，比如茶的炒制技术、饼茶的压制技术、茶的贮存技术、茶的拼配技术、茶饮以及茶粉的生产技术、茶叶种植和生产中农残控制技术等，不同的生产工艺生产出的产品，会有不同的口感差异，因此这些生产工艺可以用专利权进行保护。另外，还有一些饮茶的用具、生产茶的设备以及茶的外包装等，如果是具有美感的色彩和图案等，可以申请外观设计专利权保护。如果是改变了产品的结构，具有实用性的，可以申请实用新型进行保护。当然，因为专利权实行的是"要将申请的专利内容公开，才可以对其进行保护"，所以实际应用中很多生产工艺是由权利人以商业秘密形式进行保护，不予公开。第二，为普洱茶商品申请商标进行保护。商标的主要作用是为了便于识别、质量保证、宣传推广等，但是因为品牌负面影响等事件的发生，商标的质量保证功能受到一定影响，却无法掩盖商标的质量标识功能。所以，想要树立自己的品牌，使商品产生更高的附加值，必然要为普洱茶商品申请商标，如果经过长期使用，达到了驰名商标的申请要求标准，还可以申请认定驰名商标，如果被认定为驰名商标，对本品牌的保护将是全类产品保护即任何产品上都不能使用与驰名商标相同或类似的标志，保护作用将大大增强。当然，商标的申请并不只限于普洱茶产品，还包括普洱茶用具、设备、包装等都适用于商标权的保护。第三，专利权和商标权都属于工业产权，即在工商业中常用，但经常会忽略著作权的保护，其实普洱茶产业也会涉及很多著作权的保护，如普洱茶相关的书籍、期刊；产品的外包装中的图案、色彩；与普洱茶文化相关的音乐、舞蹈、录音录像制品等，也会涉及著作权领接权的保护。第四，在普洱茶生产与销售中，如果发现有擅自使用与知名商品包装、装潢相同或近似的标识，诋毁商誉，泄露商业秘密，伪造产地等而误导公众的，可以利用《反不正当竞争法》进行保护。

三、普洱茶产业中传统知识产权保护现状、问题及建议

（一）普洱茶产业中传统知识产权保护现状

普洱茶著作权保护，主要指的是普洱茶有关论文、著作中涉及的著作权的保护。因为我国著作权采取自动取得制度，不用登记，所以难以获得全面的普洱茶著作权的资料，不过有很多学者都写了关于普洱茶的著作，如邓时海的《普洱茶》、石昆牧的《迷上普洱》、何仕华与何强共同主编的《普洱茶研究与实践新探》等，特别是《普洱》杂志的创刊，更为普洱

茶产业的发展提供了文化支持。在商标方面，目前有普洱茶地理标志证明商标一个，另外，各普洱茶营业主体也积极申报普洱茶相关商标，商标量众多，且品牌建设取得较好成绩。截至 2021 年，普洱市茶叶商标的申请数量共 1443 个，有龙生、普秀、帝泊洱 3 个中国驰名商标，澜沧古茶、祖祥、龙生茶叶、帝泊洱产品先后上榜"云南十大名茶"，其中，澜沧古茶、祖祥连续四年上榜云南省"十大名茶"。全市共有 15 家茶企入选 2021 年云南省"绿色品牌"品牌目录，占全市入选企业目录的 62.4%。[①]在专利方面，"据有关研究显示，2006—2015 年申请的普洱茶专利文献总数为 1618 件，其中发明专利 1466 件，实用新型 152 件。普洱茶行业的专利申请主要集中在发明专利，占专利申请量的 90.6%"，"其中云南省普洱茶专利申请量最多"，"排名前十的普洱茶申请人中企业 5 家、高校 2 家、个人 2 人，说明企业是普洱茶专利活动的主体，企业的创新意识和专利保护意识在不断增强"。[②]近年来，普洱茶领域也发生了不少商标注册纠纷，如勐库商标争夺战、曼松商标大战、大益商标纠纷、同庆号老字号遭抢注以及实践中频发的侵害"中茶""下关沱茶"等纠纷，说明知识产权对于普洱茶产业商标保护的重要性。

（二）普洱茶产业中传统知识产权保护问题及建议

普洱茶产业的知识产权保护虽然对于产业发展发挥了重要作用，但还存在诸多问题，应引起重视。

1. 普洱茶产业专利的市场作用不明显

从普洱茶知识产权整体来看，普洱茶产业专利权保护是一个薄弱环节。从实践来看，普洱茶专利产品市场认可度并不高，主要原因有两个：第一，普洱茶专利申请量较少，难以形成规模效应。普洱茶专利申请量少，一方面是由于普洱茶企业不太重视专利产品的研发，大部分茶企只满足于按照传统方式生产茶叶，提高产量，没有意识到专利对于提高产品附加值的重要性，另一方面，大部分普洱茶企业因规模和资金限制，没有足够的人力和财力投入研发。此外，还有专利服务机构和人员不足、

① 陈景锋，罗成建，李超等. 擦亮普洱茶品牌　做强第一支柱产业——普洱茶产业发展现状调查与思考[N]. 普洱日报．2022-01-05（1）．

② 李瑞丹，徐雷. 中国普洱茶专利分析[J]. 中国茶叶，2018（7）：21-22+31.

水平不高、专利申请程序较复杂等原因。第二，不同于消费者对普洱茶商标的知晓和认可度，消费者对普洱茶专利产品的了解不够，认可度不高。其主要原因是，产品的竞争力主要体现在产品实用性上，普洱茶产品在宣传时，一般只会宣传其口感、色泽、回甘等，基本不会宣传其有哪些专利技术，更不会提及该专利技术有哪些不同，跟其他产品相比，有哪些明显不同或产品优势，以致于消费者不知道普洱茶产品中有专利，此专利对消费者有什么好处。上述问题，会造成消费者对普洱茶专利产品的认可度不高，导致普洱茶企业对专利产品研发的积极性降低，造成恶性循环。

2. 有商标产品与无商标产品并存

商标在市场中主要用于产品或服务来源识别，可以提高产品的附加值，降低消费者选择的成本。普洱茶市场中除了有商标产品外，还存在许多无商标产品，这些普洱茶产品没有生产商名称、地址及商标，但由于大部分消费者可以通过茶的口感来辨别茶叶质量优劣，所以对没有商标的普洱茶产品也可以接受。当然，这部分产品大多集中在初级茶产品上，比如经过初步加工的散茶、简易包装散茶等。这主要是由于，农产品不同于经过加工的工业产品，按照国家相关规定，工业产品必须要有生产商名称、地址、质量标准等，但农产品的初级商品并不要求，消费者也不依赖于包装上的标注和标识去识别初级农产品的优劣。

3. 商标多样化

根据《中华人民共和国商标法》规定，我国法律上只有注册商标、未注册商标和驰名商标的类型。除此之外，还有很多地方行政部门和行政法规认定的其他商标，如云南省人民政府 1999 年通过的《云南省著名商标认定和保护办法》（于 2020 年 9 月修订）、于 2022 年 8 月 1 日才废止的云南省人民政府 1999 年通过的《云南省名牌产品认定和管理办法》、云南省消费者协会认定的"云南消费者信得过单位"等。除了省级规定外，很多地市也制定了类似规定。这种商标多样化管理模式，在增强企业品牌意识、提高产品质量、促进地方经济发展上有一定的积极作用，但是也有很多弊端。一是各级政府授予的著名商标、名牌产品等并不具有法律效力，它只能起到鼓励和促进生产的作用，如果发生侵权纠纷，从这些规定上获得救济的方式不多，而且合法性也会受到一定质疑。二是多样化的管理模式会导致不同品牌之间效用出现抵消，甚至会影响到注册商标和驰名商标的作用，因为各省市都有自己的名牌产品、著名商标，消费者在选择商品时，就会陷入选择困难，到底是名牌商品好，还是著名商标产品好，到底是普洱市的名牌商品好，还是临沧市的名牌产品好。三是行政法规和行政规范性文件，都各有自己的认定标准以及保护办法，某些保护办法并不合理科学，如于 2022 年 8 月 1 日废止的《云南省名牌产品认定和管理办法》第四条规定"各级人民政府应当采取措施，鼓励和扶持企业争创名牌产品。在政府采购中，同等条件下应当优先采购云南省名牌产品"，这样名牌产品与驰名商标产品争夺政府扶持资源，而且在政府采购中，同等条件下应当优先采购云南省名牌产品，并不公平、科学。因此，地方立法机关和政府也应及时修法，对立法中有违上位法、有违公平竞争的相关规定，及时修订和删除。

4. 名茶名山商标侵权较多

从普洱茶纠纷第一案、勐库商标争夺战，到后来的大益商标纠纷、曼松商标大战，再到后来的普洱茶老字号同庆号商标争夺战，以及查处的中茶、下关沱茶商标的侵权案件等，都说明了名茶名山在普洱茶产业的独特地位。但是如此多的商标抢注、侵权案件，说明保护名山名茶商标的紧迫性。

针对上述问题，笔者认为，可以从以下几个方面做起：一是借鉴宣传产品的方式，要像宣传商标品牌一样，在宣传普洱茶产品时，加大对产品专利的宣传，说明专利的作用，让消费者了解专利产品与其他产品相比，有什么特别的优点或技术创新，从而使消费者接受产品，接受专利。二是允许初级农产品无商标标识，把商标策略放在精加工产品上，但是因为商标的重要性，可以出台规定，对经过注册商家出售的初级农产品上应标注生产厂商、地址等，这样可以增加商家保证质量的责任心，给消费者更强有力的保护，为消费者选择商品提供更多便利。三是针对商标多样化，要进一步梳理本省本地区关于名牌产品、著名商标等的管理办法，查找与上位法冲突的规范，不合理不公平的条款，及时修订；尽量少制订地方名牌产品和著名商标的规定，这类规定会减弱注册商标和驰名商标的影响作用，也会降低企业注册商标和争创驰名商标的积极性。四是加大对名山名茶商标侵权案件的打击力度，尽早对名山名茶注册商标，符合条件的，积极申请地理标志集体商标和证明商标，以免被他人抢注，造成困扰，经长期使用，达到驰名的，尽快申请驰名商标认定。五是加大对名山名茶商标侵权的查处、惩治力度，建立黑名单，对重复侵权、故意侵权的企业和个人，列入黑名单，建立知识产权领域失信联合惩戒机制。六是鉴于普洱茶品牌的影响力进一步增强，建议有条件的企业尽量在国际上注册国际商标，以免被抢注，造成不必要的损失。

第四节　普洱茶老字号知识产权保护——同庆号商标权

普洱茶老字号具有特殊的历史价值、文化价值、经济价值。但由于历史久远，可能经历战乱、政策变更等，绝大部分普洱茶老字号已退出历史舞台。随着普洱茶产业再次兴起，因巨大的商业价值，普洱茶老字号再次迎来了生机，但是普洱茶老字号究竟是个人资源，还是公共资源，哪些单位或个人可以使用普洱茶老字号，就会发生争议。西双版纳同庆号普洱茶业股份有限公司与云南易武同庆号茶业有限公司关于"同庆号"商标的争夺战就是典型例子。

【案例分析】

一、基本案情

据有关资料显示，同庆号普洱茶创始于1736年，其时就被皇家定为贡茶，因选料精细、做工优良，在业界享有良好声誉，后经历战乱，同庆号没有传承下来。2005年西双版纳同庆号普洱茶业股份有限公司（以下简称西双版纳同庆号公司）成立，但是同庆号商标早在2004年就被一个福建茶企抢注，只经过谈判并未支付注册转让费，2007年同庆号商标被西双版纳同庆号公司注册，2009年，此商标被认定为云南省著名商标，并被注册在30类"茶"商品上。云南易武同庆号茶业有限公司（以下简称易武同庆号公司）于2006年成立，同年"易武同庆号 YI WU TONG QING HAO"商标注册在第30类"茶"商品上。西双版纳同庆号公司认为易武同庆号公司侵害其商标权，且易武同庆号公司在企业名称中突出使用"同庆号"构成不正当竞争，要求其立即停止侵权行为，并赔偿损失，由此发生纠纷。一审法院西双版纳自治州法院认为易武同庆号公司的商标与西双版纳同庆号公司的商标构成类似商标，且在企业名称中使用同庆二字，会构成混淆，支持西双版纳同庆号公司的部分诉请。一审宣判后，双方都不服，向云南省高级人民法院提出上诉，云南省高级人民法院认为易武同庆号公司不侵权，作出了与一审法院相反的判决。

之后，西双版纳同庆号公司不服，向最高人民法院提出再审，最高人民法院指示云南省高级人民法院再审，2018 年 7 月 16 日，云南省高级人民法院作出再审判决，认为易武同庆号公司侵权，要求立即停止侵权行为。从该案例看出，同庆号商标的争夺一波三折，甚至云南省高级人民法院在二审和再审时，作出了截然不同的判决。同庆号作为普洱茶知名老字号的代表，如何进行保护值得深思。

二、同庆号历史及两家公司商标使用基本情况

（一）"同慶號"茶庄的历史

普洱茶以当时的云南古普洱府命名。1736 年，刘氏家族的先辈在古普洱府辖区的西双版纳易武茶乡设坊制茶，取名"同慶號"茶庄。"同慶號"普洱茶品质精良，被官府选定为贡品。在刘氏几代人的不懈努力下，1900 年以后"同慶號"茶庄成为云南最大的茶号之一，因仿冒者甚多，"同慶號"茶庄依据清政府《商标注册试办章程》《商标注册细目》申请了"龙马图文"商标。1937 年以后，云南普洱茶行业集体陷入低谷，"同慶號"茶庄于 1948 年歇业。之后，作为商号的"同慶號"及"龙马图文"商标长期停止使用。

（二）西双版纳同庆号的成立及商标注册、使用具体情况

2005 年 6 月 3 日，西双版纳同庆号普洱茶业有限公司成立，2015 年12 月更名为西双版纳同庆号普洱茶业股份有限公司（以下简称西双版纳同庆号），法定代表人邓雅然。2004 年 6 月 7 日，案外人申请的第 3390521号商标（即"同庆及图"图文商标）获准注册。2006 年 12 月 28 日，邓雅然受让取得"同庆及图"图文商标。2007 年 11 月 28 日，邓雅然将该商标转让给西双版纳同庆号。2009 年 6 月 14 日，第 5501734 号商标（即"同庆"文字商标）获准注册，西双版纳同庆号为商标注册人。

西双版纳同庆号与"同慶號"茶庄无历史渊源。西双版纳同庆号在普洱茶商品和宣传资料上没有单独使用"同庆"标识，而是组合使用了（1）"龙马图文"标识；（2）"同慶號·普洱茶"或"同庆号·普洱茶"；（3）"同庆号始创于乾隆元年""始创于 1736 年"或"Since 1736"。其中，"龙马图文"标识系"同慶號"茶庄的商标，在西双版纳同庆号商品外包装上占据较大比例，"龙马图文"标识为矩形，上端有"雲南同慶

号"文字,中间是云龙、白马、宝塔组合图案,下端是"同慶號"茶庄的介绍:"本庄向在云南,久历百年字号,所制普洱督办易武正山阳春细嫩白尖,叶色金黄而厚,水味红浓而芬香,出自天然,今加内票以明真伪。同慶老号启。"

(三)易武同庆号的成立及商标注册、使用具体情况

云南易武同庆茶业有限公司 2006 年 12 月 18 日成立,2008 年 9 月 3 日更名为云南易武同庆号茶业有限公司,法定代表人高丽莉。2006 年 6 月 14 日,第 4068515 号商标获准注册,高丽莉为商标注册人。2006 年 12 月 31 日,易武同庆号获得该商标独占使用权。商标被云南省工商行政管理局评为"云南省著名商标";易武同庆号被云南省商务厅认定为"云南老字号"。

易武同庆号、高丽莉与"同慶號"茶庄无历史渊源。易武同庆号在店铺墙面上标注"同慶號""同慶號茶业公司";在公司网页上曾标注"同慶號茶葉""盛世同慶惠澤天下""同慶號""易武同慶號""同庆传奇""雲南易武【同慶號】茶業有限公司"等;在商品宣传册上使用"同慶號""易武同慶號 YIWUTONGQINGHAO""同庆号始创于乾隆元年""正本清源真实再现""雲南易武【同慶號】茶業有限公司";在 2014 年商业活动的现场悬挂"慶祝同慶老字號復葉制茶十周年""同慶老字號復業制茶十周年研讨会——暨 2014 年春茶品鉴會""易武同慶號復業 10 周年研讨会"横幅,使用"同慶號""同慶十年签到簿"标识;在《普洱》杂志上使用"雲南易武同慶號茶業有限公司";在"同慶金砖"普洱茶商品(生产日期为 2009 年 4 月 9 日)的外包装上标注有"百年老茶號""雲南易武【同慶號】茶業有限公司"。

三、本案争议焦点评析

本案争议焦点很多,但笔者认为与本书相关的主要有三个:一是易武同庆号和高丽莉是否存在侵犯西双版纳同庆号商标权的行为;二是易武同庆号和高丽莉是否存在不正当竞争行为;三是易武同庆号是否存在抢注同庆号商标的行为。

(一)关于易武同庆号公司是否存在商标侵权的认定

西双版纳同庆号认为易武同庆号和高丽莉实施了侵犯西双版纳同庆号第 5501734 号"同庆"文字商标的行为,包括:①在商业宣传、广告和店

铺外墙上使用"同慶號";②在普洱茶商品上标注"同慶金砖";③在企业名称中突出使用"同慶號"(统称被控侵权行为)。

1．在商业宣传、广告和店铺外墙上使用"同慶號"是否侵犯"同庆"文字注册商标专用权

《中华人民共和国商标法》(以下简称《商标法》)第五十七条规定了侵犯注册商标专用权的行为,其中第一项规定的商标侵权行为是"未经商标注册人的许可,在同一种商品上使用与其注册商标相同的商标的"。本案中,易武同庆号在商业宣传、广告和店铺墙面中使用"同慶號"标识起到了指向和引导商业来源的意图和作用,属于商标性使用。第5501734号"同庆"文字商标与易武同庆号使用的"同慶號"标识不相同,故不满足商标法第五十七条第一项的构成要件。

《商标法》第五十七条第二项规定的商标侵权行为是"未经商标注册人的许可,在同一种商品上使用与其注册商标近似的商标,或者在类似商品上使用与其注册商标相同或者近似的商标,容易导致混淆的"。易武同庆号使用"同慶號"标识是否构成《商标法》第五十七条第二项的侵权行为?首先,如前所述,显著性决定注册商标专用权的保护效力,"同庆"文字商标通过注册仅有较低的显著性,加之没有诚信地实际使用,即使历经多年,商标显著性仍然较低,其被混淆、借用的可能性较小,保护范围不宜过宽。而"同慶號"标识在业内有特定含义,负载着传统老字号的商业及文化价值,被包括涉诉当事人在内的众多云南普洱茶厂商使用。由于"同庆"文字商标显著性较弱,而在相关公众中"同慶號"有指代含义,故"同庆"文字商标专用权的效力无法给予与其有一定区别的"同慶號"。

其次,《商标法》第五十七条第二项所要规制的混淆,其指向封闭在纠纷当事人之内,换言之,来源混淆的指向,指向原告方,或者指向被告方,导致其中一方商标持有人的合法权益受损,而另一方商标使用人因此得到不法利益。当来源混淆的指向超出了特定商标民事纠纷的当事人,即不指向原告方,也不指向被告方,而是混淆到外部第三方来源时,就超出了《商标法》第五十七条第二项所要规制的范围。本案中,易武同庆号通过使用"同慶號"企图传达其是"同慶號"茶庄的传承者,因此本案中即使相关公众有所混淆,混淆的错误来源也指向第三方(老字号"同慶號"茶庄),而不是"同庆"商标注册人;况且,易武同庆号使用"同慶號"标识的意图是利用老字号带来的竞争力,而无意攀附显著性较低的"同庆"文字商标,"同庆"文字商标能为西双版纳同庆号带来的正当利益并未遭受损害。

因此，西双版纳同庆号主张易武同庆号在商业宣传、广告和店铺墙面使用"同慶號"标识的行为侵犯其第 5501734 号注册商标专用权缺乏事实和法律依据。

2. "同慶金磚"是否侵害"同庆"文字注册商标专用权

注册商标的有效期自核准注册之日起计算，注册商标在其法定有效期内方享有专用权，故注册商标专用权只能控制核准注册之日起发生的行为。经查，被控侵权商品上标记的生产日期为 2009 年 4 月 9 日，第 5501734 号"同庆"文字商标获准注册的日期为 2009 年 6 月 14 日，晚于被控侵权商品的生产时间。而西双版纳同庆号并没有提交购买该商品的发票，不能证明该商品的销售情况和销售时间，继而证明所诉行为构成商标法第五十七条第三项（即销售侵犯注册商标专用权的商品的）规定的侵权行为。因此，西双版纳同庆号此项主张因缺乏基本的权利要件，不能得到支持。

3. 易武同庆号突出使用企业名称中的"同慶號"是否侵犯"同庆"文字商标专用权

易武同庆号在商品、宣传资料上标注"雲南易武【同慶號】茶業有限公司"或"雲南易武同慶號茶業有限公司"，即以加黑括号或加空格的方式突出了"同慶號"。《最高人民法院关于审理商标民事纠纷案件适用法律若干问题的解释》第一条第一项规定，"将与他人注册商标相同或者相近似的文字作为企业的字号在相同或者类似商品上突出使用，容易使相关公众产生误认的"，属于给他人注册商标专用权造成其他损害的行为。如前所述，由于"同庆"文字商标先天的显著性较低，又没有诚信地实际使用，导致商标显著性依旧较低，其注册商标专用权的效力无法及于与其有一定区别的且负载老字号美誉的"同慶號"标识，西双版纳同庆号不能单凭拥有显著性较弱的"同庆"文字商标独揽"同慶號"。易武同庆号使用"同慶號"标识的意图是利用老字号带来的竞争力，而无意攀附显著性低的"同庆"文字商标，易武同庆号使用企业名称时突出"同慶號"不会使相关公众产生误认——即错误地指向西双版纳同庆号，"同庆"文字商标能为西双版纳同庆号带来的正当利益并未遭受损害。因此，不构成对西双版纳同庆号第 5501734 号注册商标专用权的侵犯。

（二）易武同庆号公司是否存在不正当竞争行为

《中华人民共和国反不正当竞争法》并未就何为不规范使用企业名称，

以及不规范使用企业名称造成何种后果为不正当竞争给出具体规定，故只能根据该法第二条进行推导。该法条要求"经营者在生产经营活动中，应当遵循自愿、平等、公平、诚信的原则，遵守法律和商业道德"，并对不正当竞争行为给出定义，"本法所称的不正当竞争行为，是指经营者在生产经营活动中，违反本法规定，扰乱市场竞争秩序，损害其他经营者或者消费者的合法权益的行为"。企业使用名称是为了表明身份或标明商品（服务）来源，这是开展商业经营的必备条件，同时也体现了基本的商业道德要求——企业在商业经营中应当诚实地使用自己的名称，向相关公众和市场管理者准确地表明身份，不能引起误导。最准确表明身份的方式就是完整、规范地使用企业名称，不改变组成文字的样式，不任意添加或删减组成文字。但是在商业实践中，合理地简化使用企业名称，适当有度地改变、删减企业名称组成文字仍然能够准确表明企业身份，法律对此亦不予禁止。基于此，不完整、不规范使用企业名称并不一定损害其他经营者的合法权益，判别标准就在于是否导致身份认识错误，以及是否对其他经营者的正当竞争权益造成损害，扰乱市场经济秩序。

本案中，易武同庆号使用企业名称时将部分简体文字改变为繁体字（"云"变为"雲"，"庆"变为"慶"，"号"变为"號"，"业"变为"業"），且将"同慶號"三个字用黑括号框住——"雲南易武【同慶號】茶業有限公司"，也有将"同慶號"三个字与其他组成文字用空格隔开的情况——"雲南易武 同慶號 茶業有限公司"。上述行为确有不规范之处，它改变了部分组成文字的字体，突出了"同慶號"三个字，但是该企业名称的所有组成文字均得以完整地、按顺序地呈现，相关公众当然能准确、清晰地读识出易武同庆号的主体身份，不会导致主体的认识错误，尚属于法律能容忍的限度，不构成不正当竞争。

（三）关于易武同庆号公司是否存在抢注的认定

《商标法》第三十二条规定，"申请商标注册不得损害他人现有的在先权利，也不得以不正当手段抢先注册他人已经使用并有一定影响的商标"。该条款的适用一般应满足以下四个要件：（一）他人商标在注册商标申请日之前已经使用并有一定影响；（二）注册商标与他人商标相同或近似；（三）注册商标指定使用的商品与他人商标所使用的商品相同或类似；（四）注册商标申请人主观意图具有不正当性。根据《商标法》第四十四条规定，已经注册的商标是以欺骗手段或者其他不正当手段取得注册的，由商标局宣告该注册商标无效；其他单位或者个人可以请求商标评审委员会宣告该注册商标无效。规定的立法精神在于贯彻公序良俗原则，维护良好的商标注册、管理秩序，营造良好的商标市场环境。关于上述法律中对"其他不正当手段"的理解，应当是限于以欺骗手段以外的其他方式扰乱商标注册秩序、损害公共利益、不正当占用公共资源或者谋取不正当利益的规制。虽然在本案中系对"同庆"商标申请注册的情形予以规制，但实则是对申请注册人就"同庆"商标的申请注册行为予以制止，特别是对于申请注册人通过囤积他人大量具有较高知名度的商标，主观上并无合理事由，客观上亦无实际使用意图，通过牟取不正当利益的相关申请注册行为，均是在具体案件中予以是否属于"其他不正当手段"情形进行了评述，将直接对该申请注册人的相关注册行为所指向的商标产生影响。

本案中，西双版纳同庆号公司提交的荣誉证书、产品图片、参展证明、杂志等使用宣传证据虽能证明"同庆及图"商标早于"同庆"商标申请注册日前，已在第 30 类"茶"商品上进行了使用，该商品与易武同庆号公司的同庆号商标指定使用的第 43 类"茶馆"服务在销售渠道、消费群体等方面存在密切关联，构成类似商品和服务。然而，虽然西双版纳同庆号公司主张其于 2005 年 8 月 6 日已使用"同庆及图"商标，但是该证据的公证系 2014 年 7 月 15 日作出，同时考虑到茶饼的生产日期并不必然与商标使用产生必然联系，在无其他证据佐证相关产品已经投入市场流通的情况下，仅凭该证据尚不足以证明西双版纳同庆号公司的"同庆及图"商标于 2005 年 8 月 6 日已经开始使用。而且易武同庆号公司的法定代表人高丽莉于 2005 年 8 月 29 日申请注册了第 4863723 号商标，该商标的图形部分与本案"同庆"商标基本相同，故易武同庆号公司申请注册本案"易武同庆号及图"商标具有合理理由，基于在案证据尚不足以证明其申请注册的行为系采取了"不正当手段"，故易武同庆号公司"同庆号及图"商标的申请注册不属于"以不正当手段抢先注册他人已经使用并有一定影响的商标"。

四、普洱茶老字号知识产权保护思考

普洱茶老字号是普洱茶产业发展中的宝贵财富，从此案例可以看出，普洱茶老字号的知识产权保护，要注意以下方面。

（一）老字号商标如果没有传承人的，应属于公共资源

从本案来看，普洱茶老字号"同慶號"茶庄在历史上连续经营时间较

长，享有过较高知名度和声誉，虽然 1948 年歇业后商标中断使用数十年，但其曾经获得的辉煌业绩和声誉不会消失。2000 年以后，普洱茶在市场上再度焕发生机，"同慶號"标识被包括涉诉当事人在内的众多云南普洱茶厂商使用。由此可见，"同慶號"这一传统老字号负载着商业及文化价值，发挥着发扬老字号传统的功能。从法律性质上讲，中断使用的老字号标识失去了私权属性，成为公共资源。在自由开放的竞争秩序下，诚实善意地使用传统老字号标识尚属于对公共资源的合理使用。在大家都诚信使用的前提下，由于使用者甚众，相关公众不会把"同慶號"标识指代的来源与其中某一特定使用者联系在一起，也不会轻易认为谁与"同慶號"茶庄存在事实上或法律上的承继关系，"同慶號"标识仅因表彰老字号美誉这一真实事实而得以存立。争取利益最大化的商业动机促使使用者产生独占传统老字号标识的想法，将与"同慶號"相同或相近似的文字注册为商标，登记为企业名称是最为直接、有效的方法，但因"同慶號"茶庄的商业经营早已中断，已成为公共资源，不能构成商标法上的"损害他人现有的在先权利"或"以不正当手段抢先注册他人已经使用并有一定影响的商标"，故注册行为尚未明显逾越法律边界。总的来说，商业标记的核心价值就在于市场使用，如果老字号一直不予经营，就会异化为公共资源，也就不享有在先权利。老字号是否具有在先权利，需要考虑两个因素，一是对其的使用是否中断，二是其显著性是否一直存在，如果老字号已经中断使用，或者虽然使用，但是没有广泛地被传播，也没有产生一定的影响，就不具有一定的显著性，也就不享有在先权利。所以，普洱茶老字号一定要使用，并尽快在先注册，加大宣传，扩大其知名度，才能受到法律的保护。

（二）商标的注册和经营应遵守诚信原则，不得攀附老字号

根据《商标法》的规定，申请注册商标和使用商标，应当遵循诚实信用原则，具体而言，诚实信用原则鼓励申请人尽量设计、选用独特的标识，尽其所能避免损害他人的权益，主动避让已有商标和通用标识、指示性标识；要求注册人实际使用注册商标，不能无故囤积不用，明确规定注册商标专用权以核准注册的商标和核定使用的商品为限；要求商标注册人、使用人善意地行使商标权，不得攀附他人之商誉、嫁接非己之荣誉，在不损害他人合法利益、社会公共利益和市场秩序的前提下追求自己的利益。而那些被长期诚实使用的商标，由于不断夯实了商标与商品特定来源之间的联系，商标的显著性进一步增强，继而该商标能够得到司法保护。本案中

提出侵权诉讼的西双版纳同庆号成立于 2005 年，成立时选用"同庆号"作为企业名称中最具显著性的字号部分，结合所经营的商品（普洱茶）和所在地域（原"同慶號"茶庄创办地云南西双版纳），以及企业宣传资料中嫁接老字号的内容，可以判断，创办者理应知晓"同慶號"标识所负载的传统文化价值。2009 年 6 月 14 日第 5501734 号"同庆"文字商标获准注册，之后，西双版纳同庆号并没有单独使用"同庆"文字商标，反而是在广告宣传中自称是公司化运作后的"同慶號"茶庄，在普洱茶商品上着力使用"同慶號""同庆号始创于乾隆元年""同慶號"茶庄旧商标（"龙马图文"标识）等，传达与"同慶號"茶庄一脉相承之意。易武同庆号使用"同庆号"作为企业名称和商标的重要元素，显然也是基于对"同慶號"的历史渊源和美誉的熟知。易武同庆号、高丽莉曾提交关于高丽莉是"同慶號"茶庄传承人的证据，而后，承认与"同慶號"茶庄无任何历史渊源。易武同庆号对"同慶號"的利用和攀附与西双版纳同庆号亦步亦趋。这就说明，普洱茶产品的经营没有捷径可走，想扩大商标的知名度，只能实实在在地靠长时间、广泛的使用。与老字号没有任何渊源，却想攀附老字号、占为己有，终究是不可能的。

第五节　普洱茶知名山头茶知识产权保护——曼松商标权

普洱茶的主产区有普洱市、临沧市、西双版纳州，之所以在这三个地州，除了产量外，更重要的是知名山头茶的存在，这些知名山头茶很多都是古茶树资源所在地和保护区，如普洱的景迈山、凤凰窝、困鹿山等，临沧的冰岛、昔归、勐库等，西双版纳州的老班章、易武、勐宋等。这些知名山头茶凭借独特的品质、良好的口感、辉煌的历史，造就了"红酒论酒庄、普洱论山头"的说法。正是由于知名山头茶巨大的商业价值，也因此产生了很多纠纷，曼松茶就是个典型案例。

【案例分析】

一、基本案情

2018 年初，云南则道茶业股份有限公司（以下简称则道公司）在其天猫官方旗舰店发布"曼松"商标维权公告，警告对"曼松"商标已构成侵权的企业和个人应当立即停止侵权行为，之后更是直指雨林古茶坊及宫明两家茶企涉嫌侵权，由此引发了蝴蝶效应。曼松村民认为"曼松"商标属于全体村民，不应由某个企业独占，于是发布维权声明，并聘请专业人员，向国家知识产权局提出商标无效宣告，其理由主要是曼松属于地名，违反了《商标法》第十一条规定"下列标志不得作为商标注册：①仅有本商品的通用名称、图形、型号的；②仅直接表示商品的质量、主要原料、功能、用途、重量、数量及其他特点的；③其他缺乏显著特征的"，另根据第四十四条规定"已经注册的商标，违反本法第四条、第十条、第十一条、第十二条、第十九条第四款规定的，或者是以欺骗手段或者其他不正当手段取得注册的，由商标局宣告该注册商标无效；其他单位或者个人可以请求商标评审委员会宣告该注册商标无效"，申请"曼松"商标无效。后国家知识产权局以"曼松仅是产品的产地和来源，缺乏显著性"为由，宣告"曼松"商标无效，则道公司不服该裁定，向北京知识产权法院提起诉讼，北京知识产权法院经过审理，维持国家知识产权局裁定，则道公司不服，又向北京市高级人民法院提起二审，二审经审理认为，"曼松"商标具有显著性，是有效商标。

二、曼松茶及云南则道茶业股份有限公司介绍

曼松属于西双版纳傣族自治州勐腊县象明彝族乡曼庄村委会。云南省《勐腊县地名志》记载："曼松在村公所驻地东北……因村子座落在高山上，故名。"《勐腊县县志》"茶叶章节"记载："倚邦茶山包括今象明乡的倚邦、曼拱、河边3个村公所辖区……倚邦本地茶叶以曼松茶味最好，被定为'贡茶'，曼松曾'年解贡茶20担'。"詹英佩著《中国普洱茶古六大茶山》摘录记载："曼松古称蛮松，在象明乡境内，属倚邦茶山的范围……曼松茶是特级贡茶，仅供皇上享用和作为国礼送外国使臣。曼松贡茶主要长在曼松王子山……新中国成立前，王子山的茶园几乎毁尽，茶园烧后地用来种粮食。1980年前后曼松王子山香堂人住的老寨因水源枯竭全寨搬迁到山下，现在山上已看不到成片的茶树……新曼松村是从王子山顶搬迁下来的……"西双版纳州人民政府关于加强古茶树资源保护的意见，将象明曼松古茶园片区（包括曼松贡茶园片区全部）列为古茶树重点区域实行保护。从历史来看，曼松茶就有着辉煌的过去，曾作为朝廷贡茶，且

茶味最好，其主要产区在曼松村王子山和背阴山。

2007 年，则道公司在云南省勐腊县各级政府的支持下，招商引资，获得王子山和背阴山的唯一投资开发权，承包使用林地 40 年。2013 年，云南则道公司取得"曼松"注册商标，注册号为9335313，核定使用服务（第40 类，类似群 4003；4005-4006；4008；4010；4012-4015）包括：染色；纸张加工；光学玻璃研磨；食物和饮料的防腐处理；茶叶加工；服装制作；废物处理（变形）；空气净化；水净化；药材加工。"曼松"商标申请注册后，经过对该商标的推广和使用，曼松自然村才成为知名茶叶产地，之前无人问津，作为茶叶产地的史料记载是清朝年间。

三、本案争议焦点评析

本案争议焦点为"曼松"商标的注册是否违反《商标法》第十一条第一款第二项的规定。根据《商标法》第十一条第一款第二项规定，"仅直接表示商品的质量、主要原料、功能、用途、重量、数量及其他特点的标志不得作为商标注册"，但是该条第二款也规定，"前款所列标志经过使用取得显著特征，并便于识别的，可以作为商标注册"。

认为"曼松"商标不具有显著性的北京市知识产权法院认为：根据则道公司及石一龙提交的《勐腊县县志》《中国普洱茶古六大茶山》等证据，古时曼松茶主要长在曼松王子山，为倚邦著名贡茶，虽然后来茶园被毁、曼松老寨原居民搬迁，但并不影响曼松贡茶在历史上的知名度；将"曼松"使用在"茶叶加工"服务上，属于对茶叶品种、产地等特点的直接描述，不具备显著性；则道公司提交的证据不足以证明"曼松"商标经使用已与其产生一一对应关系，从而可以区分服务来源；故"曼松"商标的注册违反了《商标法》第十一条第一款第二项的规定。

根据相关公众的通常认识，作为茶叶的品种名称，只有普洱茶、乌龙茶、黑茶、白茶等，曼松茶本质上是对曼松王子山茶、背阴山茶的简略称呼，即使历史上曼松曾以倚邦茶山脉的"贡茶"产地所记载，但以现在的相关公众通常认知，并佐以各行业协会及研究会出具的说明，曼松茶尚不足以被认定为茶叶的品种名称。根据记载，曼松贡茶主要长在曼松王子山。新中国成立前，王子山的茶园几乎毁尽，茶园烧后地用来种粮食。可见，曼松贡茶在历史上的知名度早已不能延及现在的产地及市场。虽然茶类商品及服务通常与相应的地理位置紧密相连，但根据在案事实，在"曼松"商标申请日前，尤其是则道公司在 2007 年投资开发王子山和背阴山之前，曼松（蛮松）仅为一村落名称，并不是相关公众熟知的茶叶产地，相关史料记载仅为沉寂的历史文化，在无曼松茶实际产品推向市场并予广泛流通的情况下，相关公众也不会自然地将曼松自然村识别为茶叶产地。则道公司于2007年承包王子山、背阴山后，建立茶园，重新在当地开始茶叶种植和生产，并推动政府对于王子山、背阴山的古树进行保护，带动当地经济发展。在此背景下，"曼松"商标得以申请注册，并经过则道公司的大力推广和宣传，为社会公众所接受和知晓，继而成为云南普洱的又一山头茶。

可见，先有"曼松"商标进行使用，才有相关公众对曼松茶的产地认知，再有曼松茶的来源识别。因此，以"曼松"商标申请注册日为判断标准，"曼松"商标使用在"茶叶加工"服务上，尚不足以被相关公众认知为茶叶产地等特点的直接描述。

据此，曼松虽是曼松茶的产地，但是曼松茶在"曼松"商标注册之后才使得相关公众对"曼松"商标与曼松产地联系起来，所以"曼松"商标在注册时，是具有显著性的，当然相关公众并不会把"曼松"商标和曼松村对应起来，而只会把"曼松"商标和则道公司对应起来，所以"曼松"商标应该有效，这也是为北京市高级人民法院终审判决所认定的。

四、普洱茶知名山头茶保护的思考

（一）普洱茶知名山头茶要想获得商标保护，一定要具有显著性

商标的价值在于能够识别商品来源，能够让消费者把某个商品与某个生产厂商联系起来，所以我国《商标法》规定，"不具有显著性的，仅表示商品的质量、数量、成分、产地的"都不能注册为商标，因为它们缺乏显著性。而商标是否具有显著特征，应当根据商标所指定使用商品的相关公众的知晓程度，判断该商标整体上是否具有显著特征。商标标志中含有描述性要素，但不影响其整体具有显著特征的，或者描述性标志以独特方式加以表现，相关公众能够以其识别商品来源的，应当认定其具有显著特征。审查判断商标是否具有显著特征，一般以商标申请日时的事实状态为准。核准注册时事实状态发生变化的，以核准注册时的事实状态判断其是否具有显著特征。相关公众的认定应根据《最高人民法院关于审理商标民事纠纷案件适用法律若干问题的解释》第八条规定"商标法所称相关公众，

是指与商标所标识的某类商品或者服务有关的消费者和与前述商品或者服务的营销有密切关系的其他经营者"，以及《驰名商标认定和保护规定》第二条第二款规定"相关公众包括与使用商标所标示的某类商品或者服务有关的消费者，生产前述商品或者提供服务的其他经营者以及经销渠道中所涉及的销售者和相关人员等"。据此，作为普洱茶知名山头茶来说，一般都是某地的名称，仅代表普洱茶的产地，是不具有显著性的，也是不能被注册为商标的，但是如果在申请注册时，已经经过商家的长期使用，具有把山头茶商标和某企业联系起来的效果，则会被认为具有显著性。此外，还需特别说明的是，把山头茶商标和某企业联系起来的效果的主体并不是社会上的大部分人，而是相关公众，根据上述法律规定，主要指的是普洱茶产品的生产者、批发商、零售商、物流商，以及普洱茶市场终端的消费者，因此，相关公众的范围要远比普通人理解的消费者范围要小。

（二）普洱茶知名山头茶的显著性主要依赖于商标的使用

商标的识别作用来源于使用，商标的核心价值也在于使用，只有使用才能使商标发挥其应有价值。则道公司将沉寂于历史的曼松茶重新推向市场，进入社会公众视野，对曼松品牌的盘活与使用做出了贡献，应予倡导。本案中，"曼松"商标的注册和使用，赋予了"曼松"除村落以外的第二层含义，即表征特定茶叶的品质和来源，该含义有别于地名，并指向云南则道公司。当然，这并不妨碍"曼松"自然村的茶农正当使用"曼松"村落名称。此处的正当使用只能是表明产地的使用，而不能突出使用，不能使外包装的曼松与"曼松"商标产生混淆，否则仍然要承担侵权责任。至于什么是产地的适用、什么是商标的适用，可根据 2020 年 6 月 15 日国家知识产权局印发的《商标侵权判断标准》第七条规定"判断是否为商标的使用应当综合考虑使用人的主观意图、使用方式、宣传方式、行业惯例、消费者认知等因素"来综合判断。这就告诉我们，普洱茶知名山头茶注册商标时，一定要平衡量好企业与当地群众之间的利益关系，最好先协商好条件。此外，也要求普洱茶知名山头茶，一定要尽早注册商标，占得先机。

第六节 普洱茶商标性意义使用的认定——
凤山商标权

实践中，如果存在茶叶包装上的茶叶名称中包含有注册商标的文字、图形等，那么是否构成侵权，关键的判断标准是是否构成商标性意义的使用，但是由于法律规范的特性和中文的多种含义，实际中的判断往往很难。例如，如果茶叶名称中包含的商标文字、图形意思中有商品的产地、质量、数量、质地等的描述，那么此类文字、图形是作为商品一般特征的描述性使用，还是作为商标性使用，就需要综合多种因素去判断，如果判断结果为商标性使用，就构成侵权，如果不是商标性使用就不会构成侵权。

【案例分析】

一、基本案情

1980 年 8 月，安溪茶厂申请的第 139505 号"凤山及图和拼音"商标获准注册，核定使用类别为第 30 类"茶叶"商品，经续展，有效期至 2023 年 2 月 28 日。经国家工商行政管理总局核准，1992 年 5 月 20 日变更注册人为福建省安溪茶厂，2001 年 7 月 6 日变更注册人为福建省安溪茶厂有限公司（以下简称安溪茶厂）。2017 年 1 月 1 日，安溪茶厂与福建安溪铁观音集团股份有限公司签订《注册商标使用许可合同》，约定安溪茶厂以普通许可方式许可福建安溪铁观音集团股份有限公司自 2017 年 1 月 1 日至 2023 年 2 月 28 日在第 30 类"茶叶"商品上使用第 139505 号商标，用于相应商品的推广销售。经推广、销售，安溪茶厂生产的凤山牌乌龙茶、铁观音等系列产品先后获得政府部门、行业协会和相关组织授予的多项荣誉，包括全国轻工业优质产品首届中国食品博览会金奖、轻工业部优质产品、福建省名优产品、首届中国（国际）名茶博览会金杯奖、中国国际农业博览会名牌产品、福建省驰名产品、福建地产名货称号、福建省名牌农产品、福建名牌产品、被认定为福建省著名商标等。2018 年 10 月，安溪茶厂发现昆明思普茶叶有限公司（以下简称思普公司）天猫店"思普茶叶专营店"中销售有外包装上印有"凤山"二字的普洱茶产品，于是在该店购买了云南农垦集团勐海八角亭茶业有限公司（以下简称八角亭公司）生产的茶产品"2014 年勐海古树凤山勐海味普洱茶熟茶八角亭饼茶 357 克"和"思贡 2016 年凤山爱心茶园熟茶茶饼 357 克"各一饼,并委托公证人员进行了公证和证据保全。这两个茶饼中,第 1 饼茶外包装上分别标有"凤山""爱心茶园"文字、"云南农垦集团"文字及图形商标、"八角亭"文字和图形组合商标、普洱茶(熟茶)、净含量 357 克、云南农垦集团勐海八角亭茶业有限公司、云南省农业科学院茶叶研究所等内容,外包装背面标明制造商为云南农垦集团勐海八角亭茶业有限公司;第 2 饼茶的外包装正面标有"勐海古树""凤山""勐海味""甲天下"文字、普洱紧压茶(熟茶)、净含量 357 克、云南农垦集团勐海八角亭茶业有限公司、云南省农业科学院茶叶研究所等内容,外包装背面标明制造商为云南农垦集团勐海八角亭茶业有限公司。安溪茶厂认为八角亭公司与思普公司侵害其"凤山"注册商标权,提起诉讼。

二、安溪茶厂、思普公司、八角亭公司介绍

安溪茶厂成立于 1952 年,2000 年 11 月 2 日改制为福建省安溪茶厂有限公司,经营范围包括茶叶加工、销售及其进出口业务、茶叶加工机械的进出口业务、预包装食品销售等。

思普公司是一家电商公司,参与云南省普洱市景谷傣族彝族自治县凤山镇(以下简称景谷县凤山镇)扶贫帮扶,销售的茶叶原料来源于景谷县凤山镇。八角亭公司生产"八角亭"牌普洱茶,享有八角亭注册商标,为响应国家精准扶贫号召开展扶贫项目,项目所在地在景谷县凤山镇,涉案茶饼原料来源于该地。

三、本案争议焦点评析

在本案中,被告思普公司与八角亭公司都辩称茶叶外包装上的"凤山"二字,只是茶叶原料的产地,并没有作为商标性使用,从而混淆商品来源,并且从文字的使用,与其他图形、生产厂商的结合,生产产品种类不同上进行分析,认定涉案茶饼产品上使用"凤山"不是商标性使用。所以,本案最主要的争议焦点,就是涉案茶饼产品上使用的"凤山"二字是否属于商标性使用。

第一,"凤山"注册商标系汉字、图形和拼音的组合商标,虽然第 1 饼茶的外包装正面使用"凤山"二字,但"凤山"仅是上述组合商标的汉字部分,另外二者字体存在较大差异;另外,从"凤山"二字在整个组合商标中所占比例及与各要素组合后的整体效果进行比较来看,以相关公众的一般注意力为标准,二者差异较大,在隔离比对的情况下,

不易造成混淆。另外，第 1 饼茶的外包装正面同时标有"云南农垦集团"文字及图形商标、"八角亭"文字和图形组合商标，故"凤山"二字并不会起到识别商品来源的作用；第 2 饼茶外包装正面标注的"凤山"二字，字体很小，占整个外包装的比例与同时标注的"勐海古树"四个字形成鲜明对比，该外包装给普通消费者留下深刻印象的是"勐海古树"，而非"凤山"，故第 2 饼茶的外包装正面并未突出使用"凤山"二字。因此，在上述两饼茶上标注"凤山"二字的行为并不具有不正当竞争的目的，不存在攀附他人商誉的故意行为。

第二，被控侵权商品外包装上的"凤山"二字并不会导致消费者对该商品的来源产生误认，或认为其来源与原告注册商标的商品有特定的联系。虽然第 139505 号"凤山及图形、拼音"注册商标核定使用类别为茶叶，被控侵权商品也为茶叶，属同类商品。但根据安溪茶厂网页显示，其经营范围为"乌龙茶、铁观音"，从上述原告商标使用及相关产品获得荣誉的情况看，涉案商标基本上也是使用于乌龙茶（主要是铁观音）。而被控侵权商品系普洱茶，普洱茶与乌龙茶属于完全不同的茶叶种类。普洱茶是以地理标志保护范围内的云南大叶种晒青茶为原料，并在地理标志保护范围内采用特定的加工工艺制成，具有独特品质特征的茶叶，主要产于云南省的西双版纳、临沧、普洱等地区。乌龙茶，属于青茶、半发酵茶或全发酵茶，品种较多，是中国几大茶类中，独具鲜明中国特色的茶叶品类，主要产于福建省和广东省。且普洱茶和安溪铁观音均系地理标志产品，即产自特定地域，所具有的质量、声誉或其他特性本质上取决于该产地的自然因素和人文因素，经审核批准以地理名称进行命名的产品。故两种茶叶具有明显的地域性，其品质也主要由其产地决定，对相关消费者而言，在选择购买茶叶时，对产地的关注度要远高于对具体生产企业商标的关注。具体到本案，涉案产品外包装上虽标注有"凤山"二字，但其对茶叶商品的识别性作用弱于"普洱茶""云南"等文字，故普通消费者不会因为涉案产品外包装上的"凤山"二字产生混淆，而认为该商品与原告或原告注册商标有特定联系。

第三，被控侵权商品（第 1 饼茶、第 2 饼茶）外包装上"凤山"二字系不构成侵权的描述性使用。虽然被控侵权商品上使用了"凤山"二字，但第 1 饼茶的外包装正面同时标有"云南农垦集团"文字及图形商标、"八角亭"文字和图形组合商标、"普洱茶（熟茶）"、"云南农垦集团勐海八角亭茶业有限公司"、"云南省农业科学院茶叶研究所"

等文字，第 2 饼茶的外包装正面同时突出标注"勐海古树"四个字，并标有"普洱紧压茶（熟茶）""云南农垦集团勐海八角亭茶业有限公司""云南省农业科学院茶叶研究所"等信息，以上标注足以使相关公众能够区分二者的差别，并直观获得该产品产于云南的信息。另外，根据思普公司和八角亭公司提交的证据可知被控侵权商品的原料来源于云南省普洱市景谷傣族彝族自治县凤山镇，且结合前述普洱茶具有明显地域性的特点，可以认定被控侵权商品外包装正面标注的"凤山"是对商品原料产地的描述，不会带给普通消费者任何该商品来源的区别信息，并不属于"傍名牌"行为。

四、对普洱茶商标性意义使用如何认定的思考

商标的首要功能是识别功能，即区分商品或服务来源，即使消费者通过商标将相同或类似商品或服务的提供者区分开来。判定商标是否侵权，应当判断被控侵权行为是否属于商标意义上的使用行为。《中华人民共和国商标法》第四十八条规定"本法所称商标的使用，是指将商标用于商品、商品包装或者容器以及商品交易文书上，或者将商标用于广告宣传、展览以及其他商业活动中，用于识别商品来源的行为"，第五十七条规定"未经商标注册人的许可，在同一种商品上使用与其注册商标近似的商标，或者在类似商品上使用与其注册商标相同或者近似的商标，容易导致混淆的""销售侵犯注册商标专用权的商品的"，均属于侵犯注册商标专用权的行为。但是，《中华人民共和国商标法》对注册商标的保护并不是绝对的，如果他人仅是将与注册商标相同或近似的文字用来叙述、说明商品的质量、主要原料、功能、用途、重量、数量等或者描述某种商业活动的客观事实，而不具有区分商品来源或不同生产者的作用，则他人的使用不构成对商标权人的商标专用权的侵犯。对此，《中华人民共和国商标法》第五十九条明确规定，"注册商标中含有的本商品的通用名称、图形、型号，或者直接表示商品的质量、主要原料、功能、用途、重量、数量及其他特点，或者含有的地名，注册商标专用权人无权禁止他人正当使用"。上述法律规定阐明了《中华人民共和国商标法》加强对商标权人专用权利的保护和平衡公共利益的立法目的。

对此，美国《兰哈姆法》第三十三条第二款第四项规定"当被控侵权者对某一姓氏、术语或设计的使用，不是作为商标来使用，而是将当事人的个人姓氏用于自己的商业活动，或者当事人以默契的方式使用任何他人

的姓氏，或者公平、诚实地使用描述性的术语或设计，并且仅用于描述当事人的产品或服务或其他地理来源"。据此，外国法律也认为在判断商标是否侵权上，应区分是描述性使用还是商标性使用。至于如何判断，除了根据《中华人民共和国商标法》相关规定外，也可以借鉴国外法律的一些规定，如美国判例中 1968 年"斯蒂克斯"一案判词中确定的"想象力标准"，即"如果某一标记需要通过想象、思考和感觉而就商品的性质获得一个结论，那它就是知识性的。如果一个标记直接传达了有关商品的成分、质量或特征的意思，那就是描述性的"。[①]在 1985 年的"安全中心"一案中，美国上诉法院对判例法中的"想象力标准"进行了进一步阐述，即"为了确定某一标记是描述性的还是指示性的，我们依据以往的判例法，提出了两个核心问题。第一，我们必须探究消费者乙方需要多少想象力，才可以从标记中剔除商品或者服务的质量、特性、效果、目的或者成分。第二，我们必须确定，类似产品的销售者也有可能或者在事实上使用该标记，把他们的产品联系起来。研究者论证或者法院提起的其他问题，都可以归入或者从属于这两个大问题。将这两个方面的考虑综合起来，就可以确定某一标记的恰当类别"。[②]据此，上述案例中，一般消费者看见"凤山"二字，基本上不会有什么想象力，除非是普洱地区的消费者，一看就知道是景谷县凤山镇。"凤山"二字，除了本案涉案产品使用外，可以肯定的是，在其他茶叶产品上或者其他同类型产品上，肯定还有很多商家使用"凤山"二字。

第七节　普洱茶知名商品特有名称、包装、装潢保护——大益和小罐茶商标权

普洱茶产业中，有很多知名商品。在商标权保护强化的时代，一些侵权人采用打"擦边球"的方法，侵害权利人相关利益，比如擅自使用他人名称，以及使用与知名商品类似的包装、装潢，以造成混淆，引起消费者误认，从而达到牟取私利的目的。采用与知名商标类似的名称、包装、装潢等，毕竟与真正的名称、包装、装潢不同，更具隐蔽性，所以判断是否

---

① 李明德. 美国知识产权法[M]. 北京：法律出版社，2014.
② 李明德. 美国知识产权法[M]. 北京：法律出版社，2014.

造成侵权需要考虑的因素更多，需要多加研究判定。

【案例分析】

一、基本案情

（一）擅自使用知名商品名称

勐海茶厂为普通合伙企业，成立日期为 1940 年 3 月 7 日，经营范围为红茶、绿茶、紧压茶、普洱茶、袋泡茶及茶原料收购、加工、销售。勐海茶厂经核准注册第 350839 号"大益"商标，该商标核定使用商品为第 30 类"茶叶"商品，注册有效期限自 1989 年 6 月 10 日起，后经核准在第 30 类续展注册有效期至 2029 年 6 月 9 日。2017 年 5 月 8 日，该商标注册人名义经核准变更为"勐海茶厂（普通合伙）"。"大益"商标被认定为"中国驰名商标""云南省著名商标"，勐海茶厂的大益牌普洱茶被授予"云南名牌产品""云南名牌农产品"，以及勐海茶厂荣获"茶叶生产先进单位""2006 年度中国普洱茶文化传播大使""中国茶叶知名企业""中华老字号传承创新先进单位"等称号。李某某在广东经营一家茶叶店，从事茶叶销售业务。勐海茶厂发现李某某销售的普洱茶产品包装上有勐海茶厂的"大益"牌商标及勐海茶厂的厂商名称，于是以李某某侵害商标权以及擅自使用勐海茶厂名称，存在不正当竞争行为为由，提起诉讼，最后法院认定李某某存在侵害商标权，存在不正当竞争行为。

（二）擅自使用知名商品包装、装潢

北京小罐茶业有限公司（以下简称小罐茶业公司）创立于 2014 年，其营业执照标注的经营范围包括：预包装食品销售、销售茶具、皮革制品、日用品等，及产品设计、技术开发、货物进出口、技术进出口、预包装食品销售等。注册商标公开查询信息表明，小罐茶业公司于 2015 年 4 月 23 日申请注册"小罐茶 XIAOGUANTEA"商标，核定使用商品为第 30 类"茶叶"，专用权使用期限为 2016 年 6 月 14 日至 2026 年 6 月 13 日。小罐茶业公司在经营中重点宣传其茶叶商品的"小罐包装"特点，并根据该包装特点，将该公司产品以"小罐茶大师作"的概念进行广告宣传、品牌运作，以"小罐茶业"作为企业字号的主体部分，将"小罐茶"作为注册商标的文字主体部分。通过小罐茶业公司的大力宣传，该公司注册的"小罐茶 XIAOGUANTEA"商标具有较高的知名度，且生产、销售的茶叶商品应当认定为知名商品。经小罐茶业公司多年的使用与推广，其茶叶商品的包装具有独特性、经营场所装潢形成统一风格。湖北悟道茶业公司（以下简称悟道茶业公司）成立于2006年6月6日，经营范围为：茶叶的生产、经营，茶叶机械、茶叶包装印刷品、茶具和茶叶系列专用品及附属品销售等。悟道茶叶公司从2012年起通过受让、注册的方式，取得了"悟道尖""天子悟道山""悟道""悟道山""悟道WUDAO""福溪山""悟道尖WUDAOJIAN"等商标，核定使用商品为第30类"茶叶"，均在注册有效期限内。该公司将"悟道"系列商标用于茶叶产品的生产、经营，曾获得"湖北省著名商标""湖北十大名牌""中华孝文化名茶""湖北名牌产品"等荣誉证书。国家工商行政管理总局商标局2013年12月27日曾批复认定"悟道尖WUDAOJIAN"商标为驰名商标。小罐茶业公司发现悟道茶业公司使用了与其近似的小罐包装，易引起混淆和消费者误认，认为构成不正当竞争，故提起诉讼。

二、案例争议焦点评析

（1）本案的争议焦点有二，一是是否侵害了勐海茶厂商标权，二是是否存在不正当竞争行为。是否侵害商标权，是显而易见的，勐海茶厂是第350839号"大益"注册商标的商标权人，享有上述注册商标的专用权，上述注册商标处于有效保护期内，受法律保护。他人未经商标权利人许可，不得在核定使用的第30类商品上使用上述注册商标。李某某未经勐海茶厂同意，就在同种商品即普洱茶上使用"大益"商标，显然构成侵权。李某某的行为是否构成不正当竞争行为呢？勐海茶厂的经营范围为茶叶的收购、加工、销售，李某某的茶叶店从事销售茶叶业务，两者的经营范围、消费群体存在重合，构成市场竞争关系。《中华人民共和国反不正当竞争法》（以下简称《反不正当竞争法》）第六条的规定，经营者不得擅自使用他人有一定影响的企业名称（包括简称、字号等），引人误认为是他人商品或者与他人存在特定联系。本案中，勐海茶厂于2005年3月7日成立，其"大益牌"茶叶屡获殊荣，勐海茶厂也荣获"茶叶生产先进单位""2006年度中国普洱茶文化传播大使""中国茶叶知名企业"等多项称号。经过勐海茶厂多年的持续经营和使用，勐海茶厂的企业名称在茶叶行业中具有一定的影响。李某某销售的茶叶产品外包装分别印有"中国云南西双版纳勐海茶厂出品""云南西双版纳勐海茶厂产品""勐海茶厂建厂六十周年"字样，即李某某在明知勐海茶厂因多年经营、企业名称在茶叶行业具有一定影响的情况下，多次将勐海茶厂名称使用在被诉侵权的茶叶产品外包装上，足以引人误以为其销售的产品是勐海茶厂产品或与勐海茶厂存在特定联系；销售擅自使用勐海茶厂企业名称的茶叶产品，从而使相关公众对产品来源产生混淆、误认，属于擅自使用他人的企业名称损害竞争对手的不正当竞争行为。在本案中，李某某认为其销售的茶叶产品外包装上正面显著位置标识有"中茶"注册商标，正面底部标识商标提供者"中国土产畜产进出口公司云南省茶叶分公司"，背面底部上标识有一行细小文字"云南西双版纳勐海茶厂产品"，公众在购买被诉侵权产品时，只会误认为是中茶公司的茶叶才进行购买，而不会注意到勐海茶厂生产的产品，不符合"引人误认"的构成要素，不构成使用勐海茶厂企业名称的不正当竞争行为。但是，擅自使用他人企业名称与擅自使用他人注册商标本身就是两个独立的法律行为，一个承担的是侵害商标权的责任，一个承担的是违反《反不正当竞争法》的责任，一个是狭义知识产权领域的侵权问题，一个是市场经营中的不正当竞争问题，两者可以并存，但不互相包含。

（2）第二个案例也有两个争议焦点。第一，小罐茶是否是知名商品，其小罐装是否具有独特性特征。根据《反不正当竞争法》第六条第一项规定，经营者擅自使用与他人有一定影响的商品名称、包装、装潢等相同或者近似的标识，引人误认为是他人商品或者与他人存在特定联系的混淆行为，构成不正当竞争。根据《最高人民法院关于审理不正当竞争民事案件应用法律若干问题的解释》第一条规定，在中国境内具有一定的市场知名度，为相关公众所知悉的商品，应当认定为"知名商品"。本案中，小罐茶叶公司的小罐茶设计获"中国设计红星奖"，其黑罐、金罐、银罐系列包装获第十八届IAI国际广告奖金奖，在全国多个城市和地区设立了"小罐茶"商品零售店，并取得了较好的市场声誉，已经在相关公众中具有了较高的知名度。虽然小罐茶叶公司的涉案小罐茶商品包装、装潢采用的圆柱小铝罐、通体金色、封口膜、底部二维码、金色文字等各个元素分开来看，属于包装行业的通用元素，各独立元素不能被独占使用，但小罐茶业公司在对其"小罐茶"系列商品的宣传、销售过程中，通过将"小罐茶"文字和小罐罐体形状、颜色、封口膜等外观设计，与包装、装潢中的其他文字标识信息及其他装潢元素形成有机结合，形成的整体形象呈现出了具有一定独特性并与商品功能无关的视觉效果与显著特征；另外，考虑到茶叶商品的包装装潢形式具有较高的设计性，在无证据证明"小罐茶"包装装潢属于茶叶行业通用装潢的情况下，可以认定"小罐茶"系列商品包装、装潢具有一定的识别性特征。据此，可认定小罐茶业公司生产、销售的"小罐茶 XIAOGUANTEA"系列商品为知名商品，其包装、装潢为有一定影响的商品包装、装潢，其小罐包装具有独特性。

第二，悟道茶业公司使用的小罐包装，是否构成不正当竞争。《最高人民法院关于审理不正当竞争民事案件应用法律若干问题的解释》第四条规定，"足以使相关公众对商品的来源产生误认，包括误认为与知名商品的经营者具有许可使用、关联企业关系等特定联系的，应当认定为反不正当竞争法第五条第（二）项规定的'造成和他人的知名商品相混淆，使购买者误认为是该知名商品'。在相同商品上使用相同或者视觉上基本无差别的商品名称、包装、装潢，应当视为足以造成和他人知名商品相混淆。认定与知名商品特有名称、包装、装潢相同或者近似，可以参照商标相同或者近似的判断原则和方法"。本案中，悟道茶叶公司生产销售的"悟道茶"与小罐茶业公司的"小罐茶"商品同属于茶叶类商品，且包装罐采用通体金色的圆柱形铝质小罐体、罐底主体印制二维码、罐口处仿用凹槽设计、圆形罐盖密封膜红底金字带有半圆形小突起设计，除罐盖密封膜文字不同外，该包装、装潢与"小罐茶"商品的包装、装潢从视觉上看无明显差异，足以使相关公众误认为悟道茶叶公司与"小罐茶"商品的经营者小罐茶业公司具有许可使用、关联企业关系等特定联系，进而对商品的来源产生误认；同时，悟道茶叶公司同样作为从事生产销售茶叶类商品的经营者，理应知晓小罐茶叶公司"小罐茶"商品包装、装潢的存在，其不仅未予合理避让，反而使用上述与"小罐茶"商品极为近似的包装、装潢，生产、销售同类商品，明显具有攀附他人商誉的主观恶意。因此，悟道茶叶公司被诉行为侵犯了小罐茶业公司对"小罐茶"商品的包装、装潢所享有的合法权益，已构成《反不正当竞争法》的"混淆行为"。

三、对普洱茶知名商品特有名称、包装、装潢保护的思考

（一）知名商品特有名称、包装、装潢保护的重要性

普通商品的名称、包装、装潢大部分大同小异，因此这些名称、包装、装潢无特别的商业价值，模仿、仿冒这些名称、包装、装潢的行为就相对较少，所以对于普通商品的名称、包装、装潢，我国只在《著作权法》中给予保护，并未在其他法律方面再予保护。但如果一种商品在长期使用中

具有了较高的知名度，且此商品的名称、包装、装潢进行过特殊设计，具备了显著性特征，那么此商品的这些名称、包装、装潢就成为此商品区别于其他商品的显著标志，也具有较好的促销作用，一般消费者在购买此类商品时，基于对商品质量的信任，往往只注意到此类商品的名称、包装、装潢，并不去过分关心商品的商标、生产厂家等商品信息。因此，知名商品特有的名称、包装、装潢由于其特殊的商业价值，就成为相关经营者竞相仿冒的对象，这样就会对该知名商品的权利人和消费者造成损害，扰乱正常的市场秩序。我国《反不正当竞争法》将此类行为定性为不正当竞争行为，打击此类不正当竞争行为，并加大对知名商品特有名称、包装、装潢的法律保护就成为必然趋势。

（二）擅自使用知名商品特有名称、包装、装潢的不正当竞争行为的认定问题

我国对于擅自使用知名商品特有名称、包装、装潢如何认定主要在《反不正当竞争法》和原国家工商行政管理局印发的《关于禁止仿冒知名商品特有的名称、包装、装潢的不正当竞争行为的若干规定》（以下简称《知名商品规定》）中有明确规定。

根据上述相关规定，对此类不正当竞争行为的判定，应从以下三个方面考虑：第一，该商品必须是知名商品。对于什么是知名商品，我国采取了主观、客观双重认定标准，《知名商品规定》第三条、第四条中，主观认定标准即"在市场上有一定的知名度，为相关公众所知悉的商品"，此规定即以相关公众对产品主观上是否知悉为标准来进行判断，客观认定标准即"商品的名称、包装、装潢被他人擅自作相同或者近似使用，足以造成购买者误认的，该商品即可认定为知名商品"，此规定即以商品的名称、包装、装潢是否被他人擅自使用且被误认，如果被他人擅自使用且被误认，就认定为知名商品。笔者认为，从表面上看，我国从主客观方面规定了怎么认定知名商品，但规定得还不够细致具体，比如什么是相关公众，要到什么程度才达到法律上所谓的相关，尚不清楚。笔者认为，此处的相关公众，不应随意扩大范围，而应以该类商品的相关生产、销售等领域从业者和相关消费者判断为准，比如某茶叶品牌到底是不是知名商品，应以茶叶生产、销售领域的从业者和相关消费者是否知晓为标准，而不应扩大到其他产品领域，此外还需注意的是，因我国幅员辽阔，是否知名也不必以全国相关领域的全部从业者和消费者知晓为准，而只需在该商品通常流通的

几个省份从业者和消费者知晓即可。第二，侵权人对知名商品特有名称、包装、装潢作了相同或相似的擅自使用。什么是擅自使用，未经权利人许可而使用，就是擅自使用，对此不必多说，更重要的是去判断相同或相似使用。笔者认为，是否作了相同或相似使用，应从客观方面即一般消费者是否会产生误认为标准，如果一般消费者会产生误认的，就可认定为相同或相似使用。那如何判断误认呢？我国《知名商品规定》第五条规定了以"主要部分和整体印象是否相似，一般购买者施以普通注意力会发生误认"为标准去认定。笔者认为，此规定也较笼统，应再予细化，可以采取"分离观察法"判断是否误认，即不要把知名商品和侵权商品放在一起观察、对比，而应将侵权商品单独放置，让一般消费者去辨认，如果一般消费者不仔细辨认就会误认，即可认定为相同或相似使用。另外，可以借鉴美国在"派拉罗"案中的一些做法去判断，比如侵权人是否有主观故意或恶意导致消费者误认，如果侵权人有故意或恶意，那判断时就要更偏向于权利人，此观点适用我国王老吉和加多宝"红罐"之争纠纷。该案还确立了以侵权的产品或服务品质是否低劣来判断，较低的，就更容易确定为误认。在我国的"小肥羊""妇炎洁"不正当竞争纠纷案中，侵权人的产品在生产、销售渠道以及在老百姓心中的口碑都远远低于权利人的商品，故在判断时，就应更倾向于权利人。当然，如何判断是否相同或相似使用，还要结合以上标准综合判断。根据上述案例的分析，商品包装、装潢的相似性比对应遵循相关原则：一是以相关公众的一般注意力为标准；二是既要进行对包装装潢的整体比对，也要进行对主要部分的比对，比对应当在比对对象互相隔离的状态下进行；三是判断包装装潢是否近似，应当考虑请求保护包装的显著性和知名度。第三，从最终结果来看，是否造成了一般消费者的混淆，可结合上述两个部分综合分析判断。综上，我国法律虽然对知名商品特有名称、包装、装潢的仿冒或擅自使用有明确规定，但是不够具体，有待结合司法实践，进一步研究和完善。

（三）擅自使用知名商品特有名称、包装、装潢，侵害多项权利的赔偿问题

知名商品特有的名称、包装、装潢受《反不正当竞争法》的保护，但因其独创性，也会得到文字作品或美术作品等相关著作权法的保护。如果该名称、包装、装潢被权利人注册为商标或申请为专利，就有可能得到商标权或专利权的保护，侵权人侵害权利人的特有名称、包装、装潢，就有

可能会侵害其多重权利。权利人可以选择其中一项提起诉讼还是进行多重诉讼，我国在此方面并无明确法律规定。笔者认为在上述情况下，虽然侵权人侵害了权利人多重权利，但这些权利的保护对象实为一个，故权利人不可提出针对同一对象的多项请求，否则就有可能构成不当得利，而且我国民法领域在赔偿问题上，现阶段仍以恢复原状为原则，故不应允许权利人针对同一保护对象提出多项权利请求。另外，权利人是选择《反不正当竞争法》还是其他知识产权立法保护自己的权利呢？笔者认为，应区分不同情况，区别对待。因为《反不正当竞争法》在对权利人的保护范围、保护力度上都更强，又无权利时效、赔偿数额上的限制，故从立法的角度来看，权利人更宜从《反不正当竞争法》上寻求保护。但是，在不正当竞争纠纷中，权利人要举出具体证据证明自己受侵害的程度和损失，而其他知识产权相关法规关于举证受侵害程度和损失的程序规定就没那么严格，故如果权利人受到的损害程度较轻，可以从其他知识产权立法上寻求保护。总之，权利人应从举证难易、受损轻重、权利是否过期等方面综合考虑，选择对自己最有利的法律规定来保护自己。

（四）侵害知名商品特有名称、包装、装潢的赔偿责任、赔偿范围

我国《反不正当竞争法》规定的不正当竞争行为造成损失的赔偿责任和赔偿范围与其他知识产权立法上的规定不尽相同。根据《反不正当竞争法》第十七条规定，不正当竞争侵权人的赔偿责任确定的顺序是先确定权利人的实际损失，再考虑侵权人所得利益，此条规定与现行《中华人民共和国商标法》（以下简称《商标法》）第六十三条规定相同。而新修订的于 2021 年 6 月 1 日施行的《中华人民共和国著作权法》第五十四条、《中华人民共和国专利法》第七十一条却规定了按照权利人实际损失和侵权人所得利益，两者任意选择一种的赔偿顺序。目前《商标法》正在修订中，根据 2023 年《商标法》修订草案第七十七条规定，赔偿顺序也调整成了权利人实际损失与侵权人所得利益任意选择一种，因此按照知识产权领域的修法趋势来看，权利人实际损失与侵权人所得利益任意选择一种的规定，是修法趋势，因为这样有利于权利人利益的保护，打击侵权人的侵权行为。实践中，有时候侵权人的所得利益是远远高于权利人实际损失的，因此，如果规定顺序，权利人实际损失虽然得到弥补，也符合民法的赔偿原则即填平原则，但是实际效果却不好，因为侵权人有利可图，就不愿意停止侵

权行为，不利于相关行业的长远发展。因此，在传统知识产权法修法中，已基本统一赔偿责任、范围的规定的情况下，反不正当竞争法的修改也应顺应趋势和潮流。

综上，对知名商品特有名称、包装、装潢的保护，依赖于更具体、细化的规定，也更依赖于不同法律之间的相互协调、统一，这样才能有效地降低维权成本，加大侵权惩罚力度，更好地保护权利人的利益。

第三章 普洱茶种质资源知识产权保护

第一节 普洱茶种质资源

一、种质资源的含义及重要性

种质资源又被称为种子资源、遗传资源、基因库等，国际上的定义为具有实际或潜在价值的遗传材料。"遗传材料"是指来自植物、动物、微生物或其他来源的任何含有遗传功能单位的材料。[①]根据《全国生物物种资源保护与利用规划纲要》规定，"生物物种资源"指具有实际或潜在价值的植物、动物和微生物物种以及种以下的分类单位及其遗传材料。"生物物种资源"除了指物种层次的多样性，还包含种内的遗传资源和农业育种意义上的种质资源。而"遗传资源"是指任何含有遗传功能单位（基因和 DNA 水平）的材料；"种质资源"是指农作物、畜、禽、鱼、草、花卉等栽培植物和驯化动物的人工培育品种资源及其野生近缘种。[②]综上，可以将植物遗传资源定义如下：植物遗传资源是指具有实际或潜在用途、价值的来自植物的含有遗传功能单位的材料。植物遗传资源不仅包括在任何指定地区所栽培的植物物种及其所有品种的全部基因遗产，而且还包括它们的野生种和半驯化种。

种质资源是人类繁衍和发展最基本的物质基础，是地球上最宝贵的财富。保护人类社会赖以生存的物种资源是实施可持续发展战略，构建社会主义和谐社会的重要内容之一。种质资源是保障国家粮食安全与重要农产品供给的战略性资源，是科技原始创新与现代种业发展的物质基础。我国以农为本，农以种为先。我国是农业生产大国和用种大国，农作物种业是国家战略性、基础性核心产业，是促进农业长期稳定发展、保障国家粮食安全的根本。我国种质资源种类多、数量大、分布广，是世界上生物物种资源最丰富的国家之一。中国有高等植物 3 万多种，仅次于巴西和哥伦比

---

① 该定义源自《生物多样性公约》第二条。
② 该定义源自 2007 年 10 月 24 日颁布的《全国生物物种资源保护与利用规划纲要》。

亚，居世界第三。

众多事例充分说明，"一个物种就能影响一个国家的经济"。过去数十年来，世界范围内植物新品种层出不穷，粮食亩产屡创新高，正是得益于植物资源的贡献。专家预测，21世纪世界农业和生物技术的发展、人类生存环境的改善和生活质量的提高将主要依赖于植物遗传资源。以大豆产业为例，中国是大豆的原产地，拥有世界上野生大豆资源的90%，野生大豆的许多特别性状对于改良大豆品质具有重要意义，因此成为育种与生物工程公司争夺专利权的目标。

种质资源是人类生存和发展的战略性资源，是维持国家食物安全的重要保证，也是科技创新增强国力的必要基础，我们必须从国家战略的高度去认识，我国植物遗传资源的保护问题迫在眉睫。

二、普洱茶种质资源

（一）云南茶叶种质资源概况

茶树是发展茶叶生产，开展茶树育种以及进行茶树生物工程技术研究的物质基础。在生物科学高度发达的今天，人们开始逐渐认识到茶树品种资源的重要性。科学家们预言，未来农业生产的发展，将在很大程度上取决于掌握和利用作物种质资源的深度和广度，谁占有的资源越多越全面，研究得越深入，谁就在人类征服自然中占有主动。因此世界各大产茶国开始进行茶树种质资源的收集和研究。

云南是发现野生茶树最古老和现存野生大茶树最多、最集中的地区，云南的野生大茶树表现有最原始的特征特性。从茶树的分布、地质的变迁、气候的变化等方面研究的大量资料，也都证实了云南处于茶树原产地的中心地带。云南能够为世界提供丰富的茶树种质资源。按照中国植物分类学家张宏达教授对茶组植物的分类方法，茶树在植物学上属山茶科、山茶属、茶亚属、茶组。茶组植物有4个系、37个种、3个变种，而云南就分布有35个种、3个变种，且有26个种和2个变种是云南独有的。云南省现有国家级无性系良种2个，群体良种3个，省级无性系良种十多个，还有众多的地方良种和优质单株，为发展云南省名优茶提供了丰富的物质基础。[①]

在植物分类系统中，茶树属被子植物门（Angiospermse），双子叶植物纲（Dicotyledoneae），原始花被亚纲（Archichlamydeae），山茶目（Theales），

---

① 廖义荣，胡炳主编. 云茶大典：第2版[M]. 昆明：云南人民出版社，2012.

山茶科（Theaceae），山茶属（Camellia）。瑞典植物学家林奈（Carl von Linne）在 1753 年出版的《植物种志》中，将茶树的最初学名定为 Thea sinensis.L，后又定为 Camellia sinensis L，"Sinensis"是拉丁文"中国"的意思。目前，大量栽培应用的茶树的种名一般称为 Camellia sinensis，也有人称为 Thea sinensis，还有的称 Camellia theifera。1950 年我国植物学家钱崇澍在欧洲国际会议上根据国际命名和茶树特性研究，确定茶树学名为 Camellia sinensis（L.）O.Kuntze，迄今未再更改。

云南大叶种茶叶（C.Sinensis Var.assamica）与中小叶种茶叶在植物分类学上的区别，是由英国植物学家马斯特思先生于 1884 年用印度从远东引进种植的大叶种茶样本完成的，从此定名为阿萨姆种。1908 年，另一位英国植物学家瓦特先生和后来的日本植物学家北村先生进一步细化了大叶种茶的变种位置。现代 DNA 的化验结果，从细胞地理学的角度，肯定了前人的发现。事实上，云南栽培大叶种茶的历史，远远早于印度引进种植大叶种茶的历史。根据国际植物命名法规定，第一位命名人采到的模式标本的地域名或其他事项命名的种名，只要种不被否定，拉丁名称不能更改。学术上的规矩是尊重最早的冠名权，我们称云南大叶种茶叶为普洱茶种，但在国际交流中却只能使用学名阿萨姆种。

其实，中国人早在 1700 年前已经发现云南大叶种茶叶的物种特殊性。晋朝人傅巽在《七诲》书中介绍各地名特产品时特别提到"南中茶子"，说明当时云南茶子已被社会认识。长期以来，人们将"南中茶子"中的"子"理解为云南的紧茶、饼茶，因而掩盖了祖先对植物分类学的贡献。彭承鉴认为，到唐时，云南茶叶还在"散收，无采造法"（见唐·樊绰《蛮书·管内物产第七》公元 864 年）。晋朝还没有出现紧压茶，"南中茶子"中的"子"与茶叶制造无关，指的是物种，是不同于灌木型的云南乔木型大叶种茶叶。

中小叶种茶的地方优良品种有：昆明十里香茶、昭通苔茶、宜良宝洪茶等。大叶种茶的优良地方群体品种有：勐库大叶茶、勐海大叶茶、凤庆大叶茶（以上为国家级良种）、元江糯茶、秧塔大白茶、镇沅马镫茶、绿春玛玉茶、漭水大叶茶、冰岛大叶茶、坝子白毛茶、云龙山大叶茶、景谷大叶茶、团田大叶茶、邦东大叶茶、官寨茶、大厂茶、澜沧大叶茶等。云南是中国乃至世界古茶园保存面积最大、古茶树保存数量最多的地方，云南几乎全省都有古茶树种质资源分布，据统计，云南古茶园面积在 60 公顷以上的有 14 片，达 14140 公顷。在"国家种质勐海茶树分圃"中已保存了以云南大叶茶为主的各类种质 830 余份，其中栽培型 600 份，野生型 206 份，过渡型 2 份，野生近缘种 22 份。云南省通过审定的国家级良种有 5 个，省级良种有十几个。
①这就为云南省茶叶科学研究，良种选育与良种化，振兴云南茶叶经济，弘扬中华茶文化，提供了丰厚的物质基础。

（二）普洱茶种质资源概况

普洱茶是以云南地理标志保护范围内的云南大叶种晒青茶为原料制成的。云南大叶种茶具有发芽早、芽头肥壮、白毫多，生长期长，持嫩性强，内含成分丰富的特点。其中茶多酚、儿茶素和咖啡碱等茶叶的主要成分高出中小叶种 30%~50%。这些特点形成了普洱茶独特的品质。品种是通过长期自然选择或人工育种所形成的具有遗传性相对一致和富于利用价值的同物种群体。人们从云南大叶茶群体中也选育了不少优良品种，下面对普洱茶产区有代表性的资源和品种做一下简要介绍。

云南大叶种茶树的代表性品种可以分为群体种、无性系品种两个大类。"群体种"主要是：凤庆种、勐库种、勐海种。它们都是通过自然杂交、以种子进行繁殖的云南大叶种茶树的后代。云南省茶叶研究所经过多年的努力，先后从云南大叶群体中，选育出云抗系、云选系无性系茶树品种，被国家、省审定为良种。

1. 有性系品

（1）凤庆大叶种

凤庆长叶茶、凤庆种。乔木型，有性繁殖系品种。树姿开展，生长势强，分枝部位高。叶椭圆形内折，叶片水平着生，叶色绿，叶面隆起，叶质柔软，叶缘微波。芽绿色肥壮，多茸毛，育芽力强，新梢持嫩性强，易采摘。采茶期从三月上旬至十一月下旬，全年采茶 25~26 次，一芽二叶蒸青样含茶多酚 30.19%，儿茶素总量 134.19 毫克/克，氨基酸 2.90%，咖啡碱 3.56%，水浸出物 45.83%。制普洱茶条索肥壮，色泽油润，汤色红亮，叶底肥软，白毫显露，香高味浓。原产云南省凤庆县。主要分布在滇西与滇南茶区 1984 年审定为国家级良种。

（2）勐海大叶种

又名佛海茶，有性繁殖系品种。小乔木型植株，早生种。树姿开展，生长势强，植株高大，最高达 7 米以上。叶长椭圆形，叶尖渐尖，叶肉厚，叶质柔软，叶色绿，叶面隆起，叶缘微波，芽头肥壮、黄绿色，密披茸毛，

① 廖义荣，胡炳主编. 云茶大典：第 2 版[M]. 昆明：云南人民出版社，2012 年.

持嫩性强，采茶期从二月下旬至十一月下旬，新梢一年萌发 5~6 轮，全年采茶 25~26 次，产量高，一芽二叶重 0.66 克，易采摘。一芽二叶蒸青样含茶多酚 32.77%，儿茶素总量 187.72 毫克/克，氨基酸 2.26%，咖啡碱 4.06%，水浸出物 46.86%。原产勐海县南糯山，主要分布在滇南一带。经审定为国家级良种。

（3）景东大叶茶

有性繁殖系品种。乔木型，生长势强，树姿开展，分枝较密。叶大、宽椭圆形，叶色较绿，叶肉厚而柔软，叶面显著隆起，嫩叶黄绿，芽肥壮，呈绿色，茸毛密而长，新梢生育力强，持嫩性好，发芽整齐，易采摘。三月上旬至十一月下旬采茶。一芽二叶平均重 0.58 克，适制普洱茶，制成红茶条索粗壮，金毫多，汤色浓，香气高，一芽二叶蒸青样含茶多酚 29.52%，水浸出物 46.90%。

（4）景谷大白茶

有性繁殖系品种。乔木型，树姿开展，生长势强，分枝较密。叶大，长椭圆形，叶肉厚，叶质较软，叶面隆起，叶色浓绿，叶缘平直，芽粗壮，茸毛特多，闪白色银光，发芽整齐，持嫩性强。一年新梢萌发六轮，产量高、品质好。制滇青滋味醇厚而香，制名茶毫特多，香高味浓。一芽二叶蒸青样含茶多酚 21.20%，水浸出物 46.89%。

2. 无性系良种

（1）云抗 10 号

乔木型，树姿开展，分枝密。叶片着生状态水平，叶椭圆形，叶色黄绿，叶面隆起。三月上、中旬开始采茶至十一月下旬，全年新梢萌发 5~6 轮，采茶 31 次。一芽二叶蒸青样含茶多酚 36.06%，水浸出物 44.90%。适制滇红、滇绿、普洱茶等。经审定为国家级良种。

（2）云抗 14 号

植株乔木型。叶长椭圆形，叶面隆起，叶色深绿有光泽，叶质软。芽色黄绿，茸毛多，持嫩性强，生长快，一芽二叶重 0.9 克。三月上、中旬开始采茶至十一月底，新梢萌发一年六轮。全年采茶 30 次。一芽二叶蒸青样分析含茶多酚 37.37%，水浸出物 44.20%，适制滇红、滇绿、滇青。经审定为国家级良种。

（3）云抗 43 号

植株乔木型，树姿开展，分枝特多。叶片着生状态水平，叶长椭圆形。三月底开始采茶至十二月上旬，新梢一年萌发 5~6 轮，一芽二叶重 0.75

克，全年采茶 26 次，一芽二叶蒸青样含茶多酚 34.98%，水浸出物 44.94%，适制红茶、普洱茶。

（4）长叶白毫

植株乔木型，树姿开展，生长势强，分枝密，叶椭圆形，叶面平滑稍弯弓，叶肉稍厚，叶质较脆。芽色黄绿，茸毛多，闪银光，持嫩性强，一芽二叶重 0.82 克，三月初开始采茶至十二月上旬，全年采茶 30 次。一芽二叶蒸青样分析含茶多酚 31.17%，水浸出物 40.39%，外形灰褐色，油润有光，香高鲜爽，滋味浓强，汤色红艳，叶底红亮。1985 年审定为省级良种。[1]

第二节　普洱茶植物新品种知识产权保护

普洱茶种质资源保护是一个很广泛的概念，最重要的应该是普洱茶植物新品种的保护，植物新品种权是一种知识产权，普洱茶植物新品种在云南省的保护已取得巨大成绩，取得显著成效，但普洱茶植物新品种保护中还存在一些问题，值得深思，加强研究。

一、国家从政策上高度重视植物新品种权保护

种业是一切产业发展的源头，也是产业发展的基础，也被誉为产业发展的"芯片"，重要性不言而喻，党和国家非常重视我国种质资源保护和种业发展。2016 年 10 月，国务院发布《全国农业现代化规划（2016—2020年）》，要求推进现代种业创新发展。2018 年 9 月，中共中央 国务院印发了《乡村振兴战略规划（2018—2022 年）》，提出加强种业创新、现代食品等方面的科研工作，深入实施现代种业提升工程，开展良种重大科研联合攻关，培育具有国际竞争力的种业龙头企业，推动建设种业科技强国。2021 年 1 月，《中共中央 国务院关于全面推进乡村振兴加快农业农村现代化的意见》正式发布，该意见提出要打好种业翻身仗，对加强种业知识产权保护、加强农业种质资源开发利用、加快农业生物育种重大科技项目等做了总体部署安排，更加强调种业领域知识产权保护。2021 年 3 月制定的《中华人民共和国国民经济和社会发展第十四个五年规划和 2035 年远景目标纲要》专设知识产权一节，其中指出要"加强种质资源保护利用和种子

---

[1] 普洱茶网. 云南大叶种茶树的"群体种""无性系种"[EB/OL].（2022-06-07）[2023-02-10]. https://www.puercn.com/zhishi/121203/.

库建设，确保种源安全，有序推进生物育种产业化应用，培育具有国际竞争力的种业龙头企业，有力推进种业振兴，筑牢国家安全屏障"。2021年8月，国家发展改革委、农业农村部联合印发《"十四五"现代种业提升工程建设规划》指出，种业处于农业整个产业链的源头，是建设现代农业的标志性、先导性工程，是国家战略性、基础性核心产业。对"十四五"时期，我国种业建设的总体规划进行了全面部署安排，涉及农林、畜禽、水产等方面，为提升我国种业高质量发展水平，实现"中国碗装中国粮，中国粮用中国种"，提供了发展思路和有力政策保障。

二、国家从法律上保护植物新品种

对于植物新品种的保护，分别有国内法和国际法予以规制。我国于1997年3月20日颁布《中华人民共和国植物新品种保护条例》，对植物新品种的取得、期限、终止、限制和适用都做了较详细规定，并于2013年和2014年分别进行了修订。按照该条例规定，国务院农业、林业行政部门按照职责分工共同负责植物新品种权申请的受理和审查并对符合条例规定的植物新品种授予植物新品种权。之后农业农村部、国家林业和草原局制定了《中华人民共和国植物新品种保护条例实施细则》，细化了农业植物新品种和林业植物新品种的申请、审查等规定。农业农村部主要对粮食、棉花、油料、麻类、糖料、蔬菜（含西甜瓜）、烟草、桑树、茶树、果树（干果除外）、观赏植物（木本除外）、草类、绿肥、草本药材等植物以及橡胶等热带作物新品种进行审查，国家林业和草原局主要对林木、竹、木质藤本、木本观赏植物（包括木本花卉）、果树（干果部分）及木本油料、饮料、调料、木本药材等植物新品种进行审查。同时，我国先后公布了11批农业植物新品种保护名录和5批林业植物新品种保护名录，并制定了植物新品种测试指南。截至2019年底，农业植物新品种申请33803件，授予品种权13959件，林业植物新品种申请4519件，授予植物新品种权2202件。品种权保护从空白到丰富，实现了巨大发展。与此同时，农业农村部于2001年制定了《农业部植物新品种复审委员会审理规定》，2002年制定了《农业植物新品种权侵权案件处理规定》，2012年制定了《农业植物品种命名规定》等配套规章制度。另外，2000年，我国制定了《种子法》，增设"新品种保护"一章，将植物新品种保护相关内容上升到法律层面，分别于2004年、2013年、2021年进行了三次修正，2022年3月1日正式施行。司法审判方面，最高人民法院于2001年施行了《最高人民法院关于审理植物新品种纠纷案件若干问题的解释》，2007 年制定了《最高人民法院关于审理侵犯植物新品种权纠纷案件具体应用法律问题的若干规定》。

根据《植物新品种保护条例》第二十条规定"外国人、外国企业或者外国其他组织在中国申请品种权的，应当按其所属国和中华人民共和国签订的协议或者共同参加的国际条约办理，或者根据互惠原则，依照本条例办理"，我国植物新品种保护的法律当中也包括我国签订的国际条约。我国目前加入的关于植物新品种保护的国际条约是《国际植物新品种保护公约》1978 年文本。该公约最初于 1968 年通过生效，并于 1978 年、1991 年进行了修订，因 1968 年文本相对落后，1991 年文本更符合发达国家植物新品种保护国情，故我国采用 1978 年文本。我国于 2001 年加入 WTO，同时也必须遵守《与贸易有关的知识产权协议》（又称 TRIPS 协议）。

三、云南省普洱茶植物新品种保护现状

云南省是生物资源大省，拥有丰富的茶树种质资源，茶叶也是云南的优势产业，是打造世界一流绿色食品牌的主力军。云南省人民政府发布多项关于推进云茶产业发展的意见和方案，非常重视茶树植物新品种保护。在政策上，2018 年 11 月，云南省人民政府制定《关于推动云茶产业绿色发展的意见》，提出"力争到 2022 年，实现全省茶园全部绿色化，有机茶园面积居全国第一，茶叶绿色加工达到一流水平，茶产业综合产值达1200 亿元以上"，提出深入开展古茶树资源普查工作，全面摸清资源分布情况；建立古茶树资源档案库，保护古茶树资源的遗传多样性与独特性，研究制定《云南省古茶树保护及开发利用条例》，对古茶资源保护作了全方位规定。在立法上，云南省人民政府 2004 年制定《云南省林木种子条例》，为符合《种子法》的规定和加大对种子生产经营违法行为的处罚力度，2016 年对该条例进行了修订，成为在《种子法》框架下全国首次出台的林木种子管理条例，在该条例中对种质资源保护、品种选育和林木种子生产、经营、使用、管理进行了全面规定。为加强古茶树资源保护，2016年临沧市制定《临沧市古茶树保护条例》，2018 年普洱市制定《普洱市古茶树资源保护条例》，2019 年云南省出台了《关于保护好古茶山和古茶树资源的意见》和制定了《古茶树保护管理技术规程》等地方标准，加大了古茶树资源的保护力度。在政府和地方性法规的支撑下，普洱茶种质资源得到了较好的保护。云南省各科研机构在普洱茶树品种的选育、推广、茶树种质资源保护方面更是功不可没，如 1938 年云南成立的茶叶研究所，

自 20 世纪 30 年代起就开始考察、收集、保存了大量茶树种质资源，截至 2019 年已从世界各地收集保存茶组植物 28 个种、3 个变种和 7 种非茶组植物的各类茶种资源 2560 份，包括有野生型、栽培型、过渡型、近缘种等茶树资源；是我国大叶茶树种质资源保存数量最多、种类最齐全的活体保存中心，是世界最大的茶树种质资源圃。①再如成立于 20 世纪 80 年代的普洱茶树良种场，是国家定点茶树良种繁育场，国家茶树改良中心云南分中心，2003 年在良种场基础上成立普洱茶研究院，一直注重茶树种质资源收集、保存，截至 2016 年，保存有以古茶树为主的种质资源 1600 多份，2020 年底，普洱市已建立完整准确的古茶树资源档案库。通过茶树种质资源的保护和开发，研制出云抗 10 号、云抗 14 号和紫鹃等茶树良种，并得到了大力推广，其中云抗 10 号在云南就推广种植 180 余万亩。截至 2020 年，云南茶叶种植面积近 720 万亩，其中绿色食品认证茶园面积近 50 万亩、有机认证茶园面积 82 万亩，茶叶综合产值达 1000 亿余元。"云茶"产业种植面积、产量均稳居全国第二，面积和产量分别占全国的 15% 和 12%，为茶区群众带来了较好的收益。②

四、云南省普洱茶植物新品种保护中的问题

虽然云南省普洱茶植物新品种的保护取得了巨大进步，但是在普洱茶植物新品种的立法、选育、推广、保护等方面都还存在很多问题。

立法上的缺陷。虽然云南省制定了林木种子管理的地方性法规，但是普洱茶树种属于农作物，至今还缺少省级层次的立法。另外某些地州制定了古茶树资源保护的条例，但是这些条例中对于种质资源保护的条文少之又少，如《临沧市古茶树保护条例》中只有一条规定了古茶树种质资源保护，《普洱市古茶树资源保护条例》只有一条中的两款规定了古茶树种质资源保护，且上述两地州的立法还是较笼统，某些条款缺少操作性，某些制定后执行不严，法规落地的实效不好。

研发观念上的不足。各普洱茶研究机构和企业每年都会花费大量人力、物力来开发普洱茶植物新品种，但开发的大量普洱茶植物新品种，都是理念与实际偏差较大。有的研究机构和企业育成普洱茶植物新品种后，由于不重视植物新品种保护，不熟悉植物新品种保护会给其带来的长远利益，

① 何青元. 云南茶树新品种选育及产业化[EB/OL]. （2019-09-11）[2020-09-11]. https://m.puercn.com/show-124-179064.html.
② 刘宇. 用好种质资源 加快"云茶"升级[J]. 致富天地. 2021（6）：18-20.

其目的只是为了销售种苗，不是为了获得植物新品种保护，导致没有申请植物新品种权，且植物新品种一旦销售超过 1 年或造成事实扩散的，就已经丧失了新颖性，无法再获得植物新品种权强有力的保护。

保护方式不够全面。虽然云南省收集和保存了大量的普洱茶种质资源，但是原生态的保存做得不够，很多都是针对种质资源建立种质圃和种质库，但是野生普洱茶的特性与其原生态环境密切相关，如果缺少了原生态环境，其品质就会受到影响，因此，在普洱茶种质资源保护的手段上，过度依赖现代科技，缺少种质资源原生态环境的保护。

民众参与性不高。植物种质资源本身属于国家公共资源，很可能陷入"公地悲剧"，因民众对普洱茶种质资源保护的重要性认识不足，会致使原始的古茶树种质资源栖息地遭到破坏，且对种质资源的选育很多是科研机构及公司进行，而当地民众并未得到实际利益，因此选育机构、种子经营机构与民众之间的利益分配仍未平衡好，各方优势不能充分发挥，普洱茶种质资源保护的良性互动机制仍未形成。

五、普洱茶植物新品种保护建议

（1）加快在省级层面制定云南省古茶树保护的地方性法规，明确古茶树保护的范围、开发利用的标准等，积极调研，制定云南省农作物种子方面的管理条例，以使省级层面种质资源保护全面覆盖。另外，各地州制定的古茶树资源保护的地方性法规，应结合现行法律执行、社会反响、社会经济发展情况，及时予以修订、完善，或者制定实施细则，规范古茶树资源科学保护及合理开发利用，促进可持续发展。

（2）充分发挥普洱茶协会、知识产权代理机构等中介机构作用，发挥各机构在普洱茶植物新品种保护方面的功能，搭建操作便捷的普洱茶植物新品种研发、交易平台，鼓励相关机构和个人积极选育新品种并申请种子权，将投入和付出转化为知识产权，同时积极参与普洱茶植物新品种许可、转让、商业开发等环节，规范普洱茶植物新品种研发、利用。

（3）注重原生态环境保护。划定野生普洱茶树种质资源自然保护区或保护点，在当地进行繁殖和保存。在保护中，注重资金、技术和人力的相关投入，对保护区或保护点的民众的产业发展、补贴、土地租赁等优惠政策应形成配套制度，形成原生态环境保护的良性循环。

（4）加强科普教育，利用多种手段，提高民众参与热情。一是加强科普宣传，加强民众对普洱茶种质资源保护的认识。二是普洱茶新品种研发机构和经营机构应将取之于当地的种质资源研发的新品种优先满足当地民众种植，或采取入股、合作等方式改善民众生计，建立利益共享机制，形成保护普洱茶种质资源的合力。三是对划定普洱茶种质资源保护区或保护点的民众，增加生态补偿补贴投入，实现绿色发展。

（5）本着"谁执法、谁普法"的原则，农业和林业行政部门应加大普洱茶植物新品种保护教育宣传，增强新品种权人的保护意识。普洱茶植物新品种权人在申请许可时，明确品种权的使用范围和时间，在商业开发和推广时，把品种权保护理念贯穿其中，聘请专业人士进行把关，合理保护自己的权益，规避被侵权风险。

（6）加大行政执法力度，农业和林业行政部门应有力打击假冒、一品多名和一名多品等冒牌套牌行为，规范市场竞争秩序，还市场公平竞争环境。

第三节　普洱茶植物新品种权纠纷中潜在问题分析

目前，司法实践中还未有普洱茶植物新品种侵权的案例，其他如玉米、小麦等种质资源侵权案例较多，但随着普洱茶植物新品种权利人权利保护意识增强、普洱茶新品种权价值的增加、普洱茶产业和市场的发展等，普洱茶植物新品权纠纷一定会出现，结合司法实践案例和国际惯例、司法经验，对将来可能发生的普洱茶植物新品种纠纷中潜在的争议较多问题，进行分析，仍为必要。

一、关于植物新品种侵权中"合法来源抗辩"适用分析

（一）合法来源抗辩适用于植物新品种侵权的正当性辨析

合法来源抗辩是知识产权侵权诉讼中常见的抗辩理由，其适用于著作权、专利权、商标权等传统知识产权侵权，但是否适用于植物新品种侵权，则有一定争议。认为不适用的主要观点有，第一，从立法角度看，目前我国有关植物新品种保护的《种子法》《植物新品种保护条例》《最高人民法院关于审理侵犯植物新品种权纠纷案件具体应用法律问题的若干规定》中都没有规定合法来源抗辩权，在司法实践中，不应任意使用，且作为公

法性质的民事诉讼程序法，法无授权不可为，法院和当事人都不能在法律无明文规定情况下，为他人创设或自己创设诉讼上的权利。第二，从司法角度看，司法实践中，有法官认为"专利权和商标权从性质上讲，属于工业产权，在价值追求上更侧重于技术普及和商品流通，需要对不具有过错的善意第三人予以适当保护，以更好地实现上述价值追求。而植物新品种带有农作物特性，尤其是涉及主要农作物的植物新品种，由于涉及国家粮食安全和经济安全，在相关法律制度的构建和使用上，需要做更多的考量。而且，合法来源抗辩作为侵权行为成立前提下的一种免除赔偿责任的制度设计，对知识产权权利人的保护而言是有消极作用的，在法律未作明确规定的情况下，其适用范围应当予以严格限制，不能轻易地予以类推适用"。①

对上述观点，笔者并不赞同。第一，虽然合法来源抗辩权在有关植物新品种的法律法规中并未规定，但司法实践中早已应用，并被各级法院生效判决认可，②法律的生命始于实践，相信未来合法来源抗辩制度将会被考虑纳入植物新品种保护制度中。另外，现代民法不禁止类推适用，已为公理，民法典容许类推适用制度的正当性首先在于它契合"法律适用的正义"，即"同案同判，类案类判"。③合法来源抗辩一般都是规定在知识产权实体法中，并不是规定在程序法中，知识产权实体法作为民法，完全可以类推适用合法来源抗辩制度。第二，虽然植物新品种权与传统知识产权有一定区别，但是笔者认为植物新品种权就是一种知识产权。从国际视野来看，《与贸易有关的知识产权协定》第二十一条第三款等规定了植物新品种权保护的内容，日本《知识产权基本法》第一条就规定了"植物新品种权也是知识产权的一种"，美国用专利法与特别法对植物新品种进行双重保护，极少数国家用专利制度给予新品种权保护，所以植物新品种权就是知识产权，应受知识产权基本理论和规则包括合法来源抗辩制度的规范。第三，植物新品种权作为一种知识产权，它的功能和传统知识产权应无差别，如权利制度设计都要在权利保护和公共利益上进行平衡，在保护权利专有的

---

① 周波.植物新品种案件中的独占实施许可与合法来源抗辩[J].人民司法，2021（5）：86-89.
② 如蔡新光与广州市润平商业有限公司侵害植物新品种权纠纷案，参见最高人民法院（2019）最高法知民终14号民事判决书；安徽皖垦种业股份有限公司与寿县向东汽车电器修理部侵害植物新品种权纠纷案，参见最高人民法院（2019）最高法民再371号民事判决书；山东登海先锋种业有限公司、山西强盛种业有限公司与新绛县华丰种业有限公司侵害植物新品种权纠纷案，参见最高人民法院（2020）最高法知民终796号判决等。
③ 谢鸿飞.民法典规范的类推适用[N].检察日报.2020-11-30（3）.

同时，要兼顾合理利用和善意第三人的利益，如果销售者是善意第三人，无论在植物新品种权或是传统知识产权都要给予保护，这是民法基本法以及任何知识产权制度都必须要求的，合法来源抗辩应适用于植物新品种保护，是法律正当性的要求，在植物新品种和传统知识产权保护上不应有任何区别对待。第四，类推适用是在法典化法律体系中常用的法律方法，其在司法活动中受到限制的领域主要在刑事法律中，因为刑事法律涉及公民生命和人身自由，应严格限制，但是对于民事法律领域，除了法律正当性，更应本着道德和社会正当性予以判断。合法来源抗辩虽然会对植物新品种权利人的权利有一定消极作用，但对于善意第三人和社会公众来说则具有积极作用，而且保护对合法来源尽到合理审查义务的善意第三人，也符合民法信赖权利外观保护制度的原理，加之合法来源抗辩制度通过赋予善意第三人更多的举证责任和披露义务，在很大程度上也可以避免植物新品种权利人的经济损失。因此，植物新品种侵权纠纷中适用合法来源抗辩制度有法理基础，有法律正当性以及道德和社会正当性，不应有适用局限。

（二）合法来源抗辩在植物新品种侵权纠纷中适用时的若干考虑因素

因有关植物新品种权的法律法规没有规定合法来源抗辩，故只能借鉴其他传统知识产权侵权中的合法来源抗辩有关规定以及司法案例来分析，具体适用时应考虑的因素。

（1）传统知识产权中的有关规定。于 2021 年 6 月 1 日起施行的新修订的《专利法》第七十七条规定"为生产经营目的使用、许诺销售或者销售不知道是未经专利权人许可而制造并售出的专利侵权产品，能证明该产品合法来源的，不承担赔偿责任"。于 2016 年 4 月 1 日施行的《最高人民法院关于审理侵犯专利权纠纷案件应用法律若干问题的解释（二）》第二十五条规定"为生产经营目的使用、许诺销售或者销售不知道是未经专利权人许可而制造并售出的专利侵权产品，且举证证明该产品合法来源的，对于权利人请求停止上述使用、许诺销售、销售行为的主张，人民法院应予支持，但被诉侵权产品的使用者举证证明其已支付该产品的合理对价的除外。本条第一款所称不知道，是指实际不知道且不应当知道。本条第一款所称合法来源，是指通过合法的销售渠道、通常的买卖合同等正常商业方式取得产品。对于合法来源，使用者、许诺销售者或者销售者应当提供符合交易习惯的相关证据"。从专利权角度看，合法来源抗辩适用主体包括使用者和销售者，要件包括主观上不知道且不应当知道是侵权产品，客观上可以证明有合法来源，但需要注意的是善意使用者如果还能够证明已对侵权产品支付合理对价的话，可以继续使用，即可以不停止"侵权"，但销售者则不同，其理由主要是"在制度本意上，设立合法来源抗辩制度是为了打击侵权源头，而制造者才是侵权的主要源头。TRIPS 协议亦未要求善意使用的行为应被禁止。使用者在主观上是善意的，在客观上提供了合法来源，且在获得该侵权产品时向销售者支付了合理对价，理应阻却专利权禁止力的延伸。专利权排他性强，但不等于可以无限扩张。专利法不仅仅是专利权人的法，一味地、过分地强调专利权人单方的利益，置善意使用者的正当利益于不顾，将侵占善意使用者的合理空间、妨碍交易安全，这并非专利法第七十条的原意，也有违利益平衡的法律基本精神。"①

于 2019 年 4 月 23 日修正的《商标法》第六十四条第二款规定"销售不知道是侵犯注册商标专用权的商品，能证明该商品是自己合法取得并说明提供者的，不承担赔偿责任"，于 2014 年 5 月 1 日施行的《中华人民共和国商标法实施条例》第七十九条规定"下列情形属于商标法第六十条规定的能证明该商品是自己合法取得的情形：①有供货单位合法签章的供货清单和货款收据且经查证属实或者供货单位认可的；②有供销双方签订的进货合同且经查证已真实履行的；③有合法进货发票且发票记载事项与涉案商品对应的；④其他能够证明合法取得涉案商品的情形。"从商标权角度看，合法来源抗辩适用主体是销售者，主观上是不知道，客观上是需证明合法取得且要说明提供者，且立法对合法取得的举证情形进行了列举。

于 2021 年 6 月 1 日施行的新修订《著作权法》第五十九条"复制品的发行者或者视听作品、计算机软件、录音录像制品的复制品的出租者不能证明其发行、出租的复制品有合法来源的，应当承担法律责任。在诉讼程序中，被诉侵权人主张其不承担侵权责任的，应当提供证据证明已经取得权利人的许可，或者具有本法规定的不经权利人许可而可以使用的情形"。于 2020 年 12 月 23 日修正的《最高人民法院关于审理著作权民事纠纷案件适用法律若干问题的解释》第十九条"发行者、出租者应当对其发行或者出租的复制品有合法来源承担举证责任。举证不能的，依据著作权法第四十六条、第四十七条的相应规定承担法律责任"，从著作权角度看，合法

① 最高人民法院民三庭负责人. 统一细化专利侵权裁判标准 营造有利于创新的法治环境[N]. 人民法院报，2016-03-23（3）.

来源抗辩适用主体是"发行者、出租者"，主观条件忽略，客观条件是证明合法来源并承担举证责任。

总结以上现行法，传统知识产权法对合法来源抗辩的适用条件不统一。抗辩权适用主体上，专利法是使用者和销售者，商标法是销售者，著作权法是发行者和出租者，从发行权的定义和原理看，销售是发行的主要行为；抗辩权适用条件上，主观方面，专利法是不知道（实际不知道且不应当知道），商标法是不知道，著作权法则忽略。客观方面，专利法是证明有合法来源，且行使抗辩权人应当提供符合交易习惯的相关证据，商标法是合法取得并说明提供者，著作权法是证明有合法来源并承担举证责任；抗辩权适用后果上，专利法是停止侵权，免于赔偿，使用者如能证明已支付合理对价的，则可以不停止"侵权"，即继续使用。商标法只规定了免于赔偿。著作权法是不能证明合法来源，应承担法律责任。笔者认为，前述传统知识产权侵权中合法来源抗辩适用主体、适用条件、适用后果表述都不一致，这一方面固然是因专利权、商标权、著作权的权利主体和权利内容在传统范畴上有差异，另一方面，也可能是因为立法不严谨、不统一所致。但综合来看，也有共同特征，如适用主体都包括销售者，适用条件包括主观上不知道且不应当知道，客观上能证明合法来源，适用后果都免于赔偿。上述已有立法成果在探讨植物新品种侵权中"合法来源抗辩"适用因素时值得借鉴。

（2）植物新品种权侵权中有关司法案例。笔者从中国裁判文书网以民事案件、植物新品种纠纷和合法来源为关键字查询相关案例，包括各级法院在内，截至 2022 年 1 月，共查询到 133 篇裁判文书，文书中无论是认可合法来源抗辩，还是因举证不能而否决合法来源抗辩，都说明虽然植物新品种权实定法未规定合法来源抗辩，但其在司法实践中的运用已非常普遍。具体是如何应用的或者说法院是如何判断合法来源抗辩的适用条件的，笔者以有关生效裁判文书加以分析。

在山东登海先锋种业有限公司、新绛县华丰种业有限公司侵害植物新品种权纠纷二审民事判决书中，最高院认定行使合法来源抗辩权人华丰种业公司"未提供河南太谷农业科技有限公司民事主体资格以及向其销售侵权种子的相关证据"，据此，此案中最高院认为植物新品种纠纷中合法来源抗辩适用有两个条件，一是证明繁殖材料提供方的民事主体状况，二是说明繁殖材料来源的前后过程。

在安徽皖垦种业股份有限公司、寿县向东汽车电器修理部修理合同纠纷再审民事判决书中，最高院对于合法来源抗辩权的适用论述最充分。根据判决书中"虽然有基于合法来源抗辩而免除销售者赔偿责任的规定……即是以直接销售者不存在主观过错为前提的"以及"在涉及主要农作物的植物新品种侵权纠纷案件中，由于法律规定生产经营主要农作物种子需要取得生产经营许可证，因此，亦不能仅因销售者说明了其所售繁殖材料的来源就免除其损害赔偿责任，而是应当在查清繁殖材料来源的基础上，进一步审查该繁殖材料的提供者是否依法取得了相应的生产经营许可证或者属于法律规定的不需要办理生产经营许可证的情形，并以此判断销售者是否存在主观过错"据此，此案中最高院认为合法来源抗辩权成立有三个条件，一是前提条件即销售者主观上无过错或者说是善意的，二是证明繁殖材料来源，三是证明繁殖材料提供者是否具备相应的种子生产经营许可证。后面两者缺一不可，否则认定为主观有过错即非善意。

在郝广军、寿县寿西湖春宝农资服务部等与安徽皖垦种业股份有限公司、许昌市大推广种业有限公司侵害植物新品种权纠纷二审民事判决书中，安徽省高院认为"综合以上事实，可以看出，郝广军、春宝服务部、戴杰销售部在经营过程中已经审查了生产者或经营者的营业执照、种子生产许可证、种子经营许可证以及小麦种子委托检验报告清单等资质证明，尽到了善意销售者应当尽到的注意义务。皖垦公司对'郑麦9023'小麦品种享有的安徽省区域内'独占实施许可权'是品种权人与皖垦公司就该小麦品种在安徽省的生产、经营所做的特殊安排，对此，郝广军、春宝服务部、戴杰销售部不知道也不应当知道相关销售主体未取得'郑麦9023'小麦品种在安徽省的生产、经营权，主观上不具有过错"。据此，安徽省高院认为，如果销售者对繁殖材料提供人的营业执照、种子生产经营许可证等资质证件进行了审查，则视为尽了注意义务，是善意的。另外，销售者对植物新品种权授权许可一般推断为不知道，除非权利人有证据证明。

在西安博农种业科技有限公司与渭南博杰农业发展有限公司侵害植物新品种权纠纷二审民事判决书中，陕西高院认可西安博农种业科技有限公司上诉观点即"尽管渭南博杰农业发展有限公司提供其与河南秋乐种业科技股份公司的小麦种子经销合同及退货单，但博杰公司在无进货、出货票据的情况下，无法证明其销售的'郑麦366'来源于河南秋乐种业科技有限公司，更不能证明其退回的'郑麦366'与本案中被控侵权的'郑麦366'系同一批种子"，且认定"在植物新品种侵权纠纷中，销售者对销售的植物新品种来源有较严格的审查义务，这是由种子生产、经营的特殊性决定的"。据此，陕西省高院认为行使合法来源抗辩权人的销售者的举证责任较重，不仅要有经销合同等证明，而且要证明经销合同上的种子就是被控侵权的种子，销售者要建立并保存好完整的进货、销货等经营记录，否则不能证明有合法来源，且认为植物新品种纠纷中销售者对繁殖材料的来源有更严格的审查义务。

在河北省林业科学研究院、石家庄市绿缘达园林工程有限公司与九台市城市管理行政执法局、九台市园林绿化管理处侵害植物新品种权纠纷再审民事判决书中"上述证据均为复印件，且九台园林处未能证明销售方的主体情况，未能证明购销行为真实存在，上述证据不能证明其主张"据此，河北省高院认为合法来源抗辩权的成立有两个条件，即证明"植物新品种繁殖材料提供方的主体情况"和"购销行为真实存在"。

综上，从合法来源抗辩在我国植物新品种权纠纷司法实践来看，各级各地法院普遍做法，一是都认可在有关植物新品种权实定法没有规定的情况下，可以行使合法来源抗辩权来主张免责。二是构成要件中，主观方面，强调合法来源抗辩权人不能有过错，即不知道或不应当知道销售的繁殖材料是侵权产品，至于是否知道，部分法院认为合法来源抗辩权人如果提供了繁殖材料提供人的营业执照、种子生产经营许可证等资质证件，则视为尽到注意义务或者说主观是善意的。客观方面，强调合法来源抗辩权人的多项较为严格的举证义务，一是要举证证明销售繁殖材料的来源，且不仅要有销售合同等合同依据，有实际产生的出货单、进货单等证据，还需要证明所销售的繁殖材料就是销售合同等合同的标的物。二是要举证证明繁殖材料提供方的主体情况，至于主体情况到底举证到什么程度，有的法院认为只需要证明民事主体资格即可，更多法院认为要举证证明有出售繁殖材料的合法资格。

（三）域外知识产权法中的合法来源抗辩

关于知识产权的法律制度和学术研究，全球范围内共有三个国家（地区）居于领先的地位，这就是美国、欧盟和日本。[①]下面，笔者就这三个国家（地区）的合法来源抗辩制度展开论述。

美国知识产权法中并没有"合法来源抗辩"概念，更不存在合法来源可以抗辩免责规定，但存在与"合法来源抗辩"类似的"善意""无过错责任"的规定和判例。从著作权（版权）侵权来看，据1931年美国最高法院判决的

① 李明德，闫文军. 日本知识产权法[M]. 北京：法律出版社，2020.

"巴克"一案以及 1944 年美国第二巡回上诉法院判决的"艾克斯塔"[①]一案等案件来看，在美国版权法中不必考虑侵权意图，考虑侵权者侵权意图没有必要。唯一的与侵权者意图有关的是赔偿金额的大小，如 2014 年美国版权法第五百零四条第三款"当版权所有人举证证明，并且法庭也判定，侵权人是故意侵权，法庭可以依据其自由裁量权，将法定赔偿金增值。当侵权者举证证明，并且法庭也判定，该侵权人没有意识到，而且也没有理由知道他或她的行为构成了侵犯版权，法庭可依据其自由裁量权，将法定赔偿金降低"[②]。据此，在美国版权法中，证明故意侵权的责任在所有权人，证明善意侵权的责任在侵权人，而且即使善意，也是侵权，不能完全免除责任，且要承担一定的赔偿金额。美国专利法同样规定，恶意与善意只关系到侵权赔偿额的多少，但笔者认为美国专利法最值得我国借鉴的是判断恶意的标准，1987 年联邦巡回上诉法院在判决"凯利"一案中指出，"侵权中的'故意'，不是一个是或否的泾渭分明的、简单两分的问题，而是一个程度性问题。一般认为，侵权的范围从不知或偶然开始，一直到刻意、无所顾忌或者无视专利权人的法律权利。"[③]

我国的合法来源抗辩制度是因加入 WTO 与国际接轨需要创立的，因此 TRIPS 协议中的有关规定，值得借鉴。根据 TRIPS 协议第四十五条第二款规定"在适当情形下，即使侵权人并非明知或有合理的根据应知其从事了侵权活动，各成员仍可以授权司法机关责令其返还利润，或支付法律预先规定的损害赔偿金"[④]，可见 TRIPS 协议授权各国可以选择对善意侵权人是否承担责任做出规定。TRIPS 协议第四十七条规定了"权利人享有信息权，赋予了各成员国自主决定是否要求侵权行为人提供供货人信息和渠道的权力"。[⑤]与此相应，德国《专利法》第 140 条 B 款规定了"专利侵权人有义务告知权利人该产品的来源和销售渠道的信息，主要是身份信息和商品信息"。德国《商标法》第十九条则规定了商标权利人有权要求侵权人及时告知侵权产品的来源和销售渠道信息,除非此要求在具体案件中是不适宜的。

从近代开始，日本法律就对我国的法律制度产生了深远影响，知识产权立法也不例外，比如把西方的版权称为著作权，把专利权和商标权的授权都归属于某个公共权力机关等。根据日本《著作权法》第一百一十四条

① 李明德. 美国知识产权法（第二版）[M]. 北京：法律出版社，2014.
② 李明德. 美国知识产权法（第二版）[M]. 北京：法律出版社，2014.
③ 李明德. 美国知识产权法（第二版）[M]. 北京：法律出版社，2014.
④ 见 TRIPS 协议第四十五条第二款。
⑤ 见 TRIPS 协议第四十七条。

规定,侵权人只有在具有主观故意或过失的情况下,才应当支付损害赔偿,如果侵权者不具有主观上的故意或者重大过失(但仍有过失),法院还可以酌情减轻损害赔偿的数额。①这说明如果侵权人是善意的情况下,仍应承担赔偿责任,但可以减轻。日本《著作权法》虽未对合法来源抗辩展开进一步论述,但有个别案例值得研究和借鉴。如日本最高法院审理的"卡拉OK 设备租赁"一案,②最高法院经过审理,认定卡拉 OK 设备出租商对卡拉 OK 设备承租商有告知和确认义务,告知义务指的是在签订租赁合同时,卡拉OK 设备出租商应告知卡拉OK 设备承租商在使用音乐作品时有取得权利人同意的义务。确认义务指的是在交付卡拉 OK 设备前,出租商应确认卡拉 OK 设备承租商已经取得了权利人的同意,之所以如此判决,最高法院的理由是卡拉 OK 设备是一种极有可能被他人用于侵权的设备,从实际来看,也确实就是如此,出租人经营这种极易被他人用于侵权设备时,获得了经济利益,出租商履行订立租赁合同时的告知义务和交付设备时的确认义务是轻而易举的,从而赋予卡拉 OK 设备出租商告知和确认义务,以避免侵权发生。日本《民法典》第七百零九条规定:"因故意或过失侵害他人权利或受法律保护的利益的人,对于因此所发生的损害负赔偿责任",对于故意和过失的理解,日本《专利法》第一百零三条规定,"侵害他人专利权或者专用实施权,推定其对侵害行为有过失",该条的立法宗旨是"发明的内容通过专利公报向社会公开,他人不得以生产经营为目的使用专利,专业人员有义务参照专利公报确定其行为是否侵犯他人专利,如果从事了侵权行为,则推定为具有过失"。③从理论上讲,侵权人可以举证证明自己没有过失,可以举证证明没有过失的事实主要包括:"第一,有相当的理由不知道专利存在;第二,有相当的理由相信自己的产品不在专利的保护范围之内;第三,有相当的理由相信自己的行为不侵犯专利权"。④

从介绍美国、欧盟、日本有关合法来源抗辩权的内容来看,某些规定值得我国在植物新品种权合法来源抗辩的以后立法和司法认定中作为参考。一是合法来源抗辩权即使成立,也不能完全免除侵权责任,且还要承担一定的赔偿金额(毕竟构成了侵权)。二是侵权人有义务告知权利人繁殖材料的来源和销售渠道。三是善意与恶意不能一概而论地看,善意到恶意有

① 李明德,闫文军.日本知识产权法[M].北京:法律出版社,2020.
② 李明德,闫文军.日本知识产权法[M].北京:法律出版社,2020.
③ 特许厅编.工业所有权法逐条解说(第19版)[M].发明协会,2012.
④ 中山信弘,小泉直树.新注解特许法[M].青林书院新社,2011.

一个从量变到质变的过程，需要根据侵权人实施侵权时是否接触过或知道他人申请了知识产权、是否尽到了必要的审查义务、是否在诉讼前后善意应对了相关诉讼等，综合判断侵权人是否善意。四是在强调侵权人合法来源抗辩可免责的举证责任时，也应强调侵权产品提供人在销售产品前负有提醒对方要获得权利人许可或审查是否已获得权利人许可的义务。

（四）植物新品种权侵权中构建合法来源抗辩权制度若干思考

根据我国传统知识产权中合法来源抗辩权的规定、植物新品种权纠纷司法实践案例、域外知识产权法中合法来源抗辩权规定及判例，笔者认为在我国植物新品种侵权中，构建完善的合法来源抗辩权制度，或者在以后的司法实践中，应至少从以下几个方面进行考虑：

（1）关于主客观要件的辩证关系。从传统知识产权法关于合法来源抗辩权的规定、植物新品种纠纷司法实践以及理论通说来看，合法来源抗辩权的要件不外乎两个，即主观要件"不知道"和客观要件"举证证明有合法来源"。域外法中并没有规定上述两个要件，通常只规定了销售者是否是善意的，以及是否善意的判断标准。笔者认为，上述规定大致相同，主客观要件本来就是辩证统一的，客观是主观的具体表象，主观需要客观去描述和证明，"在论述主观要素的"同时"涉及客观要素，反之亦然。总之，各要素之间你中有我，我中有你，在逻辑上密不可分"①，鉴于我国立法表述习惯，将来立法中，应仍然遵从"不知道"和"举证证明有合法来源"的两个部分进行表述。

（2）关于"不知道"的认定。因主客观的辩证统一，销售者是否知道其销售行为侵权，应以其是否能举证证明有合法来源为准。首先，结合我国植物新品种侵权纠纷司法实践来看，对于是否达到举证证明有合法来源的标准，应采取较为严格的举证责任，这些证据包括但不限于销售合同、出货单、进货单等形式的证据，归根到底是否能证明销售者销售的繁殖材料，与繁殖材料提供者提供的繁殖材料是同一标的，不能仅限于证明从繁殖材料提供者处购买过侵权商品，如此规定，与我国《种子法》第三十六条"种子生产经营者应当建立和保存包括种子来源、产地、数量、质量、销售去向、销售日期和有关责任人员等内容的生产经营档案，保证可追溯"规定一致。其次，从司法实践来看，

---

① 齐文远，周详. 刑法、刑事责任、刑事政策研究：哲学、社会学、法律文化的视角[M]. 北京：北京大学出版社，2004.

我国法院普遍认为销售者还应举证证明繁殖材料提供者必须有种子生产经营许可证，否则，视为没有尽到举证责任。如此认定，是因为《种子法》第三十三条第三款规定的"种子生产经营必须要经行政许可"的规定。最后，从域外法来看，行使合法来源抗辩权人是否支付合理对价，也是衡量是否"不知道"的因素之一，如果支付的对价明显低于正品市场价格，则销售者的主观善意可能性较小，不宜视为"不知道"。至于何为明显低于，可以当地市场正品价格为基础，借鉴我国《民法典》中调整违约金标准以及司法实践中判断善意取得制度中的"合理对价"标准中的"低于市场价70%"作为参考。总之，行使合法来源抗辩权能否成立，应依据是否有证据证明实际购买、提供繁殖材料者是否有种子经营许可证、对价是否过低等标准来综合判定。

（3）行使合法来源抗辩权的后果。该后果无非两种，一是抗辩不成立，二是抗辩成立。如果抗辩不成立，赔偿损失自不用说，但赔偿标准如何界定，笔者认为，可以借鉴民法上的不当得利理论，如果抗辩不成立，即意味着恶意，权利人可要求赔偿直接损失和可得利益损失，如果间接损失不好判断，则可商定赔偿一定数额。这里还需要讨论的一个问题是，恶意的情况下，权利人可否要求惩罚性赔偿？根据最新的《专利法》《商标法》《著作权法》规定以及《民法典》第一千一百八十五条"故意侵害他人知识产权，情节严重的，被侵权人有权请求相应的惩罚性赔偿"，需要注意的是惩罚性赔偿，需要两个条件，一是故意，二是情节严重，是否故意的判断可依据举证证明合法来源的举证责任以及对价是否合理等加以判断；是否情节严重，结合民法典施行以来的案例，可以从被侵权品种的知名度、侵权人接触被侵权品种的机会和次数、侵权时间、规模、获利，是否具有预谋性和组织性，攀附和模仿的故意程度来综合判断，如果被侵权品种的知名度越高、侵权人接触被侵权品种的机会和次数越多、侵权时间越长、规模越大、获利越大，预谋和组织性越强，攀附和模仿的可能性就越大，惩罚性赔偿成立的可能性就越大。当然在确立上述原则或规则的情况下，还要考虑我国国情，考虑我国社会经济发展状况、人民法律意识强弱等原因，恶意不明显，后果不严重的，建议不要给予惩罚性赔偿。另外，权利人是否可以要求侵权人返还所获利润？笔者认为，基于不当得利制度基本原理，无论合法来源抗辩权能否成立，即无论侵权是恶意还是善意，都应把所得利益返还权利人。

如果抗辩成立，则免责。在此需要讨论的是免责的范围有多大。基于合法来源抗辩制度的目的和司法实践，免于赔偿损失是通说。但权利人能否要求侵权人支付包括律师费、公证费等在内的维权必要费用呢？笔者认为，即使有合法来源抗辩权，侵权人也要支付其他维权必要费用。第一，从道德责难上来讲，植物新品种权一经公布，即具有公示、公信作用，社会上的不特定人在法理上，都应该推定知道，所以侵权人在知道情况下，仍实施侵权行为，具有道德上的过错。第二，如果免除行使合法来源抗辩权人其他维权必要费用，则会打击权利人维权积极性，不利于植物新品种权人再次创造的积极性。第三，对于权利人提起的只要求销售禁令的诉讼，如果不支持其他维权必要费用，则权利人得不到任何经济赔偿，且还要承担维权必要费用，则非常不利于权利人维权，这时获得维权必要费用可能比惩罚性赔偿更重要。第四，植物新品种权制度的有效实施，取决于植物新品种权人，从防止购买者混淆角度看，制度设计应更有利于权利人，支持权利人其他维权必要费用，也可以维持侵权制度必要的威慑作用。第五，我国最高人民法院知识产权法庭《裁判要旨（2019）》第七条规定"销售者的合法来源抗辩成立，既不改变销售侵权产品这一行为的侵权性质，也不免除停止销售侵权产品的责任，仍应承担权利人为获得停止侵害救济所支付的合理开支"，即合法来源抗辩成立情况下的免除赔偿责任，并非销售者可以一分不赔，对于权利人因维权发生的合理费用，销售者仍然可能承担赔偿责任"，[①]上述观点与最高院审判惯例也一致。

（4）关于为销售者提供繁殖材料者的义务。关于此部分讨论，笔者认为应至少从以下两个方面谈起，一是诉讼中是否应追加提供繁殖材料者参加诉讼，二是提供繁殖材料者应负担哪些防止侵权的义务。

提供繁殖材料者是否应参加诉讼问题，有学者从不告不理、造成案件影响范围和审理期限不确定等影响判断，不赞同追加供货方参加诉讼。[②]有学者认为，应区分不同情况，主要以权利人是否同意追加来断定是否应追。从有利于查清案件事实角度，应追加提供繁殖材料者参加诉讼，因为当销售者举证来源证据时，对证据的真伪，在法院越来越处于中立以及越来越倾向于当事人主义的时代，法院不便于主动与提供繁殖材料者核实，即使核实后，还需让诉讼当事人进行质证，既违反民诉法发展趋势，也造成手续繁琐，所以可以追加提供繁殖材料者参加诉讼。但只能以第三人身份参加诉讼，不能以被告身份参加，因为提供繁殖材料者参加诉讼的主要目的是对合法来源相关证据进行

① 宋晓明. 在全国法院知识产权审判工作座谈会上的总结讲话[M]. 知识产权审判指导（总第28辑），北京：人民法院出版社，2017.
② 陶冠东. 专利侵权纠纷中销售者合法来源抗辩的司法认定[J]. 电子知识产权，2017（4）：82-88.

诉讼上的核实，而不是为了是否承担实体责任而参加，否则，会违反不告不理、造成法律关系的混乱等，至于提供繁殖材料者是否承担实体责任，可以由权利人选择是否通过另行诉讼进行判定。

提供繁殖材料者应承担哪些防止侵权的义务，笔者认为，借鉴域外法特别是日本有关判例，为加大植物新品种权人保护力度，压实可能侵权人的注意义务，提供繁殖材料者应履行"告知"义务，即告知购买繁殖材料人的销售者，应取得品种权人授权许可才能出售，这主要是因为我国相当一部分植物新品种侵权人都是小规模个体经营者，他们保护植物新品种权的权利意识较差，很容易产生侵权，所以应进行告知。至于在交付繁殖材料前，是否履行已取得授权的"审核"义务，笔者认为不必，虽然履行审核义务，是对植物新品种人的保护，但是基于我国植物新品种权保护实际，如我国植物新品种销售还是以小规模个体经营者为主，分布地区较分散且力量较弱，另外还未建立像著作权集体保护组织那样的制度，会造成取得授权手续困难，增加销售者负担，阻碍植物新品种流通，最终阻碍经济发展，所以可以待时机成熟，再做考虑。

二、关于植物新品种侵权中有关茶农的权利保护

纵观以往发生的其他植物新品种权纠纷中，销售者是作为被告最多的主体，农民在销售者中占有重要角色，所以探讨茶农在未来普洱茶植物新品种权纠纷中，拥有哪些权利，有关农民权利保护的争议焦点，值得探讨。

（一）收获材料与繁殖材料的辨别

《中华人民共和国种子法》（以下简称《种子法》）和《中华人民共和国植物新品种保护条例》（以下简称《植物新品种保护条例》）都是将繁殖材料列为种子保护的依据。普洱茶树可以用种子进行有性繁殖，也可以用根、茎等进行扦插、压条等无性繁殖，具备有性繁殖和无性繁殖的能力。实践中，如果有农民买了茶树后，将收获的种子或枝条进行出卖，是否构成侵权呢？如果该种子或枝条被认定是收获材料，显然就不构成侵权，如果被认定为繁殖材料，就会构成侵权。那侵权中的关键问题就是收获的种子和枝条如何认定为收获材料，或是繁殖材料。

对此问题，之后会有更直观的具体案例进行讨论，但纵观案例判决来看，辨别是收获材料还是繁殖材料的判断标准，应采取主客观方法，主观上就是要看农民将收获的种子或枝条是作为繁殖目的进行生产，还是用于

消费或观赏。而主观往往难以判断，那就应从客观上加以辅助判断，即查明农民将该种子或枝条实际上是如何使用的。如果是农民进行抗辩的，则农民应举证证明其主张，同民事诉讼的"谁主张、谁举证"原则一样，权利人和农民都应举证证明自己主张，法院也应遵循"优势证据"原则，来判断该种子或枝条的实际用途。

（二）农民自繁自用问题

《种子法》第二十九条规定，"在下列情况下使用授权品种的，可以不经植物新品种权所有人许可，不向其支付使用费，但不得侵犯植物新品种权所有人依照本法、有关法律、行政法规享有的其他权利：①利用授权品种进行育种及其他科研活动；②农民自繁自用授权品种的繁殖材料"。《植物新品种保护条例》第十条规定，"在下列情况下使用授权品种的，可以不经品种权人许可，不向其支付使用费，但是不得侵犯品种权人依照本条例享有的其他权利：①利用授权品种进行育种及其他科研活动；②农民自繁自用授权品种的繁殖材料"。据此，我国《种子法》和《植物新品种保护条例》都规定了农民可以自繁自用，并且不用支付植物新品种使用费，但并未区分农民的经营规模大小。我国 2021 年颁布的《最高人民法院关于审理侵害植物新品种权纠纷案件具体应用法律问题的若干规定》，对此进行了进一步细化规定，该司法解释第十二条规定农民在其家庭农村承包经营合同约定的土地范围内的自繁自用授权品种的繁殖材料行为不构成侵权，同时第二款又规定，还要从农民自繁自用行为的目的、土地规模、自繁自用数量、是否营利等因素综合考虑，更加完善了农民自繁自用行为是否侵权的判断标准。但是目的、规模、数量、是否营利的判断标准在某些案子中并不是简单地一分为二，以后在我国立法和司法解释中建议可以参考《共同体植物品种权条例》中对农民的自繁自用行为认定标准，如农民种植区域的产量低于 92 吨时，为小型农场主，不必向权利人支付补偿金。除此之外的大型农场主应支付补偿金，而补偿金的数额应明显低于同地区同品种的许可费。①同时，可以根据欧盟《共同体植物品种权条例》中的"权利用尽原则"进行综合判断。即规定"品种权人自己或经其同意的其他人将品种材料投放市场后，品种权人不能就收获物或从收获物得到的产品主张权利。但是，权利人对于实质派生品种的权利没有用尽。购买人并不能用

---

① 欧盟《共同体植物品种权条例》第十四条三款规定。

购买的植物品种用于繁殖该品种。①除非出售或购买繁殖材料的目的就是用于繁殖该品种的。②不能将繁殖材料出口到不保护该品种权的国家，除非出口的目的就是为了消费"。①

另外，家庭农场是否属于农民范畴，是否可以自繁自用，可以根据不同情况，进行酌情考虑。在最高人民审理的上诉人庐江县庐城镇太银家庭农场（以下简称太银家庭农场）与被上诉人江苏明天种业科技股份有限公司（以下简称明天种业公司）、原审被告徐太银侵害植物新品种权上诉纠纷一案中，最高人民法院依法审定太银家庭农场不属于农民，其认定的主要的理由是："本院认为，我国《种子法》第二十九条第二项所称农民，是指以家庭联产承包责任制签订农村土地承包合同的农民个人。家庭农场、农民专业合作社、农村集体经济组织、其他单位或个人不属于农民自繁自用，应当取得植物新品种权人的许可，不得自行或者委托农民在农民家庭联产承包责任制的土地范围内生产或繁殖未经品种权人许可的授权品种。太银家庭农场关于其属于农民且应当受到农民自繁自用特别规定保护的上诉理由明显缺乏事实和法律依据，本院不予采纳。"②

（三）农民购买侵权产品，是否应禁止使用

农民购买侵权产品，是否应禁止使用。对此，笔者认为一般不应禁止适用。因为根据 Trips 协议，"未禁止善意使用者应禁止适用"，我国作为加入该条约的国家，也应遵守这一规定。此外，可以参照《专利法》的相关规定，进行判断。根据我国《专利法解释二》第二十五条、第二十六条关于合法来源抗辩的规定进行判断，这两条规定善意使用者可以不停止使用。但第二十五条通过但书将已支付合理对价的善意使用者的停止使用责任予以排除，因为让善意使用者停止使用不具有可操作性，不能从根本上解决专利侵权问题，因此第二十五条有一条但书，"不知道"是侵权产品，且"举证证明该产品合法来源"，再加上"举证证明其已支付该产品的合理对价"，就应阻却专利权禁止力的延伸，这是已支付合理对价的善意使用者的停止使用责任的例外，即善意使用者需要进行赔偿并可以继续使用。

另外，对于涉及国家利益、公共利益的，《专利法解释二》第二十

---

① 欧盟《共同体植物品种权条例》第十六条。
② 参见（2020）最高法知民终 702 号判决书。

六条规定，法院可以不判令被告停止被诉行为，而判令其支付相应的合理费用。

此外，什么是为了"生产经营目的"，也要准确判断，司法实践中，有不少案件是因为对何谓"生产经营目的"有争议而引发的。生产经营与营利单位还是非营利单位，没有必然关系，不能说是公司企业是以生产经营为目的，农民或事业单位等就不是以生产经营为目的。

（四）农民作为销售者，在哪些情况下可以免责

根据《种子法》第三十八条规定"种子生产经营许可证的有效区域由发证机关在其管辖范围内确定。种子生产经营者在种子生产经营许可证载明的有效区域设立分支机构的，专门经营不再分装的包装种子的，或者受具有种子生产经营许可证的种子生产经营者以书面委托生产、代销其种子的，不需要办理种子生产经营许可证，但应当向当地农业农村、林业草原主管部门备案"，可见，农民作为销售者可以从三个方面证明无侵权责任，分别是种子生产经营者的分支机构、经营的种子是不再分装的包装种子、有种子生产经营者的书面授权许可。

三、关于植物新品种权与科技成果权的联系与区别

植物新品种权与科技成果权有一定联系，也有一定区别，作为植物新品种的育种人，一定要向国务院农业、林业行政部门认定才是新品种，才享有知识产权权利，否则并不予以知识产权方面的保护。在天津人民法院审理的上诉人北京农科玉育种开发有限公司（以下简称北京农科玉育种公司）与被上诉人大连乾坤种业有限公司（以下简称大连乾坤种业公司）、被上诉人胡宝军其他科技成果权纠纷一案中，"京科糯2000"是案外人北京市农林科学院玉米研究中心选育的农作物品种，该品种于2006年8月28日经农业农村部国家农作物品种审定委员会审定通过（审定编号：国审玉2006063），并于2007年4月9日经农业部第844号公告公布。公告载明，该品种适宜在四川、重庆、湖南、湖北、云南、贵州作鲜食糯玉米品种种植。2008年1月30日，北京农科玉育种公司与北京市农林科学院玉米研究中心签订协议，协议载明由北京农科玉育种公司负责该品种的推广、维权等事宜。"乾坤银糯"是大连乾坤种业公司选育的农作物品种，该品种于2008年经天津市农作物品种申定委员会审定通过（审定编号：津审玉2008019），准予在天津市作鲜食糯玉米种植。2009年3月26日，北京农

科玉育种公司的委托代理人王伟在胡宝军经营的种子经销站购买了"乾坤银糯"种子，其包装上注明"大连乾坤种业有限公司"字样。据此，北京玉农科育种公司认为大连乾坤种业公司与胡宝军侵权，提起了诉讼。该案经过天津市第一中级人民法院一审和天津市高级人民法院二审，最后法院认定"上诉人北京农科玉育种公司主张将京科糯 2000 作为科技成果予以保护，其主要法律依据为《中华人民共和国种子法》第十二条和《最高人民法院关于审理技术合同纠纷案件适用法律若干问题的解释》。根据《中华人民共和国种子法》第二十五条规定，"国家实行植物新品种保护制度。对国家植物品种保护名录内经过人工培育的或者发现的野生植物加以改良，具备新颖性、特异性、一致性、稳定性和适当命名的植物品种，由国务院农业农村、林业草原主管部门授予植物新品种权，保护植物新品种权所有人的合法权益"。同时《植物新品种保护条例》第六条规定，"完成育种的单位或者个人对其授权品种，享有排他的独占权。任何单位或者个人未经品种权所有人许可，不得为商业目的生产或者销售该授权品种的繁殖材料，不得为商业目的将该授权品种的繁殖材料重复使用于生产另一品种的繁殖材料"。根据上述法律法规的相关规定，植物品种只有被授予植物新品种权后，植物新品种权所有人才依法对植物新品种享有排他的独占权。本案上诉人北京农科玉育种公司主张保护的农作物品种京科糯 2000，由于并未被授予植物新品种权，故其请求判令被上诉人大连乾坤种业公司、胡宝军停止侵权并连带赔偿 50 万元，缺乏法律依据。由此可知科技成果权，如果没有得到植物新品种权的认定，是不具有排他的独占权。

关于科技成果权与植物新品种权的保护，两者属于不同的体系，应根据不同的法律给予保护，科技成果权如果没有被认定为植物新品种权，是得不到《种子法》和《植物新品种保护条例》保护的，如果依据这两个对植物新品种保护的法律寻求保护，那无疑是缘木求鱼。对于科技成果权，根据《民法典》第八百四十七条规定"职务技术成果的使用权、转让权属于法人或者非法人组织的，法人或者非法人组织可以就该项职务技术成果订立技术合同。法人或者非法人组织订立技术合同转让职务技术成果时，职务技术成果的完成人享有以同等条件优先受让的权利。"和第八百四十八条规定"非职务技术成果的使用权、转让权属于完成技术成果的个人，完成技术成果的个人可以就该项非职务技术成果订立技术合同。"以及《最高人民法院关于审理技术合同纠纷案件适用法律若干问题的解释》第一条规定"技术成果，是指利用科学技术知识、信息和经验作出的涉及产品、工艺、材料及其改进等的技术方案，包括专利、专利申请、技术秘密、计算机软件、集成电路布图设计、植物新品种等。"技术成果是民事主体的一项民事权利，其受到了《民法典》合同编的保护，也受到《民法典》物权编的保护，个体拥有了这个民事权利后，可以适用、转让，但不能不允许他人拥有同样的权利，比如自己发明了一种苹果高产又好看的技术，这个技术可以适用、转让，但不能不允许别人也发现或发明同样的种植技术。而我国《种子法》第二十五条"国家实行植物新品种保护制度。对国家植物品种保护名录内经过人工选育或者发现的野生植物加以改良，具备新颖性、特异性、一致性、稳定性和适当命名的植物品种，由国务院农业农村、林业草原主管部门授予植物新品种权，保护植物新品种权所有人的合法权益。植物新品种权的内容和归属、授予条件、申请和受理、审查与批准，以及期限、终止和无效等依照本法、有关法律和行政法规规定执行。"以及《植物新品种保护条例》第六条"完成育种的单位或者个人对其授权品种，享有排他的独占权。任何单位或者个人未经品种权所有人（以下称品种权人）许可，不得为商业目的生产或者销售该授权品种的繁殖材料，不得为商业目的将该授权品种的繁殖材料重复使用于生产另一品种的繁殖材料；但是，本条例另有规定的除外"等规定，植物新品种权是一种类似于知识产权的权利，其核心是育种者对育成的新品种享有排他的独占权，其他人想使用的话，先要在得育种者的授权许可才可以，同时，其他人也不能生产与植物新品种一样性状的农作物，否则就是侵权，此权利性质与专利权非常相似。根据《种子法》第十五条规定"国家对主要农作物和主要林木实行品种审定制度。主要农作物品种和主要林木品种在推广前应当通过国家级或者省级审定。由省、自治区、直辖市人民政府林业草原主管部门确定的主要林木品种实行省级审定"，品种审定，只是国家对育种者育成品种后，在推广种植前，必须进行的程序，这一程序并不赋予育种者知识产权性质的权利。由此可见，植物新品种权与品种审定是两种不同的制度，虽然《种子法》中对两者均作出了规定，但前者属于民事权利范畴，主要由《植物新品种保护条例》规范，是赋予植物新品种权人的一种独占权，与品种的生产、推广和销售无关；后者是一种行政许可，属于市场准入的行政管理行为，主要由《主要农作物品种审定办法》《主要林木品种审定办法》规范。作为市场准入的行政管理措施的品种审定制度，其目的是加强作物品种的管理，加速育种新成果的推广利用，确保有经济推广价值的品种进入市场，防止盲目推广不适合本地区种植的劣质品种给农、林业生产和农民利益造成损失。因此，任何育种者，包括普洱茶树的育种者，如果育成了新品种，除了推广进行品种审定外，最重要的应该是植物新品种需要向国务院农业农村、林业草原主管部门申请新品种认定，这样才能享受知识产权性质的保护。

收获材料可以作为繁殖材料，但收获材料就是植物新品种保护法中所说的繁殖材料吗？两者不能画等号。还需要具体问题具体分析，关于如何判断，笔者就以下案例展开分析，以更好地说明此问题。

（一）基本案情

蔡新光通过多年培育获得植物新品种三红蜜柚，三红蜜柚系柑橘属的一个水果品种，是由琯溪蜜柚芽变成红肉蜜柚（又叫红心蜜柚）后再次芽变的新品种，该新品种除具有红色的果肉外，其海绵层和果外皮也均呈现淡红色，与红肉蜜柚品种明显不同，并已获得该新品种的授权，属无性繁殖植物。后来蔡新光发现广州市润平商业有限公司（以下简称润平公司）在超市里销售了该三红蜜柚的果实，蔡新光认为该果实属于繁殖材料，根据《种子法》和《植物新品种保护条例》，他人未经允许不得销售植物新品种繁殖材料，故提起诉讼。该案经广州市中级人民法院一审，后上诉至最高人民法院终审。

（二）蔡新光与润平公司基本情况

蔡新光2009年11月10日申请"三红蜜柚"植物新品种权，于2014年1月1日获准授权，品种权号为CNA20090677.9，保护期限为20年。2015年12月30日已缴纳第四年植物新品种权保护年费，现品种权人为蔡新光本人，农业农村部植物新品种测试（北京）分中心作出的《农业植物新品种DUS测试现场考察报告》载明，该品种暂定名称三红蜜柚，植物种类柑橘属，品种类型为无性繁殖。润平公司成立于2008年10月9日，为XX法人独资有限责任公司，注册资本为210万美元（以下未作特别注明的金额均指人民币），经营范围为零售业。

（三）本案争议焦点评析

本案争议的关键问题是润平公司销售柚子的行为是否侵害蔡新光的植物新品种权，具体来说就是，作为本案被诉侵权蜜柚果实是否属于繁殖材料，在理论上说就是该柚子果实是否属于繁殖材料。

《种子法》规定，"本法所称种子，是指农作物和林木的种植材料或者繁殖材料，包括籽粒、果实、根、茎、苗、芽、叶、花等"。可见，繁殖材料包括籽粒、果实等。也就是说，作为被诉侵权蜜柚果实，也可能属于繁殖材料。在本案中，其是否属于繁殖材料，还需结合蔡新光申请的侵权商品三红蜜柚为植物新品种、按照证据规则予以认定。正如蔡新光在诉讼中所称，作为收获材料的三红蜜柚果实，收获材料中的籽粒已经退化，一般情况下无法作为繁殖材料。但其又辩称有的籽粒可以育出植株；还辩称其已成功利用外植体细胞通过组织培养技术育出植株。即使如此，蔡新光的上述辩述只是在理论上存在可能性。既然收获材料中的籽粒已退化，失去或者基本失去了自然繁殖能力，在实践中通过籽粒培育植株的成活率将显著降低，导致培育成本过高；通过组织培养技术的扩繁方式，也存在培育成本过高问题。无论通过籽粒培育还是通过组织培养，都需要专业人士通过专业设施进行。在农业生产实际中，综合实际生产技术和条件、结合植物自身情况、育苗复杂程度及成本等多种因素，一般选用低成本、高成活率的繁殖材料。也就是说，实际生产中将采用成本低廉且易于操作的嫁接方式对三红蜜柚进行扩繁。如此得出，收获材料的籽粒或汁胞不会被用作繁殖材料。另外，按照润平公司的经营模式，结合商业习惯，其所销售的柚子果实，主要用于食用，用于满足普通公众对之作为食物的需求。如果为了阻却理论上存在的、专业人士才能进行的高成本的将被诉蜜柚果实作为繁殖材料的可能性，而禁止作为普通公众食物来源的柚子的销售，将导致社会成本增加。在本案中，也无证据证明润平公司利用销售的柚子进行技术培养植株。最后，从"谁主张，谁举证"的诉讼证据规则看，蔡新光尚未举证证明其所辩述的"有的籽粒可以育出植株""已成功通过组织培养技术育出植株"之诉讼主张；而根据其新品种申请文件，仅足以认定三红蜜柚是通过嫁接方式繁殖。同样，蔡新光也未举证证明润平公司销售的被诉侵权蜜柚果实属未经许可培育而得的收获材料；也没有证据表明润平公司将之作为繁殖材料予以销售。综上所述，作为收获材料的被诉侵权蜜柚果实不应认定为三红蜜柚的繁殖材料，销售作为收获材料的被诉侵权蜜柚果实之行为不侵害蔡新光的植物新品种权。

（四）关于收获材料与繁殖材料判断标准的思考

关于收获材料与繁殖材料取得的区别，实践中不仔细区分，很难辨别。根据以上案例以及相关法律规定，笔者认为，至少应从以下几个方面或步骤做起：

（1）是首先应明确一个基本的前提，即植物新品种权保护的范围必定包括繁殖材料，但并不是所有繁殖材料都可以归为植物新品种权保护范围。根据《种子法》第二十八条规定，"完成育种的单位或者个人对其授权品种，享有排他的独占权""任何单位或者个人未经植物新品种权所有人许可，不得生产、繁殖或者销售该授权品种的繁殖材料，不得为商业目的将该授权品种的繁殖材料重复使用于生产另一品种的繁殖材料。本法、有关法律、行政法规另有规定的除外"。《植物新品种保护条例》第六条规定："完成育种的单位或者个人对其授权品种，享有排他的独占权。任何单位或者个人未经品种权所有人许可，不得为商业目的生产或者销售该授权品种的繁殖材料，不得为商业目的将该授权品种的繁殖材料重复使用于生产另一品种的繁殖材料；但是，本条例另有规定的除外。"《最高人民法院关于审理侵犯植物新品种权纠纷案件具体应用法律问题的若干规定》第二条第一款规定："未经品种权人许可，为商业目的生产或销售授权品种的繁殖材料，或者为商业目的将授权品种的繁殖材料重复使用于生产另一品种的繁殖材料的，人民法院应当认定为侵犯植物新品种权。"根据《种子法》《植物新品种保护条例》和上述司法解释的规定，植物新品种权的保护范围与繁殖材料密切相关，涉及受保护品种繁殖材料的上述行为，应当获得品种权人的许可。繁殖材料目前作为我国植物新品种权的保护范围，是品种权人行使独占权的基础。

繁殖材料包括有性繁殖材料和无性繁殖材料，植物或植物体的一部分均有可能成为繁殖材料。植物新品种权所指的繁殖材料涉及植物新品种权的保护范围，其认定属于法律适用问题，应当以品种权法律制度为基础进行分析。根据《种子法》以及《植物新品种保护条例》的规定，授予品种权是基于育种者培育、发现并开发的品种具备新颖性、特异性以及稳定性、一致性，并且适当命名。当一个品种经过繁殖，除根据其可以预见的变异外，其相关特性保持足够一致，该品种应被认为具有一致性。当一个品种经过反复繁殖后，或者对于特定繁殖周期而言，在每个周期结束时，其相关特性保持不变，该品种应被认为具有稳定性。由此可见，之所以将品种的繁殖材料规定为植物新品种权的保护范围，是因为该品种的遗传特性包含在品种的繁殖材料中，繁殖材料在形成新个体的过程中进行品种的繁殖，传递了品种的特征特性，遗传信息通过繁殖材料实现了代代相传，表达了明显有别于在申请书提交之时已知的其他品种的特性，并且经过繁殖后其特征特性未变。因此，虽然植物体的籽粒、果实和根、茎、苗、芽、叶等都可能具有繁殖能力，但其是否属于植物新品种权保护范围的繁殖材料，有赖于所涉植物体繁殖出的植物的一部分或整个植物的新的个体，是否具有与该授权品种相同的特征或特性。

（2）关于果实是不是繁殖材料的第一个认定标准就是繁殖材料繁殖出的植物是不是具备植物新品种的形态特征。根据《种子法》第二条第二款规定："本法所称种子，是指农作物和林木的种植材料或者繁殖材料，包括籽粒、果实、根、茎、苗、芽、叶、花等。"《中华人民共和国植物新品种保护条例实施细则（农业部分）》第五条规定："《条例》所称繁殖材料是指可繁殖植物的种植材料或植物体的其他部分，包括籽粒、果实和根、茎、苗、芽、叶等。"《中华人民共和国植物新品种保护条例实施细则（林业部分）》第四条规定："《条例》所称的繁殖材料，是指整株植物（包括苗木）、种子（包括根、茎、叶、花、果实等）以及构成植物体的任何部分（包括组织、细胞）。"《进境植物繁殖材料检疫管理办法》第四条规定："本办法所称植物繁殖材料是植物种子、种苗及其他繁殖材料的统称，指栽培、野生的可供繁殖的植物全株或者部分，如植株、苗木（含试管苗）、果实、种子、砧木、接穗、插条、叶片、芽体、块根、鳞茎、花粉、细胞培养材料（含转基因植物）等。"上述法律、行政法规以及相关条例对繁殖材料进行了列举，但是对于某一具体品种如何判定植物体的哪些部分为繁殖材料，并未作明确规定。

果实到底能不能认定为繁殖材料，是不是具有繁殖功能的果实，都可以认定为繁殖材料，其实不然。判断是否为某一授权品种的繁殖材料，在生物学上必须同时满足以下条件：其属于活体，具有繁殖的能力，并且繁殖出的新个体与该授权品种的特征特性相同。果实如果要作为繁殖材料，不仅需要判断该果实是否具有繁殖能力，还需要判断该果实繁殖出的新个体是否具有植物新品种的形态特征，如果不具有该授权品种的特征特性，则不属于品种权所保护的繁殖材料。依据植物细胞的全能性理论，可以在植物体外复制携带品种特异性的 DNA 序列进行繁殖得到种植材料，但该种植材料能否成为品种权的繁殖材料，仍要判断该植物体能否具有繁殖能力，以及繁殖出的品种能否体现该品种的特征特性。简单地依据植物细胞的全能性认定品种的繁殖材料，将导致植物体的任何活体材料均会被不加区分地认定为是品种权的繁殖材料。

（3）关于果实能否判定为繁殖材料的第二个判断标准，就是繁殖材料的用途是用于收获材料作为消费品销售，还是用于生产行为。植物品种的材料分为繁殖材料、收获材料以及直接由收获材料制成的产品。植物体的不同部分可能具有多种不同的使用用途，可作繁殖目的进行生产，也可用于直接消费或观赏，同一植物材料有可能既是繁殖材料又是收获材料。对于既可作繁殖材料又可作收获材料的植物体，在侵权纠纷中能否认定为是繁殖材料，应当审查销售者销售被诉侵权植物体的真实意图，即其意图是将该材料作为繁殖材料销售还是作为收获材料销售；对于使用者抗辩其属于使用行为而非生产行为，应当审查使用者的实际使用行为，即是将该收获材料直接用于消费还是将其用于繁殖授权品种。除有关法律、行政法规另有规定外，对于未经品种权人许可种植该授权品种的繁殖材料的行为，应当认定是侵害该植物新品种权的生产行为。如果将作为消费品的收获材料纳入植物新品种权的保护范围，有违《种子法》《植物新品种保护条例》以及《最高人民法院关于审理侵犯植物新品种权纠纷案件具体应用法律问题的若干规定》的相关规定。

植物新品种保护制度保护的是符合授权条件的品种，通过繁殖材料保护授权品种。至于繁殖材料的取得方式并不影响繁殖材料的认定，如在申请植物新品种时提交的枝条是通过嫁接方式取得的，但是并不意味着植物新品种权的保护范围仅包括以嫁接方式获得的该繁殖材料，以其他方式获得的枝条也属于该品种的繁殖材料。随着科学技术的发展，不同于植物新品种权授权阶段繁殖材料的植物体可能成为育种者普遍选用的种植材料，即除枝条以外的其他种植材料也可能被育种者们普遍使用，在此情况下，该种植材料作为授权品种的繁殖材料，应当纳入植物新品种权的保护范围。

第四章 普洱茶地理标志知识产权保护

第一节 地理标志的概念、价值及法律保护

一、地理标志的概念

地理标志最为标准概念最先起源于 1883 年由法国牵头，包括比利时、巴西等 11 国在巴黎签订的《保护工业产权巴黎公约》（以下简称巴黎公约），这一公约中提出了"货源标记"和"原产地名称"这两个与地理标志类似但又不尽相同的概念，遗憾的是《巴黎公约》并未给这两个概念下定义，也未加区分。直到 1958 年签订的《保护原产地名称及其国际注册里斯本协定》（以下简称里斯本协定）才对"原产地名称"作了完整定义，明确了原产地名称的保护对象和保护标准并建立了国际注册制度。虽然上述两个条约并未提到地理标志一词，但公认为是地理标志的先河。后来在 WTO 框架下签订的《与贸易有关的知识产权协定》（以下简称 Trips 协定）正式提出地理标志概念，并做了定义，这一定义主要包含三层含义：首先，Trips 协定明确指出了地理标志的识别性，是表明货物来源特性的一种标记，消费者在选择商品时，可以依据地理标志来识别商品来源。其次，地理标志是一种标记，外延比原产地名称要广，不仅包括名称，也包括各种标志、图案或符号。最后，地理标志所标记的商品必须具备质量、声誉或其他商品特性其中的一项，且该项特性必须与该商品来源的地区或地方有实质联系，即该商品特性实质上是由该商品的地理区域所决定。[①]与此相应，我国《商标法》第十六条第二款规定"所称地理标志，是指标示某商品来源于某地区，该商品的特定质量、信誉或者其他特征，主要由该地区的自然因素或者人文因素所决定的标志"，原国家质量监督检验检疫总局于 2005 年制定的《地理标志产品保护规定》第二条规定"地理标志产品，是指产自特定地域，所具有的质量、声誉或其他特性本质上取决于该产地的自然因

[①] 冯寿波. 论地理标志的国际法律保护：以 TRIPS 协议为视角[M]. 北京：北京大学出版社，2008.

素和人文因素，经审核批准以地理名称进行命名的产品。地理标志产品包括：①来自本地区的种植、养殖产品。②原材料全部来自本地区或部分来自其他地区，并在本地区按照特定工艺生产和加工的产品"。根据上述国际条约以及我国法律、部门规章的定义，地理标志应至少包括以下三层核心含义：一是地理标志标示某一产品来源于特定的地域；二是这一产品的特定质量、信誉由这一地域的自然因素或人文因素所决定；三是地理标志必须由两部分组成，地理区域和该区域的自然因素或人文因素，两者相辅相成，不可或缺。正是由于地理标志有上述三层核心含义，这就决定了地理标志具备永久性、集体性、不可转让性三个特征。永久性与普通商标权相对，普通商标权都有使用期限，只不过可以续期，但是地理标志因该区域内的自然环境或人文环境难以在短时间内改变，所以没有期限。集体性因该区域内所有产品，只要符合地理标志特征，都可以使用。不可转让性，因地区的限制，不可将地理标志权转让给区域外的任何主体。

二、地理标志的价值

价值一般用于客体对主体的作用而言，地理标志是一种重要的知识产权，是促进区域特色经济发展的有效载体，是推进乡村振兴的有力支撑，是推动外贸外交的重要领域，是保护和传承传统优秀文化的鲜活载体，也是企业参与市场竞争的重要资源，同时，地理标志主要分布在我国农业主产区，且很大部分处在欠发达地区，这对于乡村振兴无疑也是重要的资源之一。地理标志是避免同质化竞争，提高产品附加值，打造优质商品品牌的利器，也是地理标志所在地区的独特文化载体，对于当地文化传承和发扬，促进文化繁荣，维护当地生态平衡以及绿色经济，实现可持续发展的有效手段。截至 2021 年 4 月底，我国已累计批准地理标志保护产品 2475 个，地理标志作为集体商标、证明商标注册 6295 件，核准专用标志使用市场主体 11497 家，建设国家地理标志产品保护示范区 24 个。2020 年新增地理标志专用标志使用市场主体直接产值 870.37 亿元，地理标志专用标志使用市场主体直接产值总计 6398.06 亿元。2020 年 5 月，中国品牌建设促进会举办的 2020 年中国品牌价值评价结果正式发布。在近 200 个参评的地理标志产品中，普洱茶以品牌价值 662.46 亿元和品牌强度 900 的实力，名列第七[①]。

---

① 郭曼. 普洱茶进入中国地理标志产品品牌价值前十[N]. 昆明日报，2020-5-27（6）.

保护好地理标志，才能更好发挥地理标志推动区域特色经济发展、服务外交外贸、促进贸易投资、传承传统文化、助力乡村振兴的制度性作用，实现当地经济社会高质量发展。

三、我国地理标志的法律保护

纵观我国地理标志保护立法体系，可以总结为，我国地理标志保护工作，采取两条路进行保护，即进行商标注册和产品保护两种模式，从法律角度看，商标注册侧重于法律保护手段，产品保护侧重于行政保护手段。

（一）地理标志商标保护

我国于 1982 年颁布第一部《中华人民共和国商标法》，但此法中并没有规定地理标志的内容，1993 年又发布了《商标法实施细则》，可惜的是，其中也没有规定地理标志方面的内容，直到 1995 发布的新的《商标法实施细则》中规定了可以通过集体商标和证明商标对地理标志进行保护。1996 年，我国开始对"龙井茶""绍兴酒"等名牌产品进行地理标志认定和保护的试点工作，经过 5 年左右的试点，积累了丰富经验，也有一些教训。为了及时将实践经验上升为法律层次，我国在 2001 年对《商标法》进行修订，新的《商标法》正式在法律层面规定了地理标志。此后，中华人民共和国工商行政管理总局又发布了《集体商标、证明商标注册和管理办法》，以及后续的 2014 年颁布的《商标法实施条例》等，都对地理标志的保护进行了细化规定，至此，我国在商标法领域对地理标志保护手段基本完善。从上述商标法的规定来看，我国对地理标志商标法的保护主要从进步和局限两个方面进行，进步方面，主要是指申请注册的地理标志名称既可以是地理名称，又可以是能标示来源于某地区的可视性标志，此可视性标志无须与该地理名称一致。局限方面，主要指县级以上地名称不能注册为普通商标，以及产品上不能标示虚假地理来源等。

（二）地理标志产品保护

地理标志产品保护，可以分为两个方向。一个是中华人民共和国国家工商行政管理总局发布的一些制度，一是中华人民共和国农业农村部颁布的一系列制度。中华人民共和国国家工商行政管理总局于 1999 年发布并实施《原产地域产品保护规定》，规定对原产地产品进行保护，2005 年中华人民共和国国家工商行政管理总局又发布了《地理标志产品保护规定》，发布上述部门规章的目的，主要是为了行政监管，保证地理标志产品的产品质量角度出发。随着国家机构改革，质检与工商部门的合并，2020年，国家知识产权局在 11 个省级地区试点地理标志产品核准认定改革试点工作，把地理标志产品认证权力下放到省级知识产权局，极大地提高了审核效率，节约了申请人的时间和物力成本，符合国家"放管服"要求。农业农村部于 2007 年始先后颁布了《农产品地理标志管理办法》（2019年修订）、《农产品地理标志使用规范》、《农产品地理标志登记审查若干问题的说明》、《国外农产品地理标志登记审查规定》等规范性文件，对农产品地理标志认定、使用等进行规定，认证的产品侧重于农业领域的初级产品。

四、我国地理标志保护的缺陷及建议

纵观我国地理标志的法律体系，我国对地理标志保护有两种体系，三种机制，虽然每种机制都有其侧重点，也具有存在的合理性，但也存在地理标志认证和保护标准不统一，彼此之间缺乏必要的联通方式，保护重叠和权利冲突等缺陷，会造成不必要的资源浪费，不利于社会和经济发展。

法律体系不统一。法律效力的不统一，如中华人民共和国国家质量监督检验检疫总局发布的《地理标志产品保护规定》（以下简称《规定》）及农业农村部颁布的《农产品地理标志保护办法》（以下简称《办法》）都属于部门规章，其法律效力远低于《商标法》的规定，如果实践中发生法律适用上的冲突，是否可以不遵守《规定》《办法》等部门规章的规定呢？再如，法律规定不统一，对《商标法》中的地理标志与《规定》《办法》中的地理标志产品，是何关系，含义是否一致，没有厘清，发生冲突，如何解决，没有指明。

认定和保护上的冲突。因《商标法》《规定》《办法》中地理标志产品的认定标准和程序不一，造成部门职责、权限容易产生冲突，发生侵权后，到底是哪个部门负责处理，依照什么程序进行维权，加之申请人如果申请，到底向哪个部门申请，还是都要申请，存在迷惑。所以，虽然三个部门相互协作，充分发挥各个部门的管理优势，管理更加灵活，但也存在着管理和执法上较为复杂难以统一的问题，容易造成利益分割不清问题。这些问题，都需要进行进一步的探讨，拿出进一步的解决办法。

认证和管理机制还需完善。在认证方面，由于地理标志能够带来巨大的经济利益，因此实践中一些自然人或企业出于私利，恶意将属于公共利益的地理标志进行认证，严重损害社会公共利益，如已发生的"湘莲"商标争议案、"曼松"商标争议案等。在管理方面，因地理标志的信誉和利益保障，很多厂商"傍名牌""搭便车"，对地理标志产品进行多种方式的仿冒，严重侵害了地理标志所在区域相关利益方的利益，因监管不到位，也严重打击了消费者对地理标志的信心。

由此可见，我国两种模式保护地理标志，并不是越多部门越好，笔者认为，我国更应用《商标法》来保护地理标志。一是商标法保护层次更高。因为商标法属于法律层次，法律效力高，其他《规定》《办法》属于地方性法规规章，法律效力层次低，从节约立法成本的角度看，肯定要选择效率层次高的法律。二是可以节约行政资源，多部门并行监管的缺陷，前文已有所述，选择一个部门可以节约行政资源，加之，我国对质检、工商、知识产权等部门进行了机构改革，合并成一个部门，也为商标法保护，提供了机构调整上的基础。三是《商标法》等法律法规对地理标志的保护已比较成熟，选择商标角度进行保护，可以节约立法资源。四是《商标法》等对地理标志集体商标和证明商标的注册申请人，往往限定为对某项商品和服务具有检测和监督能力的法人组织，一般是行业协会，这对维护地理标志所在区域利益相关方的公共利益有利。五是《商标法》等法律法规规定申请注册时应提交地理标志的使用管理规则，这样方便行业协会以及市场监督部门对地理标志的适用和管理进行监督。六是从索赔角度看，《商标法》等法律法规规定了较为详细的索赔主体、赔偿程序、金额等，其他司法规定也制定了相适应的一系列司法解释，选择《商标法》进行保护，更有利于维护地理标志权利人的利益。七是符合国际上的一般做法，从国际上看，美国、英国、德国都是采用的《商标法》进行保护，更便于与国际接轨。总体来说，采取商标法进行保护，既可以节约立法资源、行政资源、司法资源，也可以避免不同机关在权限上产生的冲突，也更符合我国国情。

第二节　我国地理标志保护途径及关键争议

据现行法律和诸多案例来看，地理标志的保护途径主要有行政争议保护和司法诉讼保护，行政争议保护中的关键争议主要是注册商标与地理标志是否相似以及地理标志是否具有显著性，司法诉讼中的关键争议主要是普通商标与地理标志是否相似以及普通商标中的地名是否属于对地理名称的合理使用。囿于缺少详细法律规定和实践理论，"同案不同判"现象时有发生，为此，应借鉴已有法律规定、审判案例、域外经验等，厘清上述争议的判断标准，并参透其中法理。

一、引言

地理标志①是一种特殊的知识产权，它不属于传统知识产权范畴，也与传统知识产权存在诸多区别，其重要性也越来越为大多数人认识，其具有的社会经济效益也越来越凸显，在此背景下，地理标志的申请数量呈井喷之势，同时地理标志的侵权也越来越多。不同于传统知识产权的侵权规定详细而丰富，地理标志侵权规定散见于《商标法》《商标法实施条例》《集体商标、证明商标注册和管理办法》《反不正当竞争法》《刑法》等法律、法规、条例中的个别条款，且侵权纠纷的认定处理没有明确规定的情形很多，往往需要裁判者的法理基础和裁判智慧。以我国发生的地理标志纠纷典型案例为研究对象，如"湘莲商标争议""西湖龙井""舟山带鱼""盱眙龙虾""盘锦大米"等案件，梳理、分析当下地理标志纠纷中比较常见的争议认定的法律依据和法理依据，以此为基础，提出地理标志保护中解决争议的基本思路，使地理标志得到更精准、全面的保护。

二、地理标志的核心要义和权利内容

判断是否侵害地理标志，首先要厘清地理标志的核心要义与权利内容。"地理标志"这一概念，原始概念来源于《与贸易有关的知识产权协议》（TRIPS 协议），该协议规定"就本协议协定而言，'地理标志'是指识别一商品来源于一成员领土或者该领土内一地区或地方的标记，该商品的特定质量、声誉或者其他特征主要归因于其地理来源"。②借鉴 TRIPS 协议中的概念，我国《商标法》第十六条第二款把地理标志定义为"前款所称地理标志，是指标示某商品来源于某地区，该商品的特定质量、信誉或者其他特征，主要由该地区的自然因素或者人为因素所决定的标志"，这些概念决定了地理标志的核心要义是为了区分商品来源地区，且该商品的质量、

---

① 为便于表述和指定范围，本书中表述的"地理标志"指与地理标志证明商标属同一概念和定义。

② 《TRIPS 协议》第二十二条第一款。

信誉和特征主要是由该地区的自然因素或人文因素决定，这也就决定了如果发生普通商标中含有的地理名称与地理标志发生冲突，以及在商品上或商品包装上使用地理名称，是否侵害地理标志时，对普通商标与地理标志不同的标识意义进行明确区分，即普通商标仅标示商品来源于某个商品经营者，而地理标志则有三层标示意义，一是来源于某个地区，二是标示商品特有的地域特色质量和品质，三是标示着并非为某个企业独占，而为来源地符合条件的企业所共有。这三大核心要义是区分是否侵权的首要标准和法理基础，我国的国家标准《地理标志产品普洱茶》《普洱茶证明商标使用管理规则》等地理标志管理规则对此都做了确认。

根据《商标法》第三条、第十六条、第五十七条等规定，地理标志作为证明商标，权利内容当然包括与普通商标类似的专有权和禁止权，但是地理标志的专有权和禁止权有其特殊性，专有权的特殊性在于权利专有主体是某一组织，且权利专有主体不能自己使用，只能将地理标志许可他人使用，权利使用主体也只能是某一地域范围内的符合一定条件的生产者，不能许可给某一地域范围外的他人使用。禁止权也有其特殊性，除了与普通商标一样可以禁止他人混淆使用外，根据《商标法》五十九条、《商标法实施条例》第四条等规定，法律对地理标志的禁止权设了一定限制，即不能排除他人对地域名称的合理和正当使用，当然他人对地域名称的使用，仍然要以是否导致相关公众混淆和误认为基本判断原则，而且混淆和误认的内容不是是否来源于某一厂商，而是是否来源于某一地区，且该商品的质量和品质是否与地理标志产品的品质和特色相同。

三、地理标志保护中的关键争议

从众多地理标志侵权案例来看，地理标志的保护途径主要有行政争议程序和司法诉讼程序，两者相互支撑，构成了对地理标志的严密保护体系。然而在两者的保护当中，各有着不同的关键争议，需要进一步厘清关键争议解决的基本原则和规则，并参透其中法理。

（一）行政争议保护

行政争议保护主要指的是在他人注册商标过程中或注册商标后，如有侵害地理标志的行为，权利人通过商标注册争议程序和商标宣告无效程序来保护自身合法权益。从以往发生的地理标志商标行政争议保护案例来看，地理标志在行政争议意义上的保护，主要依靠商标宣告无效程序。商标宣告无效程序保护的地理标志主要有两种，一种是已注册的地理标志，另一种是未注册的地理标志。对于已注册的地理标志，已构成集体商标或证明商标的一部分，具有商标属性，如果他人已注册的商标中含有该地理标志，根据《商标法》第五十七条第二项规定，"未经商标注册人的许可，在同一种商品上使用与其注册商标近似的商标，或者在类似商品上使用与其注册商标相同或者近似的商标，容易导致混淆的"，构成侵犯注册商标专用权的行为。《商标法》的四十五条规定，"自商标注册之日起五年内，在先权利人或者利害关系人可以请求商标评审委员会宣告该注册商标无效。对恶意注册的，驰名商标所有人不受五年的时间限制"。此类纠纷的关键争议点之一是，注册商标是否与已注册地理标志相似，而且地理标志又因注册与否，判断是否相似的标准不一样，相应保护途径也有所不同。根据《最高人民法院关于审理商标民事纠纷案件适用法律若干问题的解释》第十条第二项规定，"既要进行商标的整体比对，又要进行对商标主要部分的比对"，如果已注册商标使用了已注册地理标志相同或近似的图形，显然构成侵权，如果已注册商标中仅使用了地理名称，笔者认为也构成侵权，因为地理标志通常是地理名称与商品通用名称的合体，而这一合体中，最具有显著性和区别性的就是地理名称，且该地理名称与商品通用名称已经"合二为一"，不可分离，故如果他人注册的商标含有已注册商标中的地理名称，再加上相同或类似的商品名称，也会构成相同和近似；对于未注册的地理标志，如果他人注册商标中含有该地理标志，如果标注该商标的商品非来自地理标志地区，根据《商标法》第五十八条规定，"商标中有商品的地理标志，而该商品并非来源于该标志所标示的地区，误导公众的，不予注册并禁止使用，但是，已经善意取得注册的继续有效"。容易误导公众的，应禁止使用，而且该行为已构成"伪造产地"或"对产地做引人误解的虚假宣传"的不正当竞争，也可以申请宣告无效。另外，也可以根据《商标法》第四十四条的规定，"或者是以欺骗手段或者其他不正当手段取得注册的，由商标局宣告该注册商标无效；其他单位或者个人可以请求商标评审委员会宣告该注册商标无效"。

在行政争议程序中，特别是在对尚未注册的地理标志保护时，还有一个关键争议点是尚未注册的地理标志是否具有显著性，而显著性是商标或地理标志具有法律意义上保护的重要条件，因为不具有显著性，就不具备区别商品或服务来源的功能，丧失了作为商标保护的基本条件，商标或地理标志必须具有显著性特征，也为我国《商标法》所确认。地理标志通常由地理名称和商品通用名称组成，而地理名称通常不具有显著性，商品通用名称更不具有显著性，因此，地理标志往往会被误解为不具有显著性，但地理标志的显著性，不仅是标示产地来源，更重要的是标示商品特有的品质和质量，而该品质和质量是由商品来源地特有的地理环境和历史人文所决定的。据此，笔者认为，地理标志的显著性应从产地是否特殊、历史上是否有记载、产品品质是否独特、自然人文条件和生产方式是否为地区专有等因素综合分析判断。

（二）司法诉讼程序保护

司法诉讼程序保护是指对侵害地理标志的行为，权利人向法院提起诉讼，通过司法途径保护自身合法权益。从以往大量诉讼案例来看，当事人争议的焦点主要有两个，一是普通商标是否与地理标志相似。二是普通商标的地名是否属于对地理标志中地理名称的合理使用。

根据《商标法》第三十条、五十七条等规定，普通商标与地理标志相同或相似，是导致普通商标不予注册或者侵权的主要原因。判断普通商标与地理标志是否相似，笔者认为需要从两个方面进行考量，一是普通商标与地理标志注册的先后关系，如果普通商标注册在先，地理标志申请在后，是否应进行相似性比较以及如何进行比较争议极大，如北京市高级人民法院审理的"泰山绿茶"地理标志与"泰山绿"普通商标纠纷一案就是例证，该案的"泰山绿"普通商标注册在先，在泰山茶叶协会申请"泰山绿茶"时，先后被国家知识产权局商标局、商标评审委员会以"相似"为由驳回，后被北京知识产权法院以"避免出现消费者误认"等理由驳回行政诉讼，上诉到北京市高级人民法院后，北京市高级人民法院认为不宜直接认定是否相似，不构成地理标志注册的障碍。笔者认为，地理标志作为商标，为避免相关公众产生混淆和误认，非常有必要与普通商标进行相似性比对，但在进行相似性比对时，不能简单地以文字是否相同或近似进行"单一"性比较，应当进行综合性比较，比如文字的字形、图形的结构和颜色等，特别是各要素结合后的整体结构和认知进行比较。另外，地理标志申请在后，只要不是与在先注册的普通商标十分雷同，一般也应给予注册，因为地理标志的申请主要是为了保护产地范围内的全部相关主体的利益，且地理标志产品的品质和质量都是由特有的地理环境和历史人文环境决定的，故申请地理标志是对已有权利的一种确认，且符合大多数人的利益，申请在后的地理标志一般应给予注册或认可；如果地理标志注册在先，普通商标申请在后，首先在理念上应侧重于地理标志的保护，应对申请在后普通商标进行严格比对和审查，进行比对时，笔者认为在坚持整体比对的同时，更应侧重于部分比对，法律也规定了要进行整体和部分分别对比，如果部分比对相同或近似，即使整体比对不近似，但为了避免引起混淆和误导公众，也应趋向于认定为相似。

在司法诉讼程序中，当事人往往引用《商标法》第五十九条中的"注册商标中含有地名的，注册商标专用权人无权禁止他人正当使用"规定进行抗辩，双方当事人往往会对产品包装上使用地理名称是否属于正当使用以及举证责任分担产生争议，如浙江省杭州市西湖区龙井茶协会与广东省广州市种茶人贸易有限公司关于是否侵害"西湖龙井"地理标志纠纷，以及浙江省舟山市水产流通与加工行业协会与北京北方渔夫食品有限公司、北京永辉超市有限公司关于是否侵害"舟山带鱼"地理标志纠纷等，都无法避开这两个关键争议点。笔者认为，在产品包装上使用地理名称是否属于正当使用，应考虑以下要素，一是产品原料是否来自地理标志原产地，二是是否属于对地理名称的突出性使用。如果产品原料来自地理标志原产地，可以在产品的包装上标注原产地、产地或货源地是某某地理名称等字样，诉讼中对此举证责任分配，暂且没有明确法律规定，可以依据公平原则和诚实信用原则，综合当事人的举证能力等因素予以确定举证责任分担，根据已有案例来看，法院倾向于将此举证责任分配给产品的生产者或使用者，[①]但对于产品品质是否符合地理标志产品的条件，笔者认为，根据举证能力的大小及公平原则等，原则上应该由地理标志权利人承担举证责任。对于地理标志的使用是否属于突出性使用，因为地理标志的核心是地理名称，故判断是否属于突出性使用，关键在于其是否对地理名称进行了突出性使用，[②]如果产品生产者或使用者对地理名称使用属于标注产地性质的使用，则属正当使用，如果把地理名称标注于显著位置，明显突出地理名称在整个包装中的位置和作用，在较大程度上掩盖了包装上其他标识的功能，借此吸引公众注意力，就应判定为不正当使用。

总之，普通商标使用地理名称或产品包装使用地理名称是否侵害地理标志，应从以下几个方面进行判断，一是产品是否符合地理标志使用条件，

---

① 北京市高级人民法院（2012）高敏终字第58号民事判决书。

② 无锡高新区法院（2014）新知民初字第0004号民事判决书；无锡中院（2014）锡知民终字第0010号民事调解书。

如果根据举证责任分配，证明符合地理标志使用条件，则不构成侵权。也有学者认为，只要符合地理标志使用条件，即使未向地理标志权利人申请，也构成侵权，[①]凡是符合地理标志使用条件的，都可以向地理标志申请人申请，地理标志权利人不得拒绝，而且地理标志申请的主要目的并不是为了将使用地理名称的权利授予某个人或某个组织专有，而是为了保护地理名称范围内符合产品特定品质的所有生产者的权利，因此，这时应淡化商标独占权的功能，故产品只要符合地理标志使用条件，即使未提前申请和批准，也不构成侵权，此种观点也为诸多判例所认可，如美国的"中西部塑料厂"案[②]和我国的"舟山带鱼"案[③]中，美国上诉法院和北京市高级人民法院都持有同样观点。二是对地理名称的使用是否为正当使用，是否会对产品原产地、特定品质和质量等引起误认或混淆的结果，是否为正当使用，要看是否对地理名称进行了突出性使用，如果是突出性使用，一般会引起混淆和误认，当然也可以借鉴美国法院在判例中确立判断混淆和误认的"拍立得因素"[④]和"斯里夸夫特因素"[⑤]综合考量，如是否在同一或类似产品上使用，被告使用地理名称的意图是善意还是恶意，被告产品的品质和质量与地理标志产品相符性，消费者选择产品时的知晓程度和注意程度，若消费者对商品越熟悉，越不易发生误认，越陌生，越容易产生误认等。

第三节　普洱茶地理标志的利用和保护

一、普洱茶地理标志的发展

经申请，原国家质检总局于 2008 年 5 月发布《关于批准对普洱茶实施地理标志产品保护的公告》（国家质检总局公告 2008 年第 60 号，以下简

---

① 宋亦淼. 地理标志证明商标侵权认定问题研究[J]. 科技促进发展，2017，13（Z2）：686-691.

② Midwest Plastic Fabricators，Inc. v. Underwriters Laboratories Inc.，906 F.2d 1568（Fed.Cir.1990）。

③ 参见（2012）高民终字第 58 号民事判决书。

④ Polaroid Corp. v. Polarad Electronics Corp.，287 F.2d 492，495（2d Cir.1961）。

⑤ AMF Inc. v. Sleekcraft Boats，599 F.2d 341（9th Cir.1979）。

称《公告》），自此，普洱茶获得国家质检总局批准实施地理标志产品保护，其相应的国家标准也由国家质检总局、国家标准委批准发布，即《地理标志产品 普洱茶》中华人民共和国国家标准（GB/T 22111—2008），这个标准也于 2008 年 12 月 1 日正式实施。普洱茶地理标志证明商标是依据《中华人民共和国商标法》、《中华人民共和国商标法实施条例》、国家工商行政管理总局发布的《集体商标、证明商标注册和管理办法》等相关规定，经国家商标局核准注册的地理标志证明商标，于 2007 年 7 月 1 日正式使用。2012 年 4 月，"普洱茶 PUER 及图标"（即"普洱茶"证明商标）被国家工商总局认定为中国驰名商标。目前，普洱茶地理标志已向国家商标局申请了 45 类全注册，同时抓紧该商标的国际注册，现已在多个国家注册了普洱茶证明商标，另外，对其他国家和地区的注册也正在申请中。2021 年 1 月 19 日，云南省普洱茶协会在昆明举行了"普洱茶"地理标志证明商标新标启用仪式，新标的启用，标志着矢志"一叶盖寰宇"的普洱茶，向目标又迈出了重要一步。新标同时有地理标志专用标志和普洱茶地理标志证明商标，还增加了防伪溯源二维码。

二、普洱茶地理标志的使用和管理

云南省普洱茶协会是证明商标的注册专有权人。申请使用证明商标的企业，经过协会审核后，凡符合《"普洱茶"地理标志及证明商标使用管理规则》要求的企业，均可使用证明商标。协会负责对使用该证明商标的产品进行全方位的跟踪管理，并协助工商行政管理部门调查处理侵权、假冒案件。日常管理主要采取质量监督检测与经济利益挂钩的方式。企业申请使用"普洱茶地理标志证明商标"，必须经过协会委托的具有相应检测资质的机构或省级以上具有相应检测资质的机构，依据《地理标志产品普洱茶》国家标准及《普洱茶综合标准》进行的检测，并提供产品的质量检测合格报告。协会采用随机市场抽检、生产线抽检等形式监督、检测使用证明商标茶企的商品质量。经抽检不合格的，协会有权责令其限期整改。为有效发挥管理效能，协会向证明商标使用企业适度收取管理使用费；根据企业规模及商标使用情况，收取一定的保证金。企业在使用证明商标期内，若无重大质量问题的，协会三年之后将保证金如数退还，证明商标仍可继续使用。"普洱茶"地理标志证明商标的使用费专款专用，主要用于印制证明商标标识、检测产品、受理证明商标投诉、收集案件证据材料和宣传证明商标等工作，以保障使用"普洱茶"地理标志证明商标产品的信誉，维护使用者和消费者的合法权益。为保证普洱茶产业的持续健康发展，协会将适时联合各地工商质检等行政执法部门，加大对普洱茶市场的监督执法力度。

三、普洱茶地理标志的保护区域

按国家质检总局 2008 年第 60 号公告规定，普洱茶地理标志产品保护范围为：普洱市、西双版纳州、临沧市、昆明市、大理州、保山市、德宏州、楚雄市、红河州、玉溪市、文山州等 11 个州（市）75 个县（市、区）639 个乡（镇、街道办事处）。这意味着在云南境内按普洱茶加工工艺生产的、不在保护范围内的也不能叫普洱茶。在省外就算是按照普洱茶加工工艺生产的也不能再打普洱茶的名号了。

四、普洱茶地理标志的保护条件

以地理标志保护范围内的云南大叶种晒青茶为原料，并在地理标志保护范围内采用特定加工工艺制成，具有独特品质特征的茶叶。按其加工工艺及品质特征，普洱茶分为普洱茶（生茶）和普洱茶（熟茶）两种类型。这意味着要想制作普洱茶，必须按照普洱茶特定加工工艺制成。具体是：茶树品种为适制普洱茶的云南大叶种；立地条件中的海拔、坡度、土壤等；对茶树栽培种的建园、育苗、种质、耕作、施肥、病虫害防治、茶树修剪、环境安全做了要求；鲜叶采摘的具体标准做了规定；对原料加工的程序和工艺以及成品茶加工的程序与工艺都做了详细规定；对最终的茶叶质量从生茶和熟茶的感官品质特征、理化指标、安全性指标都做了详细规定。

五、普洱茶地理标志利用和保护的现状

目前，云南省各地州都在积极引导鼓励各茶区申请新的普洱茶地理标志、地理标志保护产品、地理标志证明商标，鼓励茶企积极申请使用普洱茶地理标志，比如普洱市作为普洱茶主产区，历来都非常重视普洱茶地理标志的申请和使用。一是积极推动普洱市商标注册工作，截至 2020 年底，普洱市茶叶已申请注册商标 1271 件。二是加快推进地理标志证明商标保护工作。截至 2021 年 1 月，普洱市已有地理标志证明商标 20 件，其中涉及茶产业的 1 件，具体为"镇沅砍盆箐茶"。现阶段，普洱市还有"江城紫娟茶"1 件正在积极进行茶类地理标志证明商标申请。三是积极引导普洱茶企业申请使用地理标志产品专用标志，2020 年新增 2 户企业获得使用资格，

目前普洱市已有 65 户普洱茶企业获得普洱茶地理标志产品专用标志使用权，均已办理换标申请，占全省普洱茶企业核准数的 86.7%，稳居全省第一。西双版纳州也在普洱茶地理标志的影响下，成功申请了"勐海茶"地理标志。除了积极利用外，云南省各地州也加强已有的地理标志登记、地理标志保护产品、地理标志证明商标管理，重点对擅自使用或伪造地理标志名称及专用标志，不符合地理标志产品标准和管理规范要求而使用地理标志产品名称，使用与专用标志相近、易产生误解的名称或标识、可能误导消费者的文字或图案标志以及侵犯地理标志注册商标专用权等，开展普洱茶市场违法行为专项整治，维护普洱茶品牌良好形象。

2018 年 11 月 12 日，云南省人民政府下发《关于推动云茶产业绿色发展的意见》，其中第六条"打造绿色云茶品牌"，明确提出要引导支持各地积极申报、创建地理标志产品，"到 2022 年，全省创建茶叶地理标志、地理标志保护产品 30 个以上"，这对普洱茶地理标志知识产权保护工作提出了更高的要求。

六、加强普洱茶利用和保护的几个建议

（1）增强普洱茶地理标志利用和保护的使命感和紧迫感。2019 年 11 月中共中央办公厅、国务院办公厅印发《关于强化知识产权保护的意见》，2020 年 11 月 30 日，习近平总书记在主持中共中央政治局第二十五次集体学习时强调，全面加强知识产权保护工作，促进建设现代化经济体系，激发全社会创新活力，推动构建新发展格局。地理标志是知识产权的重要类型，上述文件及精神为加强地理标志利用和保护工作提供了重要指引。为加强我国地理标志保护，统一和规范地理标志专用标志使用，2020 年 4 月 3 日，国家知识产权局颁布了《地理标志专用标志使用管理办法（试行）》，对地理标志的使用、标注、监督作了详细规定。我国相继签订了诸多有关地理标志的国际条约，如《中华人民共和国政府与欧洲联盟地理标志保护与合作协定》《中华人民共和国政府和美利坚合众国政府经济贸易协议》《区域全面经济伙伴关系协定》，加强地理标志的利用和保护不仅是国内要求，更是融入国际保护的要求。我国正处在高质量发展的新时代征程上，地理标志理应发挥其应有作用。加强地理标志的利用和保护，是增强"四个意识"、坚定"四个自信"、做到"两个维护"，落实习近平总书记对地理标志保护工作指示要求的具体行动，又是推动地方特色产业发展、巩固脱贫攻坚成果、全面推进乡村振兴的有力支撑，也是加强地理标志国际

合作、支撑高水平对外开放、服务双循环新发展格局的现实需要。

（2）把申请与普洱茶相关的地理标志想在前，做在前。虽然已有普洱茶地理标志，但是云南各地还有很多名茶，为了凸显自己的特色，建议把各地的具有特色、历史悠久的茶叶品牌，优先申请地理标志。如果一些与地理标志相同和相近的普通商标申请在前，根据我国法律规定和司法审判经验，如果在先的普通商标是善意的，则可继续使用，后续如果再想注册地理标志，有可能与在先权利相冲突，即使注册了，也可能会影响地理标志的显著性，降低地理标志的使用效能。如果在先商标是恶意的，那么就可以采取宣告无效的手段，为保护地理标志所在地域相关权利主体的合法权益。

（3）利用多种手段，保障普洱茶地理标志和其他与普洱茶有关的地理标志的显著性，防止通用化。普洱茶地理标志在注册之初，就存在是否可以成为地理标志的争议，毕竟普洱茶这一地理标志中的地理名称只有普洱，但是普洱茶的保护区域则是云南省 11 个地州，只不过经过多年对普洱茶地理标志使用标准、使用规范等进行严格管理，普洱茶地理标志已经具有非常强的显著性。但是需要防止其他有关普洱茶的地理标志，如"勐海茶""镇沅砍盆箐茶"等，一定要注意制定较为详细的适用规范、管理规定，增强宣传，扩大企业使用范围，才能避免其通用化，避免其陷入与普洱茶地理标志功能重复的困境。

（4）不可过度强调普洱茶地理标志的专属性，应认可其他符合普洱茶地理标志使用标准和要求的企业未经许可而使用具有一定的合理性。普洱茶地理标志的专属权人属云南省普洱茶协会，一般来说，只有经其许可，才可使用普洱茶地理标志，但是根据《商标法实施条例》第四条以及《集体商标、证明商标注册和管理办法》第十八条等规定，只要普洱茶产品来自普洱茶地理标志保护范围区域，且品质符合普洱茶地理标志产品各项标准要求，就可不经权利人许可而使用。当然，此举证责任到底归属于谁？虽有争议，但是笔者认为，应归属于普洱茶地理标志的使用人，因为茶叶产地来源、茶叶品质如何等，如果要权利人举证，则有失公平，正所谓"法律不强人所难"。只有通过普洱茶地理标志的广泛使用，普洱茶地理标志的显著性发挥的作用才会增强。

（5）多措并举，发现侵权线索，及时保护合法权益。普洱茶地理标志，毕竟是公共产品，可能会陷入"公地悲剧"的陷阱，所以云南省普洱茶协会必须负起保护普洱茶地理标志的责任，各使用企业也要勇于同侵害普洱茶地理标志权的行为进行抵制。发现线索后，可以向行政机关举报，可以用《商标法》

和《反不正当竞争法》两条路来保护自己权益，商标法指的是利用普洱茶地理标志证明商标制度，反不正当竞争法指的是伪造产地或对产地做引人误解的虚假宣传，都属不正当竞争行为。值得注意的是，如果茶叶包装上使用了普洱茶地理标志中的"普洱"二字，那么是否属于侵权呢？根据《商标法》第五十九条规定，行为人可以对地名进行善意的且是为标明产地的描述性使用，不能对"普洱"二字进行突出性使用或商标性使用，如此，就会被认定为恶意使用。

抓住《中华人民共和国政府与欧洲欧盟地理标志保护与合作协定》签订机遇，扩大出口。我国与欧盟于 2001 年启动《中欧地理标志协定》谈判，谈判经历 8 年 22 轮，2019 年谈判成功结束，2020 年 9 月 14 日正式签订，2021 年 1 月 29 日，双方完成内部审批程序并相互通知。该协定共纳入双方各 275 个地理标志产品，保护分两批进行，第一批双方各互认 100 个，普洱茶地理标志就在其中，由此，普洱茶地理标志则可以在欧盟获得高水平的保护，还可使用欧盟的官方标志，非常有利于普洱茶地理标志产品开拓欧盟市场，也将极大提高普洱茶地理标志产品在欧洲的知名度和市场占有率，云南省普洱茶产业应珍惜机会，主动对接，按照国际化运作的标准和条件，扩大欧盟出口规模。

第四节　普洱茶地理标志保护存在问题及解决

一、普洱茶地理保护存在的问题

党的十九大报告指出，要"倡导创新文化，强化知识产权创造、保护、运用"。加强普洱茶地理标志的知识产权保护是促进普洱茶及其古茶树资源保护的重要内容。普洱市有"中国茶城"的美誉，是举世闻名的普洱茶茶叶发源地。普洱茶已成为茶类著名品牌。普洱茶的再次复兴，既基于历史的沉淀，又得益来源于良好的生态资源和地理条件、自然因素的支撑。普洱茶界近年热捧的"国有林古树茶""森林乔木茶"等，表明生态良好是识别优质普洱茶的标志。普洱名山茶的持续热销，更突显出个性化的需求。普洱茶产业集传统工艺、民俗旅游、科技创新等特色产品或服务于一体，也绽放出独特的异彩。但是，普洱市名山茶资源的开发和地理标志保护还存在较大的困难。普洱市因受区位限制和社会经济发展程度影响，整个地区的知识产权保护意识不足。普洱茶地理标志保护处于刚刚起步的阶段，要得到社会的普遍认同和接受还需要一定的时间。目前普洱茶产品地理标志建设推进缓慢，也在一定程度上使得原产地普洱茶产品品牌影响力较小、效益较难实现，尤其是生态优质普洱茶的产品价值未能得到体现。这已逐渐成为原产地普洱茶产业持续发展的"瓶颈"之一。普洱茶地理标志作为一种知识产权，在保护原产地普洱茶、抵制假冒非原产地普洱茶方面没有充分发挥出其应有的作用。究其原因有以下几个方面。

（一）经济基础

1．物质生活的生产方式直接影响着社会生活、政治生活和精神生活的全过程

良法未能发挥应有作用的原因，也可以归因于经济基础。普洱本身就处于经济欠发达地区，大多数普洱茶产区就更是处于经济欠发达的农村地区，公共基础设施薄弱，受特殊的偏远山区地理环境限制，许多茶农仍然以家庭方式种植茶叶，茶园小、杂、乱，科学、现代化的种植能力不足。

2．茶叶企业市场竞争力量薄弱

普洱茶企业普遍规模较小，茶叶产量大，但质量参差不齐。茶叶品牌小、弱、散，茶叶企业经济实力不足，融资困难；工厂设备老化，生产加工能力弱。茶叶企业小、散、弱问题突出，品牌认知度低，抱团发展意识不强。行业整合难度大，探索新的发展模式、开拓新的市场的积极性不高。基于上述原因，上市的茶叶中大多为中低档产品，技术含量和产品附加值低，品牌多、杂，价格较低，为非法茶企和茶商混淆和假冒茶叶来源提供了条件。

3．普洱茶地理标志保护的地域广、原产地多，导致同一区域同质化竞争严重

普洱茶地理标志的保护原产地就包括普洱、西双版纳、临沧、德宏等云南州市。普洱茶在省外有特点和优势，但是在省内则没有特点和优势，保护地域面越广，同质化竞争就越严重，同质化竞争严重就极有可能会导致无序竞争，损害相关利益方利益，使地理标志无法发挥其作用。经过调研发现，普洱茶企和茶商多如牛毛，且小、散、乱，普洱茶市场中存在的以非原产地茶叶冒充普洱茶、以非名山名茶冒充名山名茶的现象并未明显减少，相反则非常普遍，人们选择普洱茶的标准不是普洱茶地理标志，而

是依赖品茶经验，依靠的是试喝时的口感，普洱茶、名山茶、古树茶身份难辨仍困扰着很多茶商和消费者，"劣币驱逐良币"的现象时有发生。普洱茶专用地理标志的知识产权 保护作用尚未得到充分体现。

（二）行政管理

（1）名山茶叶企业诚信联盟的组建。普洱各县茶叶企业对诚信联盟的认识有待进一步加强，积极主动性不强，加入诚信联盟的企业较少，部分茶叶企业对诚信联盟持观望态度，推进诚信联盟组建和扩大规模的工作存在一定困难。因为普洱茶地理标志是一种公共资源，凡是普洱茶原产地范围内所有符合条件的企业均可申请使用，这使得普洱茶地理标志面临着一场"公地悲剧"，即每个企业都想使用，却不注意保护。长期以来，普洱茶地理标志给茶叶企业带来的利益有限，也降低了茶叶企业申请使用地理标志的意愿，从而也影响了茶叶企业加入茶业联盟的积极性。

（2）名山普洱茶品牌监控设施问题。名山普洱茶品牌监控中心面临扩容，否则无法承载更多企业的端口接入。根据景迈山古茶林普洱茶品牌建设的需要，2016年普洱市质监局建设了质量监控中心，当时系统设计的接入点数量仅针对景迈山的企业，因此是按照25家企业100个摄像头的存储容量和服务器承载规划的。自景迈山古茶林普洱茶品牌成功推出后，普洱市又相继打造了普洱山、凤凰山普洱茶品牌。目前接入点为11家企业51个摄像头（45个在室内、6个在户外），四县的诚信联盟企业接入，将需增加13家企业52个摄像头，这样算下来，总共需要接入103个摄像头，已经超出了当时规划的容量，需要对监控中心进行扩容升级。但2018年申报的经费一直未拨付到位，因此无法采购扩容设备，造成四县的诚信联盟企业无法全部接入。（数据来源于普洱市茶叶和咖啡产业局2018年统计数据。）

（3）部分企业的普洱茶地理专用标志申报未获得通过。受国家相关政府机构改革的影响，自2018年8月以来，云南省质监局、国家知识产权局都暂不受理地理标志产品专用标志申请材料，造成云南省有30家茶企业地理标志产品专用标志申请未获得核准。特别是参与品牌联盟的17家诚信联盟企业，都未获得专用地理标志使用权，极大地影响了茶叶企业联盟工作的推进。

（4）茶叶企业品牌打造的工作流程面临新的调整。近年来，国家市场监管部门正进行机构改革，政府职能发生根本转变，明确要"进一步减少评比达标、认定奖励、示范创建等活动""加快清理废除妨碍全国统一市场和公平竞争的各种规定和做法"等。2018年11月7日，市场监督管理总局下发了《关于开展名牌评选认定活动清理工作的通知》（国市监〔2018〕208号），要求减少政府对微观经济活动的直接干预，停止评选认定活动。2019年1月17日，市场监督管理总局就"CCTV国家品牌计划"涉嫌广告违法问题约谈中央广电总台，认为中央广电总台利用"国家"名义为企业品牌背书，涉嫌违反《广告法》《反不正当竞争法》以及《消费者权益保护法》等法律。鉴于国家市场监督管理总局的新要求，品牌打造的工作流程及方式需进行调整，新标志上不能再使用以政府、行政机关为其背书的专用标志，对各名山茶企业诚信联盟工作的推进有一定影响。

（5）普洱茶名山品牌打造工作资金缺口大。国家普洱茶产品质量监督检验检测中心在四县诚信联盟企业标准制定过程中，已经投入资金69.75万元（其中：119个批次样品检测费用48.89万元；17个诚信联盟企业标准评审备案费用7.8万元；实物标准样品制作费用13.06万元），因资金没有解决，现联盟企业标准的备案工作不能正常推进。普洱市质监局监控中心扩容所需资金24.4万元、数据专线费用7.6万元没有来源。由于经费未得到解决，普洱茶名山品牌打造工作推进十分困难。

（三）行业协会管理

1. 权利人维权积极性

根据《商标法》《商标法实施条例》《地理标志产品保护规定》等法律和行政法规、规章，拥有地理标志的权利人都是非营利性的社会团体法人和事业单位法人，大多是社会团体法人，它们对地理标志的经营不以营利为目的，没有合法、有效的激励机制，使得地理标志权利人维权积极性不高。

2. 地理标志的管理架构尚未形成

现有的社会团体法人发展还不成熟，地理标志保护的管理架构尚未形成，目前对地理标志保护最有力的行业协会在任何一个县都未注册成功，主要是因为"联盟"二字注册不了。

3. 在经营、管理、人才、技术等方面存在欠缺

协会在运营、管理、人才、技术等方面存在不足，导致对使用地理标

志的企业监管不严格、不及时，对市场中未获得授权的茶企和茶商的违法行为，缺乏获取线索的手段，致使侵权线索的发现难度较大，加之与地方政府的合作制约机制不畅，相关行政部门和其他国家机构，以及相关政策法规的缺乏，使得地理标志权利人想监管又不知道该怎么监管，主管行政部门想管，也不知道有效手段是什么，管到什么程度合适。

（四）茶企业参与程度

自 2016 年起，为提升名山普洱茶的品牌价值，增加消费者对名山普洱茶的信任度，普洱市政府通过统一品牌、统一标准、统一检测、统一监控、统一标识"五个统一"，努力实现名山普洱茶从鲜叶到终端产品的一致性和打造具有普洱标识的茶叶品牌。这些普洱名山普洱茶以政府为引导、诚信联盟企业为主体、市场为主导，以最具影响力和知名度的景迈山古茶林、困鹿山古茶园、凤凰窝古茶园等为核心，把景迈山、宁洱县境内、墨江县等境内的栽培型古茶树和生态留养茶资源进行整合，形成了"景迈山古茶林""普洱山""凤凰山"三个名山普洱茶品牌。联盟企业标准中对 3 个品牌的原料来源进行了限定，执行统一标准。已获得普洱茶地理标志保护产品专用标志使用权的企业成立诚信联盟并制定诚信联盟章程，以最严格的标准保证了联盟产品的高质量。但茶叶企业积极主动性不强，参与程度不高，加入联盟的企业较少，部分茶企对诚信联盟持观望态度。主要原因有以下几方面：

第一，对诚信联盟的具体运作宣传不够，没有更多的实际效益展现给大家，吸引力不够。

很多茶企不清楚加入诚信联盟的具体运作方式，他们的茶通常是先预定、被订购后再来生产，如果改为先生产茶，然后还需要自己去找渠道销售，就不太习惯；而且存在加入诚信联盟后茶叶生产成本增加，是否影响到利润的疑虑。

同时这些茶企认为抓好茶的品质就是茶企自身的本职工作，不需要别人来要求，走入市场，市场数据就是最好的评判者。

第二，诚信联盟需要大企业合作推进。诚信联盟要求原料要在当地加工，但茶叶加工企业由于征地等各种原因往往无法实现在景迈山当地建立茶叶加工厂，进行茶叶加工。

第三，诚信联盟要求统一检测，统一监控。压饼之前抽检一次，压好、包装好后还要再抽检一次，全程都有监控指导。监控指导做不到全程监控，则难以保证监督到位。

第四，诚信联盟同时进行检测、抽检的时间至少需要十天到半个月，往往导致企业出现资金周转困难的情况。

（五）司法保护

普洱茶地理标志证明商标作为一种新型的知识产权，需要司法机关在打击侵犯地理标志行为时承担协同责任。司法是保护普洱茶地理标志的最后一道防线，公安机关、检察院、法院要各负其责。公安机关具有行政和司法的双重性质，要加强对商标侵权犯罪、危害食品安全犯罪等犯罪线索的侦查，加强与市场监督管理部门的协调配合。在普洱茶地理标志保护方面，检察机关要加强行政公益诉讼的运用，及时提出公诉建议，对行政机关的不作为和怠慢提起行政公益诉讼，督促行政机关积极行动。目前，云南省法院审理的普洱茶地理标志侵权案件较少。例如，对普洱、西双版纳和临沧三大普洱茶主产区的知识产权纠纷拥有管辖权的普洱市中级人民法院迄今尚未受理普洱茶地理标志保护的相关案件，然而，法院也应该在普洱茶地理标志的保护方面有所作为。首先，在侵犯普洱茶地理标志的情况下，赔偿金额应加大对侵权人的处罚力度，增加侵权人的违法成本。其次作为知识产权审判的专业机构，针对茶叶企业、茶商和消费者对普洱茶地理标志的误解，加强相关案件的宣传，以案释法。如果散装茶叶包装在带有地理标志或认证商标的包装袋中销售，将构成制造和销售侵权商品的双重侵权，茶商不能因"善意销售"而免于赔偿。再如被告对其产品的原料产地需要承担举证责任，而不是"谁主张，谁提供证据"的一般举证规则。

二、普洱茶地理标志保护存在问题的解决

普洱茶地理标志是云南人的无形财富，如果这种无形财富被不良茶企和茶商肆意侵占、掠夺、破坏，就会破坏这种财富的存在价值，阻碍当地经济社会发展，也会影响到"乡村振兴"和"脱贫攻坚战"这些国家战略的顺利实施。因此加强普洱茶地理标志保护，是全社会的责任，政府、行政机关、行业协会、司法机关都有责任做出各自最大的贡献。

（一）政府加强顶层设计

上层建筑是对经济基础的反映，同样也可反作用于经济基础。为改变普洱茶产地经济基础薄弱的现状，政府应在顶层设计中担负起领导责任，

具有全局性和根本性的责任。这是因为地理标志是某一地区的一种公共资源，根据法律规定，地理标志的申请通常被政府认可或选定为申请人。申请后，地理标志的推广、使用、监督和管理都需要政府的参与，而且政府也是经济基础设施建设的主要责任人。因此，政府首要的责任是加强地理标志的保护，改变普洱茶产地的经济基础薄弱状况，并且至少应从以下三个方面入手。

一是加强农业基础设施建设，为茶农改变落后的茶叶种植模式和流通模式提供基本便利条件，培养大批茶叶种植专业技术人才，为茶农提供深入具体的技术指导和帮助。二是进一步为茶叶企业提供政策和资金支持，解决中小茶叶企业融资难的问题，利用多种供应链模式，加强金融创新，提高茶叶加工技术，引进先进的标准化和自动化设备，重视茶叶深加工，开发茶叶新产品，提高产品附加值，走差异化发展之路。三是培育大企业、大品牌。给予大企业、大品牌多种政策支持，发挥大企业、大品牌的带动作用，通过各种平台和渠道宣传大企业、大品牌，提升企业和品牌竞争力和影响力，只有这样，才能改变小、弱、散的品牌格局，减少低效的同质化竞争。

（二）行政机关加大组织监管力度

（1）一是提高地理标志权利人维权的积极性，理顺其与行政机关的关系，行政机关应当承担直接责任。行业协会通常是地理标志的权利人，行政机关要进一步理顺与行业协会等社会组织的关系，加大对行业协会建设的指导和支持力度，培育行业协会的独立性，赋予行业协会一定的市场监督权，建立一定的激励机制，激发地理标志所有者管理、经营和维护地理标志的积极性。二是行政机关有通过行政手段维护他人权利的责任。行政维权最重要的保障是建立和加强直接监督，这不仅是行政机关的法律责任，也是行政机关的自然责任。一方面，法律规定了行政机关的监管责任。另一方面，地理标志是在有关行政机关的直接推动下形成的，行政机关自然负有维护地理标志正常有效使用的责任。市场监督管理局对不当使用地理标志认证商标的当事人和伪造、冒用地理标志的当事人，应当加大处罚力度，并主动打击侵权行为，不断提高执法能力和执法人员水平，这样才能对行政机关加大组织监管力度提供人力支持。

（2）继续推进名山名茶企业联盟和地理标志的申报工作行政机关应强化普洱茶企业联盟建设的宣传工作，通过召开新闻发布会、制作宣传片、网络媒体推广等方式，多渠道、多平台推介"普洱市无量山普洱茶""普洱市千家寨普洱茶""普洱市景谷山普洱茶""普洱市江城号普洱茶"品牌。借云南省普洱茶地理标志申报成功的"东风",鼓励各县根据各自的人文、自然环境和特色产品,继续申报新的地理标志,特别是针对名山名茶这一稀缺产品来申报地理标志。普洱市正在推动品牌普洱茶诚信联盟联合体,打造名山普洱茶品牌,并建立了严密的质量监管体系,确实提升了普洱茶品牌的价值,增加了消费者对名山名茶的信任度。这种做法当然是差异性竞争的有效手段,但在大力打造名山名茶品牌的同时,应注意名山名茶品牌的知识产权保护,要及时申请新的地理标志或证明商标,注意防范他人冒用名山名茶的原产地标志,加大对名山名茶的保护力度。

（3）支持普洱茶投资集团与联盟企业合作完善标准宣贯、拓展市场、提供服务,组建普洱市名山普洱茶诚信联盟营销体系,营销好名山普洱茶诚信联盟产品;培育普洱茶产业龙头企业,积极发挥普洱茶投资集团国企公信力优势,支持整合"七县八山"诚信联盟,鼓励集团与联盟企业平等协商,以合理价格收购联盟企业产品,积极探索创新、互利互惠的发展模式,通过集团牵头,推动"普洱市名山普洱茶"联盟产品向国内外市场拓展。第四,修改专用标志原有的名山普洱茶品牌联盟标识,由普洱市茶叶和咖啡产业发展中心、相关县区,市场监督管理局、国家普洱茶产品质量检验检测中心等相关部门背书,后根据相关法律的规定,不允许在产品上进行政府背书,国家市场监督管理总局提出新要求,要求相关部门名称不能印制在包装专用标签上。后面发布的四县四山普洱茶品牌联盟在品牌打造过程中的专用标志要进行合理化变更调整,将名山普洱茶品牌由政府背书转变为市场化运营,专用标志上不再标注政府、行政机关等背书部门"字样",因此专用标志必须重新修改。

（三）行业协会要加强对茶企组织引导

一是借鉴欧盟国家地理标志保护的监管经验,完善行业协会的建设,明确行业协会的有效行业管理、市场营销、交流协作、品牌维护等职责定位。以县为单位,分步实施注册名山普洱茶品牌行业协会工作,统一应对国内外市场。二是积极争取政策,吸引大企业、专家和技术人才进入协会,合理地组织进行生产经营决策和维护茶企的利益,使协会充分发挥应有的组织引导、沟通协调和监督管理作用。三是加大对茶企的引导宣传,让茶企掌握如何组织生产销售、如何看待成本和利润等,让更多的茶企看到加入诚信联盟的实效,增强联盟的吸引力。四是建立联盟退出机制,约束组织成员的行为。充分发挥诚信联盟组织的自律能力，严格执行标准，监督指导联盟企业生产加工，提高企业组织化程度。五是在统一检测、统一监控过程中加入人力监控环节，保证监控到位。六是缩短检测时间，解决企业资金周转困难问题。

（四）企业要积极参与

一是茶叶企业要转变观念，增强知识产权保护意识，在生产销售上融入现代化方式。二是政府和金融机构要给予茶企足够的政策支持，并创造优良的营商环境，促进企业有效提升自己实力和科技竞争力的动力。三是企业要积极走出去，通过合作，创新经营模式，加大广告宣传，凭借优质产品和良好口碑，扩大自己的品牌影响力。

（五）司法机关作用不可或缺

地理标志作为一种较为新型的知识产权，需要专业性的机关介入保护，司法机关是最佳选择，其在打击地理标志侵权方面应负起协同责任。实行司法保护和行政执法"双轨制"，实现公法与私法保护的有效对接，科学合理地实现"以惩促保"，是当前我国知识产权保护的一大特色。一是加大执法力度，严厉打击知识产权领域的违法犯罪活动。知识产权司法和行政执法改革步入正轨，有效解决了分头管理和重复执法问题，要加大对知识产权侵权违法行为的惩治力度，正确把握"恶意"和"情节严重"要件。二是对于重复侵权、恶意侵权及有其他严重侵权情节的，依法加大赔偿力度，辅助以诚信体系建设，提高赔偿数额，努力营造不敢侵权、不愿侵权的法律氛围，有效威慑和遏制侵犯知识产权行为。三是对司法领域的侵权行为，要提高违法成本，保护合法经营主体的利益，营造良好的营商环境，推动普洱茶产业绿色发展。

第五节　普洱茶地理标志的正确使用

据国家知识产权局统计，截至 2022 年 10 月，我国已累计认定地理标志产品 2495 个，累计核准地理标志作为集体商标、证明商标注册 7013 件，2021 年地理标志产品直接产值突破 7000 亿元大关，达 7033.76 亿元。由此可见，我国地理标志的认定、许可和保护都取得了丰硕成果，普洱茶地理标志也是一样，但是实践中使用的普洱茶地理标志并不算多，大多数普洱茶地理标志纠纷发生在经济较发达的广东、上海等地区，云南较少，经过查找相关案例，大多数纠纷的焦点问题主要集中在对普洱茶地理标志的使用是否合法合规上，笔者特归纳如下，以说明普洱茶地理标志中常见的争议焦点以及判定标准。

一、普洱茶外包装上标注普洱茶地理标志的规范性思考

根据《地理标志产品保护规定》第二条"地理标志产品包括：②原材料全部来自本地区或部分来自其他地区，并在本地区按照特定工艺生产和加工的产品"，第二十一条规定"各地质检机构依法对地理标志保护产品实施保护。对于擅自使用或伪造地理标志名称及专用标志的，不符合地理标志产品标准和管理规范要求而使用该地理标志产品的名称的……将依法进行查处。社会团体，企业，个人可监督，举报"以及第二十二条规定"各地质检机构对地理标志产品的产地范围、产品名称、原材料、生产技术工艺……产品标准符合性等方面进行日常监督管理"。由此可见，普洱茶的原材料必须来自普洱茶地理标志保护的地域范围内，且要按特定的工艺流程进行加工，即地理标志产品必须参照的工艺流程。但地理标志普洱茶国家标准（GB/T22111—2008）（以下简称地理标志普洱茶国家标准）中并没有普洱茶（散茶）这一名称，因此在普洱茶（散茶）中标注普洱茶地理标志是否违反《地理标志产品　普洱茶》国家标准的规定，是否存在欺骗消费者的情形，则值得探讨。

对此，在深圳市中级人民法院终审的吴某某因与云南农垦集团勐海八角亭茶业有限公司（以下简称八角亭公司）、浙江天猫网络有限公司网络购物合同纠纷一案中，吴某某作为普通消费者在天猫平台上购买了产品名称为"黎明八角亭 2018（勐库）冰岛糯伍 80ｇ盒装早春古树普洱生散茶"的商品 54 盒，商品单价 396 元，订单总价为 21384 元，交易订单号为284121312863437742。涉案商品销售网页上标注的产品标准号为地理标志普洱茶国家标准，标示的配料为云南大叶种晒青毛茶，普洱生产工艺为生茶，形状为散茶。商品通过快递交付，运单号码为751××××7183，吴某某于 2018 年 12 月 8 日签收该快递。涉案商品外包装上标示的商品名称为"冰岛糯伍普洱茶生茶（散茶）"，标注的产品执行标准为地理标志普洱茶国家标准。吴某某认为普洱茶生茶的特殊加工工艺必须经过晒青茶精制、蒸压成型、干燥、包装等加工流程，普洱茶生茶并没有散茶这种形式，八

角亭公司销售的商品是不合格产品。八角亭公司认为其生产的散茶这种形式，并不需要经过晒青茶精制、蒸压成型、干燥、包装等加工流程，所以，不存在侵权，双方发生争议。

对此争议，深圳市中级人民法院终审后认为，虽然在地理标志普洱茶国家标准中并未规定普洱茶生茶的散茶这一类型，但无论是紧压茶还是散茶，均为茶叶物理形状上的不同，吴某某并未举证证明该形状上的变化对茶叶品质存在影响。八角亭公司出售的商品名称标注为"普洱茶生茶（散茶）"，而八角亭公司将其主张的涉案产品送检时，标注的名称为"晒青茶"。同时，其标注的地理标志普洱茶国家标准中并未规定普洱茶生茶的散茶类型。因此，八角亭公司对商品名称的标注存在不规范的情形。①由此可见，虽然二审法院没有认定八角亭公司存在欺诈或不当使用普洱茶地理标志行为，但也是给其他茶企提了个醒，在茶叶外包装上标注普洱茶地理标志时，不能违反相关规定。因为吴某某的起诉不是不无道理的，因为根据普洱茶国家标准，普洱茶的加工工艺分为四种普洱茶的加工工艺，分别是晒青茶、普洱茶（生茶）、普洱茶（熟茶）散茶、普洱茶（熟茶）紧压茶，这四种茶叶加工工艺中，晒青茶和普洱茶（熟茶）散茶是没有蒸压流程的，但是普洱茶（生茶）以及普洱茶（熟茶）紧压茶明确规定是要有蒸压流程的，而八角亭公司售卖的普洱茶外包装上标注的是普洱茶生茶（散茶），一是该公司的标注存在不规范情况，因为在地理标志普洱茶国家标准中，根本就没有普洱茶生茶（散茶）这一名称，所以这也再次提醒众多普洱茶企业，在标注产品的类型时，一定要按照地理标志普洱茶国家标准中规定的茶叶类型进行标注，否则，会引起歧义和不必要的纠纷。就本案来说，八角亭公司由于标注不规范，导致吴某某起诉认为既然普洱茶外包装上标注的是普洱茶生茶（散茶），按照地理标志普洱茶国家标准，普洱茶生茶必须要经过蒸压，而售卖的普洱茶没有经过蒸压，不符合普洱茶的加工工艺，所以不能标注普洱茶生茶（散茶）字样，其起诉也是有一定理由的，只不过由于八角亭公司提供了一些晒青茶的检验报告，证明所售卖普洱茶的原料晒青茶是经过有关国家机构检验是符合地理标志普洱茶国家标准的，所以法院没有认定其构成欺诈和违法使用普洱茶地理标志名称。据此，普洱茶企业在普洱茶外包装上标注普洱茶的类型时，一定严格按照规定标准，如果是生茶散茶的，应标注为晒青茶，最好不要标注为普洱茶生茶（散茶），如果

---

① （2020）粤03民终22598号民事判决书。

是普洱茶熟茶散茶的，标注为普洱茶（熟茶）散茶，如果是普洱茶生茶沱或饼，可以标注为普洱茶（生茶），如果是普洱茶熟茶沱或饼的，可以标注为普洱茶（熟茶），至于其他名称，最好不要标注。

二、在茶叶外包装上标注"普洱茶"字样，是否必须符合普洱茶地理标志证明商标与标注思考

普洱茶企业要想使用普洱茶地理标志证明商标，必须符合地理标志普洱茶国家标准，并且得到云南省普洱茶协会的批准。在普洱茶地理标志证明商标中，有普洱茶三个字，同时还要其他图形、字母和注册号码。那么，在生茶的茶叶外包装上标注普洱茶是否必须符合普洱茶地理标准呢？在张某诉广州市人人乐商业有限公司宏明购物广场（以下简称人人乐购物广场）、广州市人人乐商业有限公司、江门市蓬江区和贸食品厂有限公司（以下简称和贸食品厂）产品责任纠纷一案中，张某从人人乐购物广场购买了和贸食品厂生产的新会柑皮普洱茶，张某认为售卖茶叶上标注了普洱茶，所以按照依照《地理标志产品保护规定》第二条、第二十一条和地理标志普洱茶国家标准等规定，普洱茶是不允许外地分装或加工的，涉案产品在地理标志普洱茶国家标准规定以外地区生产加工，显然构成假冒地理标志产品的违法行为，由此产生争议。

根据《地理标志产品保护规定》第二十一条规定"对于擅自使用或伪造地理标志名称及专用标志的；不符合地理标志产品标准和管理规范要求而使用该地理标志产品的名称的；或者使用与专用标志相近、易产生误解的名称或标识及可能误导消费者的文字或图案标志，使消费者将该产品误认为地理标志保护产品的行为，质量技术监督部门和出入境检验检疫部门将依法进行查处。社会团体、企业和个人可监督、举报"。对此，法院认为外包装标注为"柑普茶""新会特产"等字样，并未使用普洱茶地理标志产品专用标志，也没有使用与云南普洱茶相近、易产生误解的名称或标识及可能误导消费者的文字或图案标志，涉案产品并非假冒普洱茶地理标志产品及假冒伪劣产品。此案例，为普洱茶地理标志的使用提出警示，即在云南省外生产的茶叶能否标注普洱茶。显然，根据地理标志普洱茶国家标准在普洱茶地理标志保护范围以外生产的茶叶是不能使用普洱茶地理标志的，但是如果茶企不使用普洱茶地理标志，而只是使用"普洱茶"三个字呢？这并不只是关于能够使用地理标志普洱茶国家标准的讨论，而是涉及能否使用"普洱茶"字样的范畴。本案

之所以会产生争议，且张某主张没有得到法院支持，主要原因是广东省食品安全企业标准 Q/SX0001S—2022《新会柑皮普洱茶》，对新会柑皮普洱茶的定义为：以普洱茶（生茶）或普洱茶（熟茶）为主要原料，把新鲜的新会柑的果肉掏空，保留果皮，加入普洱散茶入果肉内，经烘干而成的含茶制品。笔者认为，根据这个企业标准，结合柑皮和普洱茶优点创新的产品，虽然有其独特的特点，但是在这个商品名称后面加上"普洱茶"字样，并不恰当，因为虽然茶企没有使用普洱茶地理标志整体证明商标，但是使用了"普洱茶"字样，而"普洱茶"应该是普洱茶地理标志证明商标里最显著的特征，所以，应该在云南省外生产的其他产品中不能含有"普洱茶"字样，除非茶叶原料产地来自普洱茶地理标志保护范围内区域，否则，结合普洱茶和其他原料的创新产品都可以标注"普洱茶"的话，那么普洱茶地理标志的显著性就会降低，可能最后会沦落为通用产品名称，从而减弱使用地理标志证明商标的识别作用。根据地理标志普洱茶国家标准第 5.1 基本要求规定"品质正常，无劣变、无异味。洁净，不含非茶类夹杂物"。因此，所以普洱茶中掺杂其他如柑皮、茉莉花等原材料的产品，都不能使用"普洱茶"字样，除非原料确实来自普洱茶地理标志保护范围内，这对云南省普洱茶协会也提出了保护普洱茶地理标志证明商标的要求应放眼全国，对于不恰当的使用，应及时提出自己的主张，以保护云南省这一著名地理标志"茶叶"品牌发挥持久生命力。

第五章 普洱古茶树资源知识产权保护

第一节 古茶树保护的意义及现状

一、古茶树保护的意义

（一）古茶树、古茶园的含义

何谓古茶树?目前尚无确切的定义。有些学者将树龄在一百年以上的野生型、栽培型、过渡型茶树茶园，统称为古茶树、古茶园。而原中国土产畜产茶叶进出口公司高级经济师王郁凤先生在其《试谈中国古茶树的养护》一文中指出，古茶树的界定，下限树龄可以议定，倾向于在明朝末年以前。按照其意见，古茶树的界定，应在公元 1664 年以前，即树龄在 360 年以上的茶树或茶树群落，才能自然称为古茶树或古茶园。根据目前存活的茶树树龄情况来看，上千年的古茶树已极为稀少。明末以前的古茶树数量更是少之又少。

而目前几个在国内制定古树保护条例的省市，大多把古树的树龄标准都倾向定为一百年。古树名木，据我国有关部门规定，一般树龄在百年以上的大树即为古树；而那些树种稀有、名贵或具有历史价值、纪念意义的树木则可称为名木。古树名木的分级：古树分为国家一、二、三级。古树分为国家一、二、三级，国家一级古树树龄在 500 年以上，国家二级古树树龄在 300～499 年，国家三级古树 100～299 年。名木不受树龄限制、不分级。如 2004 年 11 月 26 日江西省第十届人民代表大会常务委员会第十二次会议通过（2018 年 7 月第一次修正，2019 年 9 月第二次修正），2005 年 1 月 1 日起施行的《江西省古树名木保护条例》对古树界定为"树龄在一百年以上的树木"。2002 年 10 月 1 日起施行的《上海市古树名木和古树后续资源保护条例》中的古树"树龄在一百年以上的树木"。而 2002 年 3 月 12 日起施行的《苏州市古树名木保护管理条例》，以及 2022 年修订施行的《北京市古树名木保护管理条例》中对古树的界定均为"树龄在百年以上的树木"。2019 年 11 月 18 日四川省人民代表大会常务委员会第十四次会议通过《四川省古树名木保护条例》，并于 2020 年 1 月 1 日起正式施行。这是四川首次以地方立法的形式，确立对古树名木的保护范围和路径。按相关规定，树木生长超过百年可以划定为古树；树木种类稀有名贵，或者具有特定的文化价值、历史价值可划定为名木。在树木保护立法不完善的年代，古木名木被一些违法分子私自移植或砍伐，对古树名木资源造成了损害，随着古树名木保护法规的逐渐完善，这些行为逐渐被杜绝，使古树名木资源得到了保护。

根据各地的古树保护规定，树龄超过百年可作为评定古树的标准，茶树作为一种树木，其树龄超过百年即可划定为古茶树，栽培有百年以上古茶树的茶园可以划定为古茶园。

（二）古茶树、古茶园的分类

1. 古茶树的分类

古茶树的分类基本上与茶树的分类方法一致。茶树的分类，是指对茶树的种类或类群或亲缘关系所进行的划分。按其分类依据有形态（植物）分类、生态分类、细胞分类、品种分类、进化程度分类等。

目前国内学者对古茶树普遍是按照其进化的程度进行分类。即分为原始型（野生型）茶树、过渡型茶树、栽培型茶树。

原始型（野生型）茶树，是指未经人工培植和修剪，在生长过程中保留茶树原始形态的茶树，一般来说原始型茶树大多生长在野外，部分生长在人工环境中的原始型茶树多为人类特意保留。原始型茶树形成的原因我们可以从两个方面来进行说明：野外自然生长的茶树在自然生长和繁衍的条件下，生长范围不断拓展，并形成个别变异树种；第二，早期人工对茶树的生长进行干预后，由于各种因素的影响最终被丢荒。一般来说，野生茶树在自然生长环境中需要适应复杂的环境，并且具有很强的抗逆性，在茶叶品种的扩充当中，是重要的树种资源，如勐库大叶种茶。

过渡型茶树。过渡型的茶树形态介于野生树种和人工培植树种之间，在其生长和繁殖的过程中，芽叶和花等功能器官形成了野生形态和栽培形态混合存在的特性。在目前的普洱茶品种库中,确定为过渡型的茶树有 1991 年发现的云南省普洱市澜沧拉祜族自治县富东乡邦崴大茶树。

栽培型茶树。在系统发育过程中具有进化形态特征的茶树。而以采茶或采种为目的的栽培型茶树，多半是农家品种、育成品种、引进品种等；也有的最初是野生茶，后经人工驯化成为栽培茶树的。

2. 古茶园的分类

关于茶园的分类，目前还未形成统一的定论。大多数学者也是按照进化的过程进行分类，而茶园的出现就包含了人类的智慧和劳动，有了人类种植茶树并形成一定的规模方能成为茶园，因此目前国内的古茶园基本属于栽培型的茶园。

（三）古茶树、古茶园的价值

1. 古茶树、古茶园的历史价值

茶起源于中国，作为最早种植和饮用茶叶的国家，茶文化源远流长。但1824年几名英国军官在印度阿萨姆邦发现有野生茶树后，有些学者对茶树起源于中国的观点进行了质疑，虽然这一学术观点在英国国内并没有引起广泛关注，但却引发了国际学术领域对茶叶起源地归属的讨论。事实上印度的阿萨姆邦，距云南德宏傣族景颇族自治州与缅甸交界一带距离非常近，而这里正是有"古老茶农"之称的德昂族、布朗族和佤族的聚居地。关于"茶树原产地"这个问题的讨论国际学术界一直没有形成统一的认识，这种局面持续到了20世纪90年代才得到明确的解释。1961年10月，野生型古茶树的代表巴达大茶树在云南勐海被发现，栽培型古茶树的代表南糯山大茶树，过渡型茶树的代表邦崴大茶树的相继发现，震惊世界茶坛。此后，云南野生大茶树陆续发现有本山大茶树（凤庆）、澜沧大茶树（澜沧）、镇安大茶树（龙陵）、涩茶（马关）、千家寨大茶树（镇沅）等，形成了一个以滇南西双版纳、思茅为中心，辐射滇西、滇中、滇东北的野生大茶树地带。不但单株野生茶树的发现联翩而至，大面积、高树龄古茶树的发现也接连不断，仅思茅地区就有七县（普洱、墨江、景谷、镇沅、景东、澜沧、孟连）29处发现古茶树，生长面积约4600多公顷。

如果一个地方发现了野生茶树，就说这个地方是世界茶树的原产地是站不住脚的，因为世界上发现野生茶树的地方并不少。但云南发现的野生茶树之多、之大、树龄之长，至少说明云南比印度更有可能是世界茶树的原产地。况且，印度并没有发现过过渡型和人工栽培型古茶树，而世界上最古老的过渡型和人工栽培型古茶树都是在云南发现的，其已足够说明云南西双版纳傣族自治州、思茅地区不仅是世界野生茶的原产地，而且也是最早驯化茶树，人工栽培茶树的地区之一。后又经地质学、古植物学的分析证明，云南确实是茶树的原产地。而作为实物证据的古茶树、古茶园，在证明中国在世界茶史地位的过程中可谓功不可没。中国虽然是世界茶树的原产地，也是最早种植茶树的国家，但是历史古籍中记载的古茶树绝大多数已经由于各种原因被毁坏了。例如，陆羽《茶经·一之源》载，"（唐时）其巴山峡川，有两人合抱者（茶树粗度），伐而掇之"，但是今天在古籍中所记载的区域已经无法看到数千年历史的古茶树，而现在仍然生长的一小部分千年古茶树则生动地证明了茶树原产地在中国的事实。据史料记载，我国的茶树树种和茶叶种植技术最早传播的地区是日本，如今日本也无法见到当时种植的古茶树。茶树传往其他国家的时间相较日本晚，目前世界上已发现的生长树龄最长的古茶树几乎都在中国，这也印证了古代茶树这一物种几乎仅存在于中国地区。

2. 古茶树、古茶园的科学价值

目前古茶树、古茶园的科学价值主要表现在其种质资源的价值上。古茶树种质是古茶树生物遗传的性状，是将其遗传信息从亲代传给后代的遗传基因。古茶树种质资源是一种广泛的种质合集，是在古茶树种质资源和丰富的种系之上形成的。古茶树种质资源对于茶树新良种的培育具有重要的现实意义。

以云南为例。迄今为止，世界上已发现茶组植物共4个系，37个茶种，3个变种，而云南就分布有4个系，31个茶种，2个变种，占世界已发现茶种总数的82.59%，其中云南独有25个茶种，2个变种。据初步估计，云南有古茶树不下五十余万亩。仅临沧一个地区，近年统计的古茶树种植就有150500亩。云南野生型、过渡型、栽培型古茶树的大量存在，完好地保存着茶树不同进化阶段的种性、种质特征，为科学研究世界茶树的进化过程，提供了不可多得的活标本。这些古茶树生长在纬度相对较高的寒冷地区，由于受到繁殖污染的可能性比较小，在长期的生长过程中形成了稳定的遗传性状，它们抗寒性强、抗旱性强、抗病虫害性强的特点对于繁育现代茶树新品种具有重要的意义。

3. 古茶树、古茶园的文化价值

中国茶文化历史悠久，具有深厚的历史积淀，包含有丰富的物质文化和精神文化内涵，这是中国茶文化得天独厚的优势。中国茶文化是各族人民在对茶的发现、驯化、种植、利用、饮用等的过程中所产生的物质和精神文化的总和。茶文化的酝酿、形成、发展与自然、地理、民族、经济等紧密相连，涉及茶叶种植、茶叶加工和茶叶饮用地区的风俗习惯、生活状态以及宗教信仰等要素。茶文化的产生是基于茶树资源的存在，经过采茶、制茶、饮茶等工作的积累逐渐发展起来的。现在仍然存活的古茶树资源是中国茶文化的物质本源，如果千年古茶树不存在，那么中国的茶文化的发展本源就会遭到损害,后代子孙便无法从实物资源体会中国茶文化的源流之始,保护古茶树资源是保护我国茶文化资源传承与发展的根基,对中国茶文化的发展具有重要的现实意义。云南省作为我国少数民族聚集地区,生活着 25 个不同的民族,这些少数民族具有悠久的发展历史和多彩的民族文化,并且都较早开始种植茶树、制茶、饮茶。对茶叶品种的划分和认识根据不同的特点有不同的分类方式,根据制茶原料的特点大致上可以分为大叶茶、细叶茶、筒状叶茶,如果从茶叶的饮用口感和味道来划分,则可分为苦茶、甜茶、涩茶等。云南地区的少数民族在长期的制茶和饮茶过程中,形成了独具特色的民族茶文化,比如白族的"三道茶"、傣族的"竹筒茶"、哈尼族的"土锅茶"、基诺族的"凉拌茶"、佤族的"烧茶"、拉祜族的"烤茶"、彝族的"土罐茶"、纳西族的"龙虎斗"茶等。茶叶对云南地区少数民族的影响非常深远,不仅广泛应用于人们的生活,还应用到诸如婚丧、祭祀、节庆等重要场合与活动中。古代云南地区因为茶叶兴盛,普洱茶作为皇家贡品享誉全国,茶叶成为云南地区重要的农作物,人们为了祈求茶叶为自己带来幸福的生活,每年都会举行茶王(大茶树)的祭祀活动,直到今天仍然有很多地区延续着这项古老的民俗活动。

4. 古茶树、古茶园的经济价值

茶叶是经济价值较高的作物,因而世界各国人民广泛引种。我国作为传统的茶叶生产大国,其在农业经济以及第二、三产业中占有重要的位置。以云南为例,"十三五"期间,云南省茶园面积逐年增加、2020 年全省茶园面积 49.35 万公顷,相比 2015 年增加 6.87 万公顷,年均增长率 3.04%,期间全省茶园面积占全国茶园总面积的 15%以上,并长期在各省中排名第 1。2015—2020 年,云南省茶叶产量保持稳定增长,年均增长率 4.94%,其中 2020 年全省茶叶产量达 46.56 万吨,2015—2020 年全省茶叶产量在全国茶叶总产量的占比均在 15%以上,长期稳居全国各省首位。[①]2021 年全省茶叶种植面积 740 万亩,总产量 49 万吨,综合产值 1071 亿元,在全国排名第二。相比,古树茶的经济价值更高,如近年来,普洱市普通普洱茶毛茶价格大概在几十元一公斤,价格基本变化不大,但是名山头的古树茶价格则一直维持在几百甚至几千元一公斤,甚至逐年上涨,珍稀古茶干毛茶价格则更高。

---

① 伏成秀,杨济达. 云南省茶产业绿色发展现状、问题及对策[J]. 农产品质量与安全,2022(6):46-50.

二、古茶树保护的现状

（一）古茶树分布状况

云南是我国野生大茶树发现最早、分布最多的省份、资源十分丰富。据统计，云南省拥有古茶树逾 22 万公顷、古茶树 5350 万余株，其中 6.7 公顷以上连片存在的古茶树园超过 1.3 万公顷。云南省古茶树资源具有野生型、过渡型和栽培型 3 种类型，其中树龄达到千年以上的有 30 余株，占全国千年古茶树数量的 40%。云南省古茶树种质资源数量多、种类繁多，保存较好，为古茶树资源开发利用提供了优越的物质基础。[①]

20 世纪 80 年代以来，为了对云南地区的茶树资源进行系统的了解，云南省农业科学院茶叶研究所和国内有关单位组成联合考察队，深入云南各地对 61 个产茶县进行了全面深入的实地调研，在调研过程中发现了很多茶叶新品种，为云南省茶树资源的建档保护奠定了坚实的基础。调研结果显示，云南地区的古茶树资源分布相对集中，滇南和滇西地区的古茶树资源占云南省古茶树资源的 80% 以上，其他地区仅有少量的分布。针对这一特点，云南省针对澜沧江中下游地区的古茶树资源采取了针对性的保护措施，云南省的古茶树资源得到了较好的存续发展。

西双版纳州勐海县巴达乡贺松寨大黑山原始森林的巴达野生大茶树、普洱市澜沧拉祜族自治县邦崴村的过渡型古茶树以及西双版纳州勐海县南糯山的栽培型古茶树被称为"三大茶树王"。普洱市镇沅县千家寨迄今已发现世界上最大的野生茶树群落和最古老的野生茶王树。普洱市澜沧县景迈山万亩人工栽培型千年古茶园，构成了闻名中外的"古茶树博物馆"。[②]

（二）云南古茶树分布状况、保护现状以及生存现状

1. 分布状况

（1）滇西古茶树资源区

该区古茶树资源分布较多，大多数古茶树资源位于大理州、德宏州和临沧市，保山市较少。其中临沧市古茶资源非常丰富，是滇西地区古茶资源最具代表性的地区。其野生古茶树主要分布在双江县勐库镇五家村和云

---

① 刘敏，王润贤等. 云南省古茶树资源保护及利用探讨[J]. 现代农业科技，2022（22）：26-30.
② 潘志伟. 云南省古茶树、古茶园法律保护机制研究[D]. 昆明：昆明理工大学，2008.

县茶房乡李家村，栽培型古茶树主要分布在凤庆县小湾镇华峰村和双江县勐库乡冰岛村。其余凤庆县、永德县、镇康县都有少部分分布。

（2）滇南古茶树资源区

该区滇南古茶树资源大多数集中分布于普洱市和西双版纳州，其中普洱市具有野生型古茶树、过渡型古茶树、栽培型古茶树。两地的古茶树资源分布呈带状和块状，同时古茶树资源丰富并且保存较好。据普洱市2020年底统计数据，共有野生茶树居群20个，居群总面积104.9万亩；古茶山26座，总面积14.4万亩；古茶树总株数360.6万株。其中，块状面积17.2万亩，株数359万多株；零星单株16474株。西双版纳古茶树资源在其管辖的三个县市都有分布，其中勐海县古茶树资源主要分布在佛海、南糯、勐宋、南峤、巴达布朗山等，勐腊县古茶资源主要分布在义务、曼洒、曼庄、倚邦、革登茶山。景洪市的主要分布在基诺乡境内。

（3）滇东南古茶树资源区

该区古茶树资源主要分布在红河州和文山州。连片的古茶树资源较少，基本是零星分布。红河州古茶树资源在绿春县、元阳县、红河县、金平县有分布，文山州在麻栗坡县、广南县、马关县有分布。

（4）滇中古茶树资源区

该区古茶树资源主要分布在玉溪市、楚雄州、曲靖市。玉溪市古茶树资源主要分布在元江、新平县。楚雄州古茶树资源主要分布在楚雄、双柏、永仁、南华等县、市。曲靖市古茶树资源主要分布在师宗县、富源县等县。

2. 保护现状

鉴于古茶树资源的特殊价值，云南省及各地州都特别重视古茶树资源保护。省级方面，发布了《关于保护好古茶山和古茶树资源的意见》，制定了省级地方性法规《云南省古茶树保护条例》，为古树茶保护提供严密法律保障。地州方面，一方面通过立法保护古茶树资源，另一方面，建立各项具体制度和具体措施，进行贯彻落实。以普洱市为例具体进行说明。

一是通过地方立法保护古茶树资源。如普洱市于2018年7月1日施行的《普洱市古茶树资源保护条例》，规定了古茶树保护的规划、普查，夏茶留养、环境影响评价、禁止行为及惩罚、古茶资源保护补偿及激励机制、名录管理和分类保护制度、便民服务和监督问责机制、原产地品牌保护和产品质量可追溯体系。为了进一步细化措施和弥补立法不足，又制定了《普洱市古茶树资源保护条例实施细则》，并于2022年3月1日正式施行。之后结合景迈山古茶林文化景观申遗，又制定了《景迈山古茶林文化景观保护条例》，并于 2023 年 1 月 1 日正式施行。此外，作为古茶树资源集中的澜沧县也制定了《云南省澜沧拉祜族自治县古茶树保护条例》《云南省澜沧拉祜族自治县景迈山保护条例》《澜沧拉祜族自治县景迈山保护条例实施办法》等。

二是全面深入开展古茶树资源普查，建立了完整准确的普洱市古茶树资源档案库。普洱市于 2020 年初成立了普洱市古茶树资源普查工作领导小组，印发《普洱市古茶树资源普查工作实施方案》，组织协调古茶树资源普查各项工作，推动古茶树资源保护长效机制健全完善。严格按照《云南省古茶树资源调查技术规程》，全面开展普洱市古茶树资源调查工作，按照《普洱市古茶树资源保护条例》第三条和《云南省古茶树资源调查技术规程》，以 100 年以上古茶树为调查对象，调查内容包括古茶树的数量、分布区面积、生长情况、生长环境以及权属、茶种、树高、胸（地）径、树龄、冠幅、管护情况、茶产量和经济效益等。

三是贯彻执行《普洱市古茶树资源保护条例》基础上，制定了《野生型过渡型古茶树管护技术规范》编制工作，规定了野生型过渡型古茶树管护技术、生态恢复、病虫草害防治技术措施等方面内容，将作为古茶树所有者、管理者或责任人等指导保护和合理利用的行为准则，使其在古茶树管护过程中有标可依、有标可循。按照《普洱市古茶树资源保护条例》，选择权属清晰、集中连片的野茶树分布区，建立了野茶树保护小区。

3. 生存现状

中国是茶的故乡，而云南是中国茶树最早的起源地，作为全国古茶树资源最多的地区，云南省的古茶树资源的科学保护关系着我国古茶树资源的保有和存续。云南省的古茶树、古茶园数量多，古茶树覆盖面积广，可以称得上古茶树"博物馆"。云南地区种植和制作茶叶的历史悠久，作为茶叶起源地研究和茶树种质基因源流研究的活化石，是重要的生物资源遗存，也是中国乃至世界茶叶历史的宝贵财富。

古茶树重要的生物和历史文化价值不言而喻，但是由于人口迅速增长，加上不合理的引种和开发，导致了对古茶树资源的过度利用，对古茶树本身造成了不可修复的伤害。虽然在政府的引导和规范下，古茶园资源的破坏得到遏制，但已经造成的损失是无法弥补的。在市场经济条件下，为了保护古茶树资源的存续和发展，政府部门必须肩负起保护古茶树和古茶园的历史文化使命，切实保护好这些珍贵的茶文化资源。

但是古茶树的生存现状还有很多值得担忧的地方。一是有些古茶树分布地区，农民的经济收入主要来源于橡胶等经济植物的种植①。部分茶农为了获取短期的经济收益，没有充分考虑古茶树资源的长久发展，暴力开采古茶树资源，开发与保护不协调，导致古茶树资源受损。②二是古茶树管理粗放，生命力减弱衰退。茶树得到合理的管理，生命周期可以达到百年以上，古茶树甚至可以达到千年以上。古茶树生命力衰弱，受恶劣的自然环境干扰和病虫害侵袭的影响，会衰老死亡。③特别是零星分布的古茶树资源，在此方面，更需引起注意。三是保护体系不健全，管护政策责任未落实。尽管云南省有《关于保护好古茶山和古茶树资源的意见》《古茶树保护条例》等法律条例，部分州市也制定了古茶树保护的相关法规和规定，但是对于一些零星、分散，对当地经济社会影响不大的古茶树保护的地区，相关立法显得不足，且政府并没有给予足够重视。四是群众的保护意识不到位。云南地形复杂、民族多样且分散，受诸多因素困扰，古树茶保护的法律法规的宣传和相关技术规范的宣传都还不到位，又因古树茶资源属于公共资源，致使群众保护的积极性不高，保护意识不够强。五是古茶树资源保护和管理难度大。古茶树资源多为集体林地，古茶树保护过度依赖政府投入，农民、合作社等对古茶树资源保护与利用的重要性和必要性认识不足。加之古茶树资源分布较散，缺乏专项资金、机构不全、专业人员不足，古茶树的保护效果不够明显。

　　针对上述问题，笔者建议从以下方面加强保护：一是持续加强古茶树立法，对于有古茶资源但是还没有通过立法手段进行保护的地州和民族自治县，使用自己拥有的立法权，制定地方性法规和民族自治地方立法权进行规制。二是综合进行保护，注重古茶资源保护区建设。古茶资源的生存与利用，需要整个生态系统的保护，因此，可以建立一定的保护区，进行综合保护。三是加大宣传，使古树茶分布区域的居民都知道相关法规，加大技术培训，使当地茶农知晓古树茶管护的操作规范和规程，提升当地群众的保护意识和管护能力。四是建设古茶种质资源库、茶树品种保护标准体系、古茶园生态环境信息和基础地理信息数据库、古茶树野外数据采集系统等，开展古茶树保护与开发研究，在保护中开发，在开发中保护。五

---

① 罗向前，李思颖，王家金. 西双版纳古茶树资源调查[J]. 西南农业学报，2013（1）：46-51.

② 张文斌. 南涧县古茶树现状及开发保护对策初探[J]. 特种经济动植物，2021（4）：69-70.

③ 潘志伟，陆志明. 浅谈普洱茶产业的可持续发展：基于资源的可持续利用的视角[J]. 中国农业资源与区划，2013（5）：111-114.

是探索通过拍卖方式提升高端普洱茶产品价值，持续推出名山普洱茶标准化产业联盟品牌，巩固品牌建设成果，持续推出名山普洱茶品牌。

第二节　古茶树资源保护立法中的政府角色

政府是公共事务的牵头者或组织者，其在社会资源管理中不可替代的地位决定了其在古茶树资源保护实现中不可替代的角色。立法中只有处理好效率与公平、政府与市场、权力与责任、公共利益与公民合法利益、现实与改革的关系，才能保证政府充分发挥服务监管职责，将资源所有者、管理者、经营者、消费者等多方的力量聚集起来，让其各自发挥作用，共同保护好、利用好古茶树资源。

一、政府在社会资源管理中的地位

（一）现代公共管理理念的转变指向更为广阔的政府职能

政府职能也叫行政职能。世界银行在其 1997 年的《世界发展报告》中指出，"在世界各地政府正成为人们关注的中心。全球经济具有深远意义的发展使我们需要再次思考政府的一些基本问题，即政府的作用应该是什么，它能做什么和不能做什么，以及如何做好这些事情"。当代政府所处的环境是一种以市场经济为主导，并辅以政府宏观调控的模式，政府应如何处理好市场、企业和社会等方面的关系，履行好自身的社会经济职能？

关于政府职能的解读，我国行政管理学的主流学者认为，"政府以公共利益为导向，其职能是对社会公共事务进行管理，无偿占有社会公共资源，并为社会提供公共物品和公共服务"。这与当代西方经济学者对政府的基本职能的认识几乎是一致的，即提供公共物品（public goods）。世界银行在 1997 年发布的《世界发展报告》中认为公共物品是非竞争性的和排他性的物品。非竞争性是指一个使用者对该物品的消费并不减少它对其他使用者的供应，非排他性是指使用者不能被排除在对该物品的消费之外。私人物品与公共物品对应，其效用边界清楚，不像公共物品，收费困难，初始投资大。还有一种观点认为公共物品还包含准公共物品，凡是能严格满足消费上的非排他性特征的都是纯公共物品，而不能严格满足消费上的非排他性特征的是准公共物品（例如道路，在一定限度内使用不影响他人使用，而一旦超过某个使用限度，就会出现拥堵，进而影响他人的使用）。还有一种对公共物品的认识是认为公共物品分为有形的公共物品（如公共设施）和无形的公共物品（如法律、政策等）。

行政管理理论经历百余年发展，从传统的公共行政学到新公共行政学，到政策科学再到"新公共管理"和公共治理，政府的行为范畴越来越广阔（不是指权力越来越集中，而是指政府应当履职进行管理或指导的领域越来越广）。传统公共行政学认为国家或政府（狭义的行政机关）的职能分为政治领域（政策和法律的制定）和行政领域（政策和法律的执行）。效率是最重要的原则，要使政府的管理有效率，政府系统就应当权力集中、体系完整、指挥统一、分工明确、职责分明。20世纪70年代在美国大学中发展起来的"新公共管理"范式除了研究视野更加开阔之外，给"公共"下的定义也更加广泛，它将非营利组织、私人企业的公共方面都包含在政府的管理范围中。20世纪90年代以来，"治理"成为公共管理领域的核心概念，也是社会科学研究的热门领域，其关注的主要问题是如何在日益多样化的政府组织形式下保护公共利益，如何在有限的财政资源下以灵活的手段回应社会的公共需求，各国学者更加关注公共服务的结果取向、倾向于公共治理结构的多元化发展、通过责任分散的治理手段来构建一个"服务型政府"。

（二）现代公共管理理念的转变

治理理论主要有"政府管理的途径""公民社会的途径""合作网络的途径"三种研究途径。"政府管理的途径"将治理等同于政府管理，要求政府部门从市场化的角度来进行公共管理，把市场制度的基本观念引进公共管理的领域，"经济、效率和效益"是政府应当追求的目标，强调结果导向和顾客导向。"公民社会的途径"视治理的领域为公民社会的"自组织网络"。在西方国家，这被认为是自愿追求公共利益的个体、群体和组织组成的公共空间，涉及非政府组织、志愿者社团、社区组织、公民自发组织的运动，是共同利益的自愿结合，进行自我建设、自我协调、自我联系、自我整合、自我满足，形成一个制度化的、不需要借助政府及其资源的公共领域，组织成员完全可以在这一领域中通过公共讨论和公共对话，自主治理生活领域中的公共问题。而"合作网络的途径"则是指公共事务由众多的社会主体来共同完成，不仅是政府。在古茶树资源的保护中，由于其资源属性决定了这不是个人或少数群体的问题，而是关乎整个社会群体的共同利益的问题，仅由其中的一个或部分主体进行管理是很难将其管理好的，比较妥当的做法是将全部参与者的力量调动起来，形成相互影响的关系网络，共同将这一事务管理好。因此，政府在其中，应将自己定位为该公共事务的牵头者或组织者，如何将资源所有者、管理者、经营者、消费者等多方的力量聚集起来，使其各自发挥作用，共同管理好、利用好古茶树资源，这才是当下政府最应关注的问题。

二、立法与政府服务监管作用的发挥

要充分发挥政府的服务监管作用，立法应把握效率与公平、政府与市场、权力与责任、公共利益与公民合法利益、现实与改革的关系。

（一）处理好效率与公平的关系

在促进发展的同时，立法应当把维护社会公平放到更加突出的位置。效率与公平的关系本质上是如何对待发展的问题。认识这一问题，必须从我国仍然处于社会主义初级阶段的基本国情出发，必须从我国社会的主要矛盾出发，坚持把发展作为党执政兴国的第一要务，通过发展为最大限度地保证在全社会实现公平正义，积累财富基础。同时，发展必须坚持以人为本，实现好、维护好、发展好最广大人民的根本利益，做到发展为了人民、发展依靠人民、发展成果由人民共享。党的十七大报告提出，实现社会公平正义是发展中国特色社会主义的重大任务。实现社会公平正义，最重要的是要建立保障公平正义的制度体系，其中关键是法治化。具体而言，就是要建立以权利公平、机会公平、规则公平、分配公平为主要内容的社会公平保障体系，使公平正义能够稳定、长期、可预期地实现。公平正义是社会主义法治的核心价值，是法律制度的生命所在。能否始终体现公平正义，促进和实现社会公平正义，是立法工作必须坚持的基本原则。党的十九大报告提出，我国社会主要矛盾已经转化为人民日益增长的美好生活需要和不平衡不充分的发展之间的矛盾。"人民美好生活需要日益广泛，不仅对物质文化生活提出了更高要求，而且在民主、法治、公平、正义、安全、环境等方面的要求日益增长"。应深化依法治国实践，深化司法体制改革，努力让人民群众在每一个案件中都感受到公平正义。

（二）处理好政府与市场的关系

立法要充分发挥市场机制的基础性作用，特别要注意处理好事前审批和事后监督的关系。在社会主义市场经济条件下，对一些事项规定事前审批是必要的，它对有效地维护国家安全和公共利益、保护公民生命财产安全、合理配置公共资源具有重要作用。

（三）处理好权力与责任的关系

确保权力和责任相统一。责任是行政权力的核心。法律规范在赋予行政机关必要行政权力的同时，必须规定其相应的责任，并有严密的程序作保障。这样才能真正实现规范和约束行政权力，确保权力与责任相统一，做到有权必有责、用权受监督、违法要追究、侵权要赔偿。同时，还要正确处理权力和权利的关系。立法工作，不可避免地会涉及行政机关的权力与公民、法人和其他组织的权利。权力和权利是两个不同的概念。对行政机关来说，权力与责任应该统一；对公民、法人和其他组织来说，权利与义务应该统一。立法工作，在规定有关行政机关的权力的同时，必须规定其相应的责任，规范、制约、监督行政权力的行使，防止滥用权力；在规定公民、法人和其他组织的义务的同时，应该明确规定其相应的权利，并保障权利的实现。

（四）处理好公共利益与公民合法权益的关系

实现公共利益和公民合法权益在法律制度上的平衡。立法工作必须维护公共利益，这样才能从根本上维护绝大多数人的利益。同时，也要注意维护公民的合法权益，做到公共利益和公民合法权益的平衡。为此，对一切合法的劳动收入和合法的非劳动收入，对为祖国富强贡献力量的社会各阶层人们的合法权益，都要切实维护。只要是不损害公共利益和公民合法权益的行为，就应受到法律的保护。立法是对权利、义务关系的确定，本质上是对利益的分配和调整。科学、合理地分配利益，要求立法必须全面把握利益关系、准确确定利益焦点，在此基础上，统筹兼顾个人利益和集体利益、局部利益和整体利益、当前利益和长远利益，统筹处理好各个方面的利益关系。一方面，社会利益主体越来越多元化，立法领域也显示出利益博弈的趋势。另一方面，党和国家以及社会各方面对公平正义的要求日益提高，这对立法机构提出了新的要求。实现社会公平正义，核心是要对社会主体的利益进行必要调整。进入新时代，我国社会结构、社会组织形式、社会利益格局发生深刻变化。立法要维护社会公平正义，不仅需要着重处理好利益与公平的关系，而且还需要统筹处理好各个方面的利益关系。

（五）处理好立足现实与改革创新的关系

将立法决策与改革决策紧密结合起来，充分体现改革精神。当前，我们正处于新旧体制转轨时期，立法工作如果不顾现实，就会行不通；如果不加区别地全盘肯定现实，就有可能妨碍改革。因此，立法工作要立足现实，着眼于未来，把立法决策与改革决策紧密结合起来，体现改革精神，用法律引导、推进和保障改革的顺利进行。对现实中合理的东西，要积极肯定，并采取措施促进其发展；对那些不合理、趋于衰亡、阻碍生产力发展的东西，不能一味迁就。立法工作要在总结实践经验的基础上不断探索，力求在体制、机制、制度上不断有所创新。

三、地方政府在古茶树资源保护管理中的职责

（一）地方政府在古茶树资源保护中的主要职责

1. 立法中的古茶树资源保护责任机关

普洱市各级人民政府作为普洱市最重要的社会管理主体，理应承担古茶树资源的保护职责。《普洱市古茶树资源保护条例》第五条和第六条明确规定"市、县（区）人民政府应当将古茶树资源保护纳入国民经济和社会发展总体规划，经费列入年度财政预算，建立古茶树资源保护补偿、激励机制""乡（镇）人民政府依法做好本行政区域内古茶树资源保护工作"。第十一条第二款规定"对古茶园、古茶林、野生茶树群落，县（区）人民政府应当建立保护区，划定保护范围，并设立保护标志"第十三条规定"县（区）人民政府应当建立古茶树资源动态监控监测体系和古茶树生长状况预警机制，并根据监控监测情况有效保护和改善古茶树资源保护范围内生态环境"。第十七条规定"市、县（区）人民政府可以根据法律，法规及国家相关政策，制定扶持古茶树资源开发利用的优惠政策和具体措施"。第十八条规定"市、县（区）人民政府应当引导茶叶专业合作机构规范发展，统一古茶树产品生产标准，进行质量控制，提升古茶树产品的质量"。第二十一条规定"市、县（区）人民政府应当组织对古茶树资源保护专项规划的实施情况进行检查，监督和评估，并加强古茶树资源保护管理基础设施建设，有计划地迁出影响古茶树资源安全的建筑物、构筑物"。第二十四条规定"市、县（区）人民政府应当建立古茶树资源保护综合信息平台"。

从以上规定可以看出，《普洱市古茶树资源保护条例》明确了市、县（区）人民政府的总体规划职责，使两级政府在古茶树资源的保护中承担着"设计师"的角色，乡级政府作为离古茶树资源最近的政府职能部门，负责更为具体的日常保护工作。

《普洱市古茶树资源保护条例》第六条还将保护管理工作的具体职责赋予了市、县（区）林业行政部门，同时，农业、茶业、发展改革、公安、财政、国土资源、环境保护、住房和城乡建设、文化、旅游、市场监管等多个工作部门也被要求严格履行职责，做好古茶树资源保护工作。可见，在普洱市古茶树资源保护的立法过程中，行政责任机关是立体型的结构，在要求政府做好总体规划的同时，由林业行政部门承担主要的具体管理和保护职责，其他与古茶树资源保护密切相关的行政机关承担次要的管理和保护职责。

2．现行制度中部分政府工作部门的主要职责

现行《普洱市古茶树资源保护条例》除了明确一级政府的规划职责，在总则、保护与管理、服务与监督、法律责任部分，都将管理古茶树资源的主要工作纳入了不同政府工作部门的职责范围。

林业行政部门在古茶树资源保护工作中承担着大部分的职责。首先，市、县（区）林业部门应当会同农业、茶业等部门编制古茶树资源保护专项规划，对古茶树资源的开发和利用进行规划设计。这就要求林业行政部门应在政府的总体规划的基础上，制定具体的保护规划，这些规划中应当对古茶树资源开发和利用的计划、程度、模式等内容进行细化。其次，由于普洱市古茶树资源中包括野生型、过渡型和树龄在一百年以上的栽培型茶树，除了过渡型茶树目前只有一棵外，野生型古茶树遍布普洱市林地，它们或零散分布，或虽相对集中但片区零散分布；而栽培型古茶树一方面需要鉴定树龄，看其是否属于《普洱市古茶树资源保护条例》中所称的"古茶树"，另一方面往往生长在田间地头、百姓的房前屋后，分布十分零散。要进行古茶树资源的管理，首先就要先明确哪些是需要进行保护的古茶树，它们分别在什么位置。所以，林业部门的一项重要工作就是进行古茶树资源普查，并由县（区）级林业部门进行古茶树资源保护名录的编制。第三，《普洱市古茶树资源保护条例》第十四条规定，"市、县（区）林业部门应当制定野生型、过渡型古茶树管护技术规范，农业行政部门制定栽培型古茶树管护技术规范，开展古茶树管护技术培训和指导，监督古茶树资源所有者、管理者、经营者施用生物有机肥，采用绿色（综合）防控技术防治病虫草害"。在管护技术指导上，野生型和过渡型的古茶树是由林业行政部门来进行的，而栽培型古茶树的管护技术指导则由农业行政部门负责；绿色管护技术的监督也由农业行政部门负责。第四，林业行政部门还负责在古茶树资源管护的各项活动中，就古茶树树龄认定等专业问题组织专家进行论证鉴定。最后，对于违反条例的违法行为的行政处罚，由县（区）林业行政部门负责。

《普洱市古茶树资源保护条例》还明确了一系列与古茶树资源保护相关的行政机关的职责。旅游行政部门应当就利用古茶树资源开发旅游景区、景点的方案组织专家进行科学论证，并听取林业部门的意见，决定办理或不办理行政许可；同时，应当根据环境承载能力，控制资源开发利用强度和游客数量。市、县（区）文化、旅游、茶业等部门应当推进茶文化的挖掘、整理、传播、展示、宣传、推介等交流活动，还应当鼓励、支持社会各界促进茶文化的传承与交流，开展茶事、茶文化交流等活动。另外，《普洱市古茶树资源保护条例》第二十二条规定"市、县（区）市场监管行政部门应当会同林业、农业、茶业等部门建立古茶树原产地品牌保护和产品质量可追溯体系"。

（二）地方政府在古茶树资源保护实践中的履职难点问题

保护古茶树资源是地方政府和社会各界相关主体的共同目标和心愿。《普洱市古茶树资源保护条例》将这一目标和心愿落实到各级各界相关主体的职责和义务中，但并不是有了法律条文就一定可以将社会需求全部落实到执法实践中的。以下问题的存在对地方政府而言是实践中的履职难点，也是地方政府有待思考和解决的问题。

1. 古茶树资源的保护和利用的矛盾问题

就市、县（区）人民政府而言，承担着"设计师"的职责就意味着必须具有长远的发展眼光。在国民经济和社会发展总体规划中，政府应当明确古茶树资源的保护和利用的定位。普洱市一直着力打造"绿色经济试验示范区"，古茶树资源的保护和利用在这项工程中占据着重要位置，但这里的关键问题是，古茶树资源是应当保护、还是利用，才是符合"绿色发展"要求的。就目前的情况看，古茶树资源具有重要的经济价值，完全保护是不符合实际的，因此在开发和利用上，如何兼顾被保护资源的可持续发展是政府在进行总规划时必须科学论证和全面权衡考虑的。

2. 古茶树资源保护执法主体的问题

就职责划分而言，《普洱市古茶树资源保护条例》将主要的执法权归入市、县（区）林业行政部门，其他如市场管理、旅游、文化等政府工作部门在各自的职责范围内履行职务。这当中尤其需要注意的是林业行政部门和农业行政部门的职责划分问题。在立法时，具体的执法权归属问题就曾发生过激烈的争论。由于古茶树资源包括野生型、过渡型和栽培型三大类，而这些古茶树中，野生型古茶树分布在林地中，一直以来属于林业行政部门的管理范畴，而栽培型古茶树分布在乡村村民的宅基地、田地、自留山等区域，甚至在城镇道路两侧、单位或个人庭院中，这些区域由农业行政部门管理更为妥当。同时，为了使履行职责更加高效、简明，立法部门曾一度考虑赋予当前没有执法权的茶业行政部门一定的权力来进行古茶树资源的保护、管理。最终，考虑到立法和执法难度、强度等多方面因素，《普洱市古茶树资源保护条例》将执法权归入了林业行政部门。这就意味着，林业行政部门在原有的野生型古茶树保护管理的基础上，还应承担起农地上大量栽培型古茶树的普查、管理、查处违法的工作，这就需要根据不同行政区划中古茶树资源分布量的不同，适当增加执法人员。另外，由于古茶树资源的保护不只是对违法行为的查处，更重要的是对古茶树资源的可持续性保护。目前，大多数茶叶专家都认为对野生型古茶树应当最大限度降低人工干预，而对栽培型古茶树是不干预还是适当干预，尚且存在分歧，但就栽培型古茶树在肥料施用、虫害防治的必要性上大家的意见还是比较一致的。《普洱市古茶树资源保护条例》将古茶树管护技术指导，有机肥的施用、绿色防控技术防治病虫草害的指导和监督职责归入了农业行政部门。简单来说，资源普查、违法行为查处（包括林地上和农地上）等主要的执法权在林业行政部门，野生型和过渡型古茶树（林地上）的养护监管职责在林业行政部门，栽培型古茶树（农地上）的养护监管职责在农业行政部门，这就意味着栽培型古茶树的保护和监管主要涉及了两个部门，技术养护方面的指导属于农业行政部门，其他管护监督责任大多属于林业行政部门。从权力归属来看虽不算过于分散，但从目前基层群众的法律认识来看，两个部门分管不同的事务，难免还是会出现职责不清的情况。而且，执法部门的工作开展需要高度的协调，才不至于出现"重复宣讲"等浪费执法资源的情况。

3. 古茶树资源监管范围问题

古茶树资源分布分散,尤其是栽培型古茶树,除了一部分古茶园(林),大量的古茶树是零星分布的,这大大增加了监管难度。同时,栽培型古茶树的所有权归属个人,古茶树资源的保护本质上是对私有权行使的一定程度的限制,基于理论和《物权法》的第七条规定,物权的行使不得损害公共利益,栽培型古茶树作为古茶树资源中重要的一部分,从生态资源的角度看,是全人类的共同财富,所有人在利用和细分栽培型古茶树时,理应受到一定的限制。但是从社会习俗的角度看,目前普洱市基层百姓的法律意识普遍较低,文化程度也普遍不高,而现在古茶树的经济价值较高,要求他们基于保护全人类共同财富的考虑,限制其开发利用"自己的古茶树",劝说难度不低。再者,古茶树资源分布零散,乡间道路崎岖,有时车行半日只为了一两棵古茶树,日常监管难度不小。总之,资源分散、归属个人这两点导致执法难度增加的问题。

4. 违法行为的法律责任设置的效果问题

《普洱市古茶树资源保护条例》是对违法行为的法律责任进行了明确的,但能否达到预期的惩处违法的效果有待考证。在制定条例的过程中,对违法行为的处罚标准如何设定的问题上出现过激烈的讨论。有专家认为,古茶树资源十分宝贵,又十分脆弱,应当处以较重的处罚,以产生一定的警示作用,使人们不敢违法,不敢随意处置古茶树。对此,在一线执法的行政机关提出,处罚的设定必须考虑实施的可行性和现实难度。

5. 《普洱市古茶树资源保护条例》的科学性问题

《普洱市古茶树资源保护条例》等现有的法律制度均是以保护古茶树资源为出发点而设置的,但这些措施是否真的科学,是否对古茶树资源的可持续开发利用有利,简言之即其科学性的问题尚需论证,很多措施在茶学和植物学界尚有争论,如何才能真正科学地、富有前瞻性地对古茶树资源进行保护,真正实现立法的初衷,即实现对古茶树资源的科学管理和利用,是一个需要不断摸索和修正的过程。

四、古茶树资源保护立法中地方政府应当发挥的作用

(一)服务职能的体现

《普洱市古茶树资源保护条例》的发布和施行,是普洱市规范化、法治化保护古茶树资源的开始,将对普洱市主动融入和服务"千亿云茶"战

略，认真贯彻落实"打好绿色能源、绿色食品、健康生活目的地"三张牌的决策部署，擦亮普洱茶"金字招牌"，做实做强国家绿色经济试验示范区，打造全国知名的大健康食品供应基地，促进普洱市与全国、全省同步全面建成小康社会具有十分重要的意义，为普洱坚持生态立市、绿色发展和践行"创新、协调、绿色、开放、共享"的新发展理念提供了制度保障。

为了实现这些目标，仅具备制度基础是不够的，政府更应该注重制度的执行，"徒法不足以自行"，只有强大的执行力，才能使各项制度得到落实。对此，政府应该联合立法、司法等部门，进行联合执法，进行必要的强有力的制裁，使制度起到一定的威慑作用。其次，古茶资源作为公共资源，应积极争取司法机关支持，比如检察机关可以以公益诉讼制度来更具体、更实际、更有力地督促行政机关履行监管职责，发生古茶资源破坏情况的，也可以提起公益诉讼，代表政府进行索赔。另外，政府也应该指示自己管辖的各相关部门，制定古树茶保护的相关措施，比如古茶树保护的技术规范、自然保护区的设置和管理规范等等，使每项制度的落实都有更切实可行的措施来进行支撑，以促进古茶树资源的保护和利用。

（二）监管职能的完善

行政权力在古茶树资源的保护和利用中除了提供服务、建立"服务型"政府，还应当充分发挥"管理者"的角色职能，落实监管职能。《普洱市古茶树资源保护条例》为政府及其部分行政部门在古茶树资源保护和利用工作中如何发挥监管职能作出了框架性的规定。

《普洱市古茶树资源保护条例》在第四章用五个条款规定了行政机关在古茶树资源保护中的服务与监督职能。第二十一条规定了"市、县（区）人民政府应当组织对古茶树资源保护专项规划的实施情况进行检查、监督和评估，并加强古茶树资源保护管理基础设施建设，有计划地迁出影响古茶树资源安全的建筑物、构筑物"；第二十二条规定了"市、县（区）市场监管行政部门应当会同林业、农业、茶业等部门建立古茶树原产地品牌保护和产品质量可追溯体系"；第二十三条规定了"市、县（区）林业行政部门在开展古茶树资源保护、管理、开发利用等活动时，涉及古茶树树龄认定等专业性问题应当组织专家论证、评估、鉴定。利害关系人对评估、鉴定意见有异议的，可以向林业行政部门申请重新评估、鉴定"；第二十四条规定了"市、县（区）人民政府应当建立古茶树资源保护综合信息平台"；第二十五条规定了"市、县（区）林业行政部门应当增强服务意识，公正、文明执法，不断提升服务质量和水平，并建立便民服务制度和古茶树资源管理违法行为举报、投诉制度"。

从总体上看，目前政府在古茶树资源保护中的监管职能，基本上都覆盖了应该涉及的领域。最需要完善的部分，就在于在现有框架下将上述条款列出的制度——细化完善。

第一，应当将第二十一条中关于迁出设施的制度进行完善，应当明确条款中"影响古茶树资源安全"中"影响"的标准究竟是什么。第二，第二十二条中的"建立古茶树原产地品牌保护和产品质量可追溯体系"对于古茶树产品质量的监控和管理具有非常重要的意义，但《普洱市古茶树资源保护条例》中只是提及了制度的建立，应当如何建立以上两个制度，还需要进一步细化。第三，在专家论证制度中，由于古茶树资源的保护涉及很多专业性的问题，只有确保科学地保护古茶树资源，才能长久地进行保护。所以专家论证是十分必要的。

但目前的条款对专家论证制度的规范不足，对如何启动、如何挑选专家、政府在其中的作用等问题，都需要进一步制定细化规则。第四，在古茶树资源保护综合信息平台建立上，目前也只有一个制度的构想，一个科学、完善、更新及时的数据平台对于保障产品质量和市场的有序发展是十分必要的，但这一平台的建立是一个耗时耗力的大工程，《普洱市古茶树资源保护条例》只是给这一平台的搭建指出方向而已。第五，在违法行为举报投诉的问题上，最大的问题在于执行，必须保证举报投诉途径畅通，接到举报投诉后，要做到迅速准确处理，并及时反馈举报投诉处理结果，这样制度才算完整。

第三节　古茶树资源保护立法中的参与者权益

古茶树资源的所有权，一些是集体的，一些是国有农场的，一些是私人的，一些是企业的，各地种植茶树的历史不同，形成了产权的多元化，这些产权的存续变更，又引出了许多其他项权利，如租赁权、抵押权等。虽然产权多元化，但是古茶树作为特殊资源，在保护利用方面必须遵守国家法规，也就是说产权受到应有的限制，如不能乱砍滥伐，不能随意处置，受法律约束，受行政管制等。既要依法保护多元化的产权，也要依法限制产权的行使，才能最终有利于产权人，有利于资源保护利用，有利于生态环境，实现可持续发展。

一、古茶树资源保护的参与者

（一）古茶树资源保护的参与者

要建立古茶树资源的保护制度，必须先厘清古茶树资源保护行为会涉及到的责任人。概而言之，这些责任人大致包含了古茶树资源的所有者、管理者、经营者和消费者。

1. 古茶树资源所有者

古茶树资源的所有者是与古茶树资源联系最密切、影响最为直接的人。《普洱市古茶树资源保护条例》所称的古茶树资源包含了野生型古茶树、过渡型古茶树和树龄在一百年以上的栽培型古茶树。野生型古茶树和过渡型古茶树的所有人是国家，国家对于其态度是十分明确的，野生茶树属于国家二级保护植物，珍贵稀有，非因法定事由并经法定程序，是不允许任何人对其进行随意处置和利用的。

比较复杂的是栽培型古茶树。栽培型古茶树是指人工栽培，树龄超过一百年的古茶树。这些古茶树从权利关系上看，属于物权制度当中的物，栽培者具有栽培型古茶树的所有权，是栽培型古茶树的所有者。根据所有权的性质，栽培者可以排他地对栽培型古茶树进行占有、使用、收益获取和处置。在《普洱市古茶树资源保护条例》发布施行之前，在古茶树的经济价值受人们关注之前，栽培型古茶树处于非常尴尬的境地。许多栽培型古茶树种在村民的房前屋后和自留山、自留地上。茶树生长缓慢，古茶树更是几十年看不出有太大的生长痕迹。很多树龄在四五百年的古茶树，看起来只有一米多高，树干直径只有不到十五厘米。这样的茶树作为"树"而言，难以起到标志地块边界等标志性的作用。虽然其叶片作为"茶叶"，口感不错，具有一定的经济价值，但售价较低，销路不畅。在通常情况下，古茶树百年树龄的资源价值、传承百年的文化价值，甚至其茶叶作为产品所具有的经济价值都不会在古茶树所有者或决策者优先考虑的范畴内。当村民扩建房屋、修建道路时，若栽培型古茶树成了扩建或修缮的遮挡物，将其砍伐毁坏很可能就是这些古茶树的最终结局。好一点的情况就是移栽，但古茶树的适应性较差，移栽能够成活的概率很低，很多移栽后的栽培型古茶树最终也难逃被彻底毁坏的"命运"。

幸运的是近些年普洱茶产品的经济价值飞速上涨，栽培型古茶树的所有者几乎都已经意识到古茶树是非常宝贵的财富，前述随意处置、毁坏栽培型古茶树的现象几乎不会发生了，栽培型古茶树的所有者太多都有了保护古茶树资源的意识。

2. 古茶树资源的管理者

除了古茶树资源的所有者外，对古茶树资源负有管理责任的"管理者"和负责古茶树茶叶产品制作和销售的经营者构成了围绕古茶树资源的第二群"人"，若把古茶树资源比作圆心，把古茶树资源的所有者和参与者比作这个圆心的同心圆，古茶树资源的所有者就是距离圆心最近半径最小的"同心圆"，而古茶树资源的管理者和经营者就是距离圆心较远，半径较大的"同心圆"。

管理者主要是指古茶树资源所在地的基层政府和上级政府部门，包括承担着一部分宣传、引导、政策研究等社会公共职能的"茶叶协会"等民间团体组织。当然，从单纯的管理养护层面来说，上文所提及的栽培型古茶树的所有者承担管护、处置（受限制的处置权利）古茶树的权利和义务，也是管理者之一，但从其身份本质来说，其最根本的身份还是所有者，其管护的行为也大多是基于所有权的权责范围而行使的，故将其归为第一层次的"所有者"，而非第二次层次的"管理者"。政府这一管理者的角色定位和职能在前一章中已经进行了阐述，在此不再赘述。

3. 古茶树资源的经营者

对于古茶树资源的经营者而言，主要包括茶叶采摘、生产加工、销售等环节的营利性组织。在茶叶采摘环节，由于古茶树几乎都是个人所有，采摘者多为古茶树的所有者。每年古茶树大量生发新芽时，也是茶叶产品生产加工的高峰期，茶叶产品的生产加工者和销售者都会到不同的茶叶产区收购古茶树鲜叶并进行加工。拥有古茶树较多的所有者往往会雇人手工采摘鲜叶，拥有古茶树较少的所有者大多自己采摘鲜叶，这些鲜叶都会转卖给收购鲜叶的生产加工商。近年来普洱茶古茶树茶叶产品价格飙升，很多栽培型古茶树的鲜叶都是在开始采摘前就已经被全部预订，只有少数零散分布或产区知名度不高的古茶树鲜叶需要古茶树所有者自己寻找收购商。茶叶生产环节，比较常见的是由古茶树分布比较密集的或比较有名的茶叶产区乡（镇）居民自发组建的茶叶合作社来完成，这些茶叶合作社负责向社员（也是古茶树的所有者）收购古茶树鲜叶，对古茶树鲜叶进行初加工，以散茶的形式卖给各销售商。已经有较为稳定销路的茶叶合作社还会再进一步制作压制的古茶茶饼、茶砖等，再用标注合作社名称的包装纸包装，以成品对外销售，这些合作社既是生产加工者，也是销售者。

另有一些具有一定规模的主营茶叶产品的或大或小的公司，他们自行向农户收购茶叶，聘请或自己培养制茶工艺师加工茶叶并制成茶叶产品，再以自己的茶叶公司品牌向销售者销售古茶树茶叶产品。这些公司同部分茶叶合作社一样，具有多重身份，既是古茶树茶叶产品的生产加工商，又是销售商，只不过这些茶叶公司往往有自己的商标，向外推广自己品牌的古茶树茶叶产品。在茶叶销售环节，除了前述具有多重身份的茶叶合作社和茶叶产品公司，还有一些茶叶产品销售商并不参与茶叶采摘、生产加工等环节，他们从茶叶合作社或一些小的茶叶产品公司处购进制作好的茶叶产品，像"超市"一样向消费者提供来自不同产区、由不同的加工商制作加工的成品茶。

4. 古茶树资源的消费者

围绕古茶树资源最外层的"人"就是广大的消费者。这里的消费者指购买茶饼、茶砖等古茶树茶叶产品的人，还包括到古茶树茶园、茶叶产区旅游观光的游客，以及对茶文化感兴趣而体验茶文化的产品、书籍等"消费"古茶树资源背后的古茶文化的人。其中，购买茶砖、茶饼等古茶树茶叶产品的消费者数量最多，且他们中的大多数也是古茶文化的消费者，正是基于对古茶文化的好奇和热爱，他们到古茶园和茶叶产区观光游览，并购买古茶树茶叶产品。

（二）参与者权益

围绕一项资源的各主体之间最本质的关系可以说是利益关系。古茶树资源周围的"人"之间的联系，构成一个利益关系网。以下就从古茶树资源周围的各主体之间的利益关系网的角度来尝试进一步讨论各主体之间的关系。

前述各主体包括了古茶树资源的所有者、管理者、经营者和消费者。从资源所有者和管理者之间的关系看，所有者对古茶树资源行使所有权的一系列行为所引起的利益冲突，直接影响了管理者的工作重心。

对于所有者和经营者而言，二者的利益关系非常紧密。经营者的主要目的在于以古茶树茶叶产品获得盈利，而古茶树产品原料的质和量在很大程度上都把控在所有者手上。所有者如果将古茶树资源养护得好，其古茶树鲜叶的质和量就令人满意；而只有拥有了充分的、优质的原材料，经营者才能提供更多更好的古茶树茶叶产品，才能获得更多的利润，古茶树所有者从古茶树资源获得的收入才有可能提高，进而促进所有者养护古茶树的动力。

对于所有者和消费者而言，中间隔着经营者，但经营者、消费者之间的利益关系与所有者、经营者之间的关系趋同，即只有所有者养护好源头的古茶树，消费者才能享受到优质的古茶树茶叶产品。而经营者和消费者之间的关系则还是普通的供与求的关系。

古茶树资源的所有者、管理者、经营者和消费者之间形成了一张利益关系网，无论哪一个节点出现问题，都会影响到下面的节点。这张网上所有的主体之间都存在或近或远的联系，但他们的所有关系，都是围绕着古茶树资源展开的。

离古茶树资源最近的资源所有者对古茶树的重视程度、养护的科学程度，直接影响到古茶树资源的存续和质量。就处于中间位置的管理者来说，其制定的保护古茶树资源的政策和措施的科学程度、激励和惩罚措施的合理性，以及监管的力度、打开茶叶市场的政策、维护市场秩序的措施等是否充分、科学都直接影响被管理者，即古茶树资源的所有者、生产者和经营者的行为模式和方向，而这些都将直接影响到古茶树资源的保护状态。例如，若打开茶叶市场的措施不到位，茶叶产品的推广无力，导致茶叶产品价值提升无望，就会导致生产者和经营者积极性不高，茶叶产品利润不高，农户认为古茶树没有价值，就会疏于养护，最终难以实现对古茶树资源的充分养护；再如，若管理者监管及维护茶叶市场无力，导致茶叶市场秩序混乱，大量以次充好、冒充其他产地等质量或诚信有瑕疵的产品就会让消费者信任度降低，需求无法释放必然导致茶叶产品销售困难，最终也会降低生产和养护环节的积极性，进而导致古茶树资源难以得到保护。

可见，古茶树资源周围这些不同角色的"人"从不同的角度或近或远地影响着古茶树资源，政府作为管理者，在这中间起着杠杆平衡的重要作用。政府需要通过一系列政策的制定，并持续进行监管和调整，来调节这些围绕在古茶树资源保护周围的各参与者之间的关系，以求实现古茶树资源保护的动态平衡。

二、各主要参与者的权益结构

（一）古茶树资源所有者的权益

古茶树资源包括了野生型、过渡型和树龄一百年以上的栽培型古茶树，其所有者包括了国家（野生型和过渡型）和个人（栽培型）。国家作为野生型和过渡型古茶树的所有者，由于国家和古茶树管理者——政府之间具有利益的一致性，即国家的利益导向是保护野生型和过渡型古茶树资源，政府作为国家意志的执行者，其在行使管理野生型和过渡型古茶树资源的保护职责时，必然是顺应国家意志的。为便于讨论，此处仅讨论栽培型古茶树的资源所有者——茶农的权益。

普洱市栽培型古茶树大多分布在各个乡（镇）村民的房屋前后、农田、自留山上，多是前人种下的，后在土地承包分配中代代传承至今。一些养护得好的区域甚至还形成了古茶林（园）。一直以来，这些古茶树都是"在谁家的地上谁负责养护"。古茶树资源十分脆弱，移栽的古茶树几乎难以成活；折断的枝条若断裂口向上，积在裂口中的雨水都会使枝条内部发生病变，若不及时处理，就会导致整棵古茶树死亡。在《普洱市古茶树资源保护条例》起草中的多次专家讨论会上，普洱市茶业行政部门的负责人也做过相关介绍，随着古茶树经济价值的攀升，很多茶农有了保护古茶树的意识，但由于没有科学的指导，仅凭个人理解进行养护，有的在古茶树周边搭建围栏，有的过于频繁地除草翻土，有的为避免人为过度踩踏，甚至将古茶树周围的大片土地用水泥封住，这些行为都影响了古茶树周围的生态环境，而古茶树对周围的环境十分敏感，据相关专家介绍，这些过度保护行为轻则影响古茶树茶叶产品的口感，进而影响其经济价值，重则影响到古茶树的存活。

栽培者具有栽培型古茶树的所有权，但由于古茶树资源不同于一般的物，它在生态、种植资源等多方面具有的价值关系到整个社会群体的利益，是一种涉及公共利益的特殊的物，根据我国物权法的规定，这些涉及公共利益的物的权利行使是应当受到一定程度的限制的，即应当在行使个人物权的同时兼顾对公共利益的保护。古茶树资源对人的行为十分敏感，而其所有者的行为对其具有最直接的影响力，基于保护古茶树资源的需要，应当对古茶树资源的所有者的行为进行科学引导，予以一定程度的限制和监管。基于这种考虑，《普洱市古茶树资源保护条例》规定了古茶树资源普查、划定保护区、建立古茶树资源动态监控监测体系和生长情况预警机制、建立栽培型古茶树管护技术规范、开展管护技术培训和指导、限期采摘、禁止采伐、禁止损毁等。《普洱市古茶树资源保护条例》对行政部门应该履行哪些行政职能，进行怎样的监管，以及所有者的禁止行为作了较为明确的规定。其目的就是更深入具体地对古茶树资源进行保护和管理。

（二）古茶树资源管理者的权益

行政机关作为古茶树资源的管理者，具有双重身份，一是国家意志的执行者，二是古茶树资源的管理者。作为国家意志的执行者，其最直接的表现就是严格依照国家意志的体现——法的要求依法行政，在合法的框架下贯彻落实各个层面的政策方针。从绿色发展的目标来看，古茶树资源，是法律明确规定需要进行保护的植物，对其进行破坏的行为将受到《中华人民共和国刑法》的制裁。过渡型古茶树稀有，从植物学、生态学、历史、文化等多角度来看，都具有极其珍贵的意义。虽然栽培型古茶树数量较多，但由于其在茶文化传承、茶叶产品发展、普洱茶历史研究、少数民族研究等多个方面具有较高的社会价值，应受行政机关在社会资源保护范畴下的管理。所以，从行政机关的权力范畴来看，其具有依照法律法规对所有古茶树资源进行管理的职责和权力，对不利于古茶树资源良好存续的行为有监管的权力和职责。《普洱市古茶树资源保护条例》赋予了行政机关，尤其是林业行政部门监管古茶树资源、查处违法行为的权力，这也是他们的职责所在。从响应国家号召，落实政策法规的角度看，古茶树资源管理者最大的利益诉求就是科学、有效地管理好古茶树资源，维持并保障古茶树资源的可持续发展。

（三）古茶树资源经营者的权益

古茶树资源的生产者由于有出售古茶树茶叶产品的行为，也属于经营者的范畴。作为市场经济的参与者，古茶树资源的经营者受到调整商事行为的各种法律法规的保护，并在这些法律法规下享有诸如公平参与竞争、品牌利益保护等多项商事权利。古茶树茶叶产品，包括古茶树资源本身，都具有一定的商业价值，应当允许古茶树资源的经营者对古茶树资源进行开发和利用，并从中获得利润。

在古茶树资源是否应当允许利用的问题上，在《普洱市古茶树资源保护条例》起草的过程中曾发生过诸多争议。有的专家认为，由于古茶树资源稀缺、脆弱和珍贵，且经济价值较高，就现状来看，有被过度开发利用之嫌。古茶树资源虽然可再生，但由于其生长缓慢，资源恢复耗时较长，且目前人工的保护和利用到底对古茶树资源是否有害，保护和利用的方式是否科学尚存在争议，应当采取较为保守的措施进行保护，即应不允许被开发利用。也有专家持反对意见，认为不允许开发利用古茶树资源，不符合现有实际情况，损失的利益面太广，甚至将直接影响主要茶叶产区绝大多数茶农的收入和生活质量，而对于过度开发的担忧，只需设定限制并进行监管即可。在经过各方讨论和决策权衡后，《普洱市古茶树资源保护条例》采纳了第二种意见。《普洱市古茶树资源保护条例》规定了古茶树生长状况的监测和预警机制、采摘的时间限制、制作工艺标准的制定等，以及一系列的禁止性行为及其法律责任。在允许古茶树资源经营者开发利用古茶树资源的同时，对其开发的程度和方法进行监管。

另外，生产、销售古茶树茶叶产品的经营者众多，由于古茶树茶叶日渐受到全国各地甚至全世界各地消费者的喜爱，冒充产地、假冒成分的茶产品大量出现，扰乱了古茶树茶叶产品的市场，给消费者带来了较大的困扰，进而影响了古茶树茶叶产品市场的健康、有序发展。当市场出现不正当竞争行为时，从市场参与者的角度来看，迫切需要监管者对市场秩序进行及时、有效的维护，唯有这样，才能长久保持市场活力，才能使市场参与者的利益得到保障。

综合来看，古茶树资源经营者的利益诉求主要在于公正、平等地参与市场竞争。虽然经营行为要受到一定程度的限制，但从整体上看，这种限制也是为了长远的可持续发展，是符合理性的，是可以理解和接受的。

三、古茶树资源保护法律制度的构建

（一）各参与者在现行制度下的利益缺憾

目前涉及古茶树资源的各方参与者都有了制度上的权益保障，这是古茶树资源保护法治化进程的重大进步，但我们也应当看到，这些制度是有一定局限性的。

仅从各参与者的权益保障来看，各参与者在现行制度下仍然存在利益缺憾。首先，从古茶树资源所有者的角度看，最大的问题是对古茶树资源进行管理时其介入语言的确定还需要进一步论证。

《普洱市古茶树资源保护条例》规定了古茶树资源的所有者应当使用绿色生态的方式方法管理古茶树，行政机关应当给予技术上的帮助和指导，同时，任何人都不允许用砍伐、折损等方式影响或破坏古茶树本身及其生存环境。从实地调研情况来看，就景迈山产区的茶农而言，他们大部分是布朗族，很多古茶树都是祖祖辈辈流传下来的，是全家人宝贵的财产，是民族文化的重要组成部分，更是生活的一部分。在他们的记忆里，茶叶的药用价值也是通过这样的观察得来的。在他们看来，牛羊吃掉了过多的杂草，它们的粪便成为茶树天然的肥料，而茶树就以茶叶的药用、食用价值作为回馈，这是"神"早已定下生生不息的循环规则。人们也将茶树视作自己的朋友、亲人，看见茶树遭受病虫害他们会及时防治；情况不佳的病枝，他们会及时砍去。由于现行的很多规定都僵化地将这些行为列为禁止行为，由于牛羊会吃茶叶，百姓和当地行政机关将放牧牛羊也列为禁止的行为。现在的景迈山茶林里再也没有了牛羊的踪迹，人们看见茶树出现病虫害，以往都是按照经验进行处理，如今，谁也不敢随意折断病枝。上报茶树出现病虫害的情况，行政机关需要层层上报，响应缓慢，有的连行政机关也不能确定应当如何处理，各方专家意见不同，讨论和决策花费大量的时间，有的古茶树的病虫害最佳防治时机就这样被错过了，致使茶树慢慢枯死。布朗族最后一位头人的儿子，也是最后一位布朗族王子苏国文老先生的侄儿黄劲松现在景迈山管理着一片茶园，他所管理的茶园明显比周边其他农户的茶园显得生机勃勃。他说；"这已经不是最好的样子了，小时候的茶园是牛羊、松鼠、鸟儿和孩子们的乐园，现在只剩下茶树了……我认为茶树就像人一样，也会孤独，生病了也需要人去照顾，现在出现虫子来吃还好，我可以把虫子捉掉，但如果枝条生病了，以前我可以在只有小枝条病了的时候就及时折去，现在我只能眼睁睁地看着这些病枝一点点烂到主干里面，什么也不能做……"从他作为茶农的主场看，他认为最迫切的就是允许茶农适当地对茶树进行养护，提高行政机关决策的效率。黄劲松说，"不能看见茶树生病却不管它，任何人看见亲人生病了都不会这样，茶树就是我们布朗族的亲人"。

我们在调研中还发现，古茶树资源经营者的苦衷是现在的普洱茶已经越来越受欢迎，普洱茶古茶树茶叶产品更是爱茶人十分追崇的茶叶产品。普洱市古茶树资源丰富，每一个产区的茶叶口味都不相同，每一棵树、每一年的茶叶产品口感都不一样，从产品的供给来看，品种相当丰富。茶叶拥有持续稳定的市场需求，供给又不是太大的问题。实践中，大产区、营销做得比较好的经营者茶叶产品供不应求，但同样口感质量俱佳的小产区生产的茶叶产品或规模较小的经营者提供的产品销售却很艰难。《普洱市古茶树资源保护条例》中规定了地方政府应当对古茶产业的发展制定规划，应当扶持需要帮助的经营者，应当促进普洱茶古茶树茶叶品牌的孕育和发展。如何帮助他们打开销路，是作为管理者的地方政府应该思考的问题。

对于管理者而言，行政部门希望普洱市的古茶树资源能够成为普洱市的一张名片，但古茶树资源在多个维度上都具有其独特的价值，性质较为多元化，要将其保护、开发、利用好不是一件容易的事情。行政部门作为权力执行部门，在现代法治社会的大环境下，其任何行为都应当首先受到法律的约束，不能仅因为现实的紧迫性，不理智地做出行政行为。行政部门在管理古茶树资源的过程中，应当严格依照法律的规定来履行职责。而就《普洱市古茶树资源保护条例》本身来看，其中涉及的很多制度，诸如古茶树生长状况监测和预警机制，尚需进一步明确，行政部门要真正管理好古茶树资源，还需要等待下一步《普洱市古茶树资源保护条例》的实施细则出台，才能做到有法可依。

（二）古茶树资源保护法律制度建构的核心是兼顾多方利益

茶树承载着普洱的历史和记忆，茶业是普洱最具特色的产业。《普洱市古茶树资源保护条例》的发布和施行为普洱古茶树资源的保护和利用提供了基本的法律制度框架，总的来说，这个制度框架已经包含了围绕古茶树资源保护和利用中的各方参与者的权益关系，但这个制度并没有对这些参与者之间的一些重要利益关系做详细规定。

随着古茶树茶叶价格的升高，在可观利润的驱使下，出现了各种侵害古茶树资源的行为，例如，为了产量或图省事滥施农药（这种现象是较早期的现象。目前农户大多知道不施农药就可以成为"绿色"或"生态"产品，茶叶价值更高，已经很少有农户在古茶树上施用农药了。但古茶树非常脆弱，我们在实地调研中发现，有很多古茶树五六年前施过农药的病枝，生长情况明显不如没有施过农药的，发出的新叶也明显比没有施过农药的少，叶片也短小很多。越是树龄较大的古茶树，这种现象越明显。同时也说明农药的不当施用对古茶树生长、茶叶产量、茶叶品质都有长时间持续的影响）。因为不了解科学养护的技巧，过于频繁翻松土、硬化地面，为了追求更高的经济利益过度采摘（古茶树生长较为缓慢，为了保障茶树的持续生长，采摘叶片时一般只采摘芽尖和周围的两片新叶，留下一到两片较大的新叶，有时新芽也会留一部分，每年多在春季进行采摘，有时秋季也会采摘一部分，夏季一般不采摘，这样的采摘方式决定了古茶树茶叶的产量不会太高，正因如此，古茶树茶叶产品口感醇厚，售价较高，驱使部分茶农或买断某些栽培型古茶树采摘权的生产商出现过度采摘行为），甚至有人为了获得更大的利润将不是古茶树的茶叶掺杂在古茶树的茶叶中，包装为古茶树茶叶出售（也有将售价较低的古茶树或非古茶树茶叶掺杂在知名产区的古茶树茶叶中冒充知名产区古茶树茶叶销售的），扰乱了市场的秩序。此外，随着古树茶日渐受到欢迎，如景迈山等知名产区游客渐多，旅游产业的开发对古茶树生长的环境也造成了一定的影响。

《普洱市古茶树资源保护条例》中对古茶树资源的界定、保护与管理、开发与利用、服务与监督、法律责任等都做出了具体规定，其出发点是在保护古茶树资源的前提下，有限制地对古茶树资源进行开发和利用。就目前的制度来看，《普洱市古茶树资源保护条例》将保护的制度框架搭建了起来，但里面还有待完善的地方。首先，在保护和管理部分，比较突出的问题是如何保障古茶树资源的信息统计实时更新。条款中提到"应当逐步建立完善古茶树资源动态监控监测体系和古茶树生长状况预警机制"，从保护古茶树资源的角度看，这是个非常负责任的制度构想，遗憾的是目前还没有细分的制度出台。古茶树资源的脆弱性和围绕古茶树资源各方的权益关系，决定了要保护好古茶树，是有必要监控到每一棵古茶树的生长状况的。但古茶树资源分布零散，要做到监控到位，仅靠行政部门的力量是很难做到的，这就有必要在细化制度的过程中，探讨如何将社会各界的力量吸纳进来，让行政部门更多地扮演监控信息接收者的角色。其次，在农业行政部门制定古茶树管护技术规范并提供技术指导服务方面，除法规明确禁止的行为外，应当经过充分的论证，避免制订"一刀切"式的管护方案，给予茶农适当的养护古茶树的空间，可以鼓励民间的养护技术交流，搭建茶农之间、茶农和政府之间的沟通交流平台，让好的养护实践经验可以弥补法规滞后的不足，让养护技术及时得到更新、完善。

从开发与利用的角度看，《普洱市古茶树资源保护条例》的规定尚有大量的制度需要实施细则的支持才能落实。例如，《普洱市古茶树资源保护条例》提到要以茶节等形式促进茶叶行业和市场的发展，要鼓励民间的茶叶产品、工艺、文化等方面的交流，这些制度框架应当以详细的方案作为支撑，譬如行政部门应当如何扶持不知名的小产区的优质茶叶种植农户的问题。再如，《普洱市古茶树资源保护条例》第十八条规定的"统一古茶树产品生产标准，进行质量控制"的问题，工艺师的制茶经验和技术在很大程度上决定了茶叶的冲泡口感，而在销售上，除了产地、原料、营销手段等，决定茶叶产品受欢迎程度的一个主要因素是茶叶的"口感"。"口感"是个很模糊的概念，由于要分批制作，即使是同一位制茶师，也很难保证每一批茶叶都是一个口感，即使能够保证，在运输和保存过程中，湿度、温度等环境条件的变化，也会影响茶叶的"口感"。制定上述标准的意义就在于给市场、从业者、消费者一个茶叶质量的参考标准。在生产标准上，由于制茶是一个很难将标准化贯穿到每一个环节的过程，就目前的执法力量来看，能够落实的标准恐怕只能是在工艺的步骤、不同等级产品的原料情况等方面进行较为笼统的规定。在质量控制上，传统的做法主要是对茶叶产品进行抽查，但这样的监管方式有较为明显的缺陷。一方面，抽查的范围、频次、事前是否保密等因素直接影响了抽查的结果还有抽查对市场监管的有效性，即如果抽查的涉及面很小、频次太低或事前通知，那么抽查对古茶树产品的质量控制可能发挥不了太大的作用。另一方面，抽查的方式属于事后监督，虽然现代行政法的价值取向倾向于减少干预，可以由事后监督转变为事前干预。这里的"可以"意味着事后监督应当足够有效才能够完全靠事后监督监管。而古茶树资源的管理难度较大，由于分布零散，随时监控是一件不太现实的事。由于事后再进行监控监管成本较高，可以考虑事前进行深度的介入和监控。例如尽可能在产区完成所有的制作步骤并详细备案，进入主要的茶叶产区需要安检，避免带入对环境影响较大的物品及非该产地的茶叶；建立包括每个批次茶叶的制作单位、工作量、编号、去向等的信息库，如果能够做到每一件茶叶产品都可以追溯到出自哪一棵古茶树，假冒产地等情况应该能够得到一定程度的控制。这同时也是政府在服务和监管层面应当考虑的。

在服务和监管层面，还应当细化的制度是专家论证，尤其是进入专家库的专家资格标准。当民间的一些传统、有效的做法与专家意见相左的时候，是否应当允许经验丰富的民间代表参与专家论证会等问题，都是值得探讨的。《普洱市古茶树资源保护条例》提到的"建立便民服务制度，和古茶树资源管理违法行为举报投诉制度"，这些都是提升政府服务水平的必要制度，对此，《普洱市古茶树资源保护条例实施细则》已进行了进一步的完善。

综上所述，普洱古茶树资源保护制度框架应该是一个兼顾各方参与者利益的制度。毕竟古茶树资源不是一个单纯的"保护"问题，还涉及开发利用；它也不是一个单纯的关于"树"的问题，要保护树还得考虑树周围的人。最直接影响"树"的利益的是古茶树的所有者，他们需要依靠古茶树生产生活，在目前的经济条件下，只有保障他们的这种利益诉求，才可能实现对古茶树资源的保护。古茶树资源所有者的生存利益需要古茶树茶叶产品的生产者和经营者来配合实现。只有维护好生产和经营古茶树茶叶产品的市场环境，生产者和经营者的利益得以实现，古茶树所有者的利益才可能最大化。而当所有者可以从古茶树资源上获得利益时，他们才会有主动保护古茶树资源的内在动力。对于管理者来说，其目的是实现对古茶树资源的保护和管理，只有在前述三方参与者的利益都得到保障的前提下，管理者督促各方遵守规定的要求才是顺应其利益诉求的，贯彻执行政策、实现管理目标这两项职责也就不难实现。

第六章　普洱茶非物质文化遗产保护研究

第一节　非物质文化遗产的概念、特征

一、非物质文化遗产概念

"非物质文化遗产"一词最早出现在《保护非物质文化遗产公约》中，该公约是 2003 年 10 月 17 日在包含 180 个国家的联合国教科文组织大会第三十二届会议上通过的，2006 年 4 月正式生效，我国于 2004 年 8 月 2 日正式加入该公约。该公约第二条第一款规定，"非物质文化遗产，指被各群体、团体、有时为个人，视为其文化遗产组成部分的各种实践、表演、表现形式、知识和技能及其有关的工具、实物、工艺品和文化场所。各个群体和团体随着其所处环境、与自然界的相互关系和历史条件的变化不断使这种代代相传的非物质文化遗产得到创新，同时使他们自己具有一种认同感和历史感，从而促进了文化多样性和人类的创造力。在本公约中，只考虑符合现有的国际人权文件，各群体、团体和个人之间相互尊重的需要和顺应可持续发展的非物质文化遗产"。我国于 2011 年通过的《中华人民共和国非物质文化遗产法》第二条规定，"本法所称非物质文化遗产，是指各族人民世代相传并视为其文化遗产组成部分的各种传统文化表现形式，以及与传统文化表现形式相关的实物和场所"。从上述定义来看，我国对非物质文化遗产的定义，基本与国际定义一致，具体来说，就是非物质文化遗产包括两类，一类是民俗、技能、知识等软遗产，还有一类是包括软遗产表现形式的实务和场所，很多学者称之为文化空间。非物质文化遗产的表现形式在《中华人民共和国非物质文化遗产法》第二条中有明确规定，包括：传统口头文学以及作为其载体的语言；传统美术、书法、音乐、舞蹈、戏剧、曲艺和杂技；传统技艺、医药和历法；传统礼仪、节庆等民俗；传统体育和游艺；其他非物质文化遗产。

在定义非物质文化遗产时，还会遇到一些如"文化遗产""物质文化遗产""民间文学艺术"等相似概念，如果要真正理解非物质文化遗产，就应厘清他们之间的关系。

文化遗产。"文化遗产"一词首次出现在 1972 年 11 月 16 日联合国教科文组织大会通过的《保护世界文化和自然遗产公约》中，该公约第一条规定"本公约中，以下各项为'文化遗产'：从历史、艺术或科学角度看具有突出的普遍价值的建筑物、碑雕和碑画，具有考古性质成份或结构、铭文、窟洞以及联合体；从历史、艺术或科学角度看在建筑式样、分布均匀或与环境景色结合方面具有突出的普遍价值的单立或连接的建筑群；从历史、审美、人种学或人类学角度看具有突出的普遍价值的人类工程或自然与人联合工程以及考古地址等。"从该规定来看，"文化遗产保护区包括：历史建筑、历史名城、重要考古遗址和有永久纪念价值的巨型雕塑及绘画作品"。由此可见，最初的文化遗产只包括物质文化遗产，而没有包括非物质文化遗产。2003 年，联合国教科文组织通过了《保护非物质文化遗产公约》，纳入了物质文化遗产和非物质文化遗产。我国于 2005 年 12 月 22 日发布的《国务院关于加强文化遗产保护的通知》中规定"文化遗产包括物质文化遗产和非物质文化遗产"。

物质文化遗产。《国务院关于加强文化遗产保护的通知》第一条规定"物质文化遗产是具有历史、艺术和科学价值的文物，包括古遗址、古墓葬、古建筑、石窟寺、石刻、壁画、近代现代重要史迹及代表性建筑等不可移动文物，历史上各时代的重要实物、艺术品、文献、手稿、图书资料等可移动文物；以及在建筑式样、分布均匀或与环境景色结合方面具有突出普遍价值的历史文化名城（街区、村镇）"。由此规定可以看出，物质文化遗产主要有两种，即文物（不可移动和可移动）以及历史文化名城。此定义与《保护世界文化和自然遗产公约》中对于文化遗产的定义基本一致，范围也基本一致。

民间文学艺术作品。非洲知识产权组织的非洲法语国家在 1977 年 3 月通过了《班吉协定》，该协定第一次规定了民间文学艺术的概念。1992 年非洲知识产权组织又对该协定作了修订，修订版规定受版权保护的"民间文学艺术作品"包括"一切由非洲的居民团体所创造的，构成非洲文化遗产基础的，代代相传的文学、艺术、科学、宗教、技术等领域的传统表现形式与产品""由团体或个人创造并保存的、被认为是满足这些团体愿望的、以传统艺术遗产特有因素构成的产品，包括民间故事、民间诗歌、民族器乐、民间舞蹈、民间娱乐活动及宗教仪式的艺术表达形式及民间艺术产品"。《中华人民共和国著作权法》第六条规定，"民间文学艺术作品的著作权保护办法由国务院另行规定"。虽然至今我国还未给予民间文学艺术作品明确定义，但由上述规定可以看出，民间文学艺术作品属于著作权保护范围，民间文学艺术属于民间文学艺术作品的内容，而民间文学艺术作品属于民间文学艺术的表现形式。著作权保护的就是无形的文化财产或遗产，所以，民间文学艺术作品应该属于非物质文化遗产范畴。

二、非物质文化遗产的特征

非物质文化遗产是人类在历史长河中形成的宝贵的精神财富，与物质文化遗产以及其他有形、无形遗产比，具有自己的特征，掌握好这些特征，对非物质文化遗产的保护不无裨益。

主体难以确定。非物质文化遗产往往是由一个民族或多个民族在一个或多个地区经过较长时间的传承与创新，不断发展而来的，参与创造的主体不确定，所以非物质文化遗产的所有者到底应该归属于某个民族、某个组织或某个人，在判断上有诸多困难。

口头性。非物质文化遗产，本身就是无形的，加之很多诞生与流传于偏远地区，主要靠口传心授、言传身教而形成，所以大部分没有物质化的表现形式，具有口头性特征。

多样性。非物质文化遗产是由某一民族或多个民族在历史长河中创造，又与实际生活、生产联系密切，生产、生活的多样性决定了非物质文化遗产表现形式的多样性，大体来说有传说、故事、手工艺、医药、歌舞、传统知识、建筑民居等。

独特性。非物质文化遗产产生于不同地域、不同民族，经过各民族长时间在生产和生活中的创作和改良的演变，基于独特的地理环境、人文因素、民族特性，已经烙上了独特的民族特征，具有特别的内涵特质。

价值性。非物质文化遗产是各民族长时间脑力与体力劳动的成果，其必然具有财产的属性，本质属于具有知识性的财产，可以给人们带来精神、视觉等的享受，也可以为生产、生活提供独特的借鉴性，因此可以为人们来带来物质利益和精神利益，具有较高价值。

保护方式多样。因物质文化遗产的表现形式多样，用一种方式难以达到保护效果，所以在保护时可以用多种方式、多种举措，从政策、法律、习惯法等多重角度去进行保护。

第二节　我国非物质文化保护的法律体系

　　关于非物质文化遗产保护的法律体系，可以从两个方面去理解：一是广义上的非物质文化遗产保护立法，其不仅包括单一以非物质文化遗产保护为调整内容的立法，还包括有关非物质文化遗产内容的法律、法规、规章、规范性文件等。二是狭义上的非物质文化遗产保护立法，其立法目的和内容仅以非物质文化遗产保护为内容，不涉及其他方面保护，可分为国家层面立法和地方层面立法。

　　广义上的非物质文化遗产法律体系，除了《中华人民共和国非物质文化遗产保护法》外，还有《中华人民共和国宪法》《中华人民共和国民法典》《中华人民共和国刑法》《中华人民共和国治安管理处罚法》《中华人民共和国旅游法》《中华人民共和国电影产业促进法》《中华人民共和国著作权法》《中华人民共和国商标法》等。如《中华人民共和国宪法》第一百一十九条规定"民族自治地方的自治机关自主地管理本地方的教育、科学、文化、卫生、体育事业，保护和整理民族的文化遗产，发展和繁荣民族文化"。《中华人民共和国民法典》第八条规定"民事主体从事民事活动，不得违反法律，不得违背公序良俗"，第十条规定"处理民事纠纷，应当依照法律；法律没有规定的，可以适用习惯，但是不得违背公序良俗"。这当然也包括非物质文化遗产保护区域内的民族习俗、习惯等。《中华人民共和国刑法》第二百五十一条规定了侵犯少数民族风俗习惯罪，"国家机关工作人员非法剥夺公民的宗教信仰自由和侵犯少数民族风俗习惯，情节严重的，处二年以下有期徒刑或者拘役"。《中华人民共和国治安管理处罚法》第四十七条规定，"煽动民族仇恨、民族歧视，或者在出版物、计算机信息网络中刊载民族歧视、侮辱内容的，处十日以上十五日以下拘留，可以并处一千元以下罚款"。《中华人民共和国旅游法》第十三条规定，"旅游者在旅游活动中应当遵守社会公共秩序和社会公德，尊重当地的风俗习惯、文化传统和宗教信仰，爱护旅游资源，保护生态环境，遵守旅游文明行为规范"。《中华人民共和国电影产业促进法》第十六条规定，"电影不得含有下列内容：……（三）诋毁民族优秀文化传统，煽动民族仇恨、民族歧视，侵害民族风俗习惯，歪曲民族历史或者民族历史人物，伤害民族感情，破坏民族团结"。《中华人民共和国著作权法》中关于著作权、邻接权以及侵权救济等的规定，也与非物质文化遗产密切相关。《中华人民共和国商标法》中对于商标的注册、侵权的救济，特别是集体商标以及证明商标的规定，都涉及非物质文化遗产以及其衍生物在商标法上的保护内容。

国家专门立法。2001 年，我国昆曲入选联合国教科文组织首批"人类口头和非物质遗产代表作"。2003 年，文化部和财政部联合国家民族事务委员会、中国文化艺术界联合会启动了中国民族民间文化保护工程。2004年，第十届全国人民代表大会常务委员会第十一次会议决定：批准于 2003年 11 月 3 日在第 32 届联合国教科文组织大会上通过的《保护非物质文化遗产公约》，正式成为该公约的一员，开始履行该公约规定的义务。2005年，国务院发布《关于加强文化遗产保护的通知》，明确文化遗产包括物质文化遗产和非物质文化遗产。同年，国务院办公厅发布《关于加强我国非物质文化遗产保护工作的意见》，并在附件中公布《国家级非物质文化遗产代表作申报评定暂行办法》。2006 年，文化部发布了《国家级非物质文化遗产保护与管理暂行办法》，在国家博物馆举行了"中国非物质文化遗产保护成果展"，确定了文化遗产日（2017 年调整为"文化和自然遗产日"），经过整理，又公布了国家级非物质文化遗产项目代表性传承人名录，并积极开展我国非物质文化遗产保护的立法工作。2011 年，第十一届全国人民代表大会常务委员会第十九次会议通过《中华人民共和国非物质文化遗产法》。2019年，文化和旅游部发布《国家级非物质文化遗产项目代表性传承人认定与管理办法》。

地方专门立法。云南省是全国第一个通过立法程序进行传统文化保护的省份。2000 年，云南省第九届人民代表大会常务委员会第十六次会议通过了《云南省民族民间传统文化保护条例》，可以说是我国第一部针对非物质文化遗产的规定。2010 年，云南省文化和旅游厅颁布了《云南省非物质文化遗产项目代表性传承人认定与管理办法》。2013 年，云南省第十二届人民代表大会常务委员会第二次会议通过了地方性法规《云南省非物质文化遗产保护条例》，对保护的总体原则、保护名录、区域性保护、保障措施、法律责任等做了细化规定。2018 年，云南省人民政府又发布了《关于进一步加强非物质文化遗产保护工作的意见》。近年来，各省、自治区、直辖市都制定了地方性非物质文化遗产保护条例，如《江苏省非物质文化遗产保护条例》《新疆维吾尔自治区非物质文化遗产保护条例》《北京市非物质文化遗产条例》。当然，地方性的非物质文化遗产保护条例，部分也存在一些需要完善之处，但是无论怎样，都为我国各地区非物质文化遗产的保护立法奠定了基础。

第三节　非物质文化遗产的知识产权保护

一、非物质文化遗产的著作权保护

著作权，亦称版权，是指作者或者其他著作权人对文学、艺术或科学作品所享有的各项专有权利的总称。[①]其保护的是无形的智力劳动创造成果，但只是保护智力创造的表现形式，比如文学、艺术、戏剧和杂技等，不保护智力创造的思想内容。目前，《中华人民共和国著作权法》（以下简称《著作权法》）并不能对非物质文化遗产形成有力保护，因为《著作权法》中只有第六条规定了"民间文学艺术作品的著作权保护办法由国务院另行规定"，但国务院至今尚未对此进行规定。非物质文化遗产很多内容都跟民间文学艺术作品的内容重叠，所以民间文学艺术作品保护规定的欠缺，必然导致非物质文化遗产的保护比较薄弱。当然，如果非物质文化遗产有物质化的表现形式，是可以得到《著作权法》中对作品和演绎作品以及邻接权的保护的。由于非物质文化遗产的独特性、口头性、多样性等特征，导致运用《著作权法》进行保护时，会存在诸多困难。具体来说，主要表现在以下三个方面：一是保护期限问题。我国《著作权法》第二十二条规定了"作者的署名权、修改权、保护作品完整权的保护期不受限制"，第二十三条规定了"自然人的作品，其发表权、本法第十条第一款第五项至第十七项规定的权利的保护期为作者终生及其死亡后五十年，截止于作者死亡后第五十年的 12 月 31 日；如果是合作作品，截止于最后死亡的作者死亡后第五十年的 12 月 31 日。法人或者非法人组织的作品、著作权（署名权除外）由法人或者非法人组织享有的职务作品，其发表权的保护期为五十年，截止于作品创作完成后第五十年的 12 月 31 日；本法第十条第一款第五项至第十七项规定的权利的保护期为五十年，截止于作品首次发表后第五十年的 12 月 31 日，但作品自创作完成后五十年内未发表的，本法不再保护。视听作品，其发表权的保护期为五十年，截止于作品创作完成后第五十年的 12 月 31 日；本法第十条第一款第五项至第十七项规定的权利的保护期为五十年，截止于作品首次发表后第五十年的 12 月 31 日，但

---

① 吴汉东. 知识产权法[M]. 北京：法律出版社，2014.

作品自创作完成后五十年内未发表的，本法不再保护"。非物质文化遗产是在历史长河中，经过长时间的演变而成的，对非物质文化遗产的保护并不能把其封闭起来保护，而是要经过长时间的不断革新，才能焕发其永久的生命力，所以，我国《著作权法》规定的50年保护期是远远不够的，这么短的时间，对非物质文化遗产的保护几乎没有任何意义。二是权利主体难以确定。非物质文化遗产是由某个民族或多个民族创造，并历经几代人传承下来的，那么谁是创造主体，谁又对它进行了继承与发展，都难以查证，就没有明确的个体性的创造主体，所以无法确定谁享有非物质文化遗产的专有著作权，也就无法用著作权权利主体制度去保护它。三是保护客体上的欠缺。如前所述，我国《著作权法》只保护智力劳动创造成果的表现形式，不保护智力劳动创造的思想内容，要想得到《著作权法》保护，就必须要有物质化的载体，比如形式的书籍、实物等，但是非物质文化遗产的多样性决定了很多非物质文化遗产表现形式为传说、故事、习俗、技艺等，没有物质化载体，所以难以得到现行《著作权法》的保护。

二、非物质文化遗产的专利权保护

专利权，是指发明创造人或其权利受让人对特定的发明创造在一定期限内依法享有的独占实施权。根据《中华人民共和国专利法》第二条规定，"本法所称的发明创造是指发明、实用新型和外观设计"，第二十二条规定，"授予专利的发明和实用新型，应当具备新颖性、创造性和实用性。新颖性，是指该发明或者实用新型不属于现有技术；也没有任何单位或者个人就同样的发明或者实用新型在申请日以前向国务院专利行政部门提出过申请，并记载在申请日以后公布的专利申请文件或者公告的专利文件中。创造性，是指与现有技术相比，该发明具有突出的实质性特点和显著的进步，该实用新型具有实质性特点和进步。实用性，是指该发明或者实用新型能够制造或者使用，并且能够产生积极效果。本法所称现有技术，是指申请日以前在国内外为公众所知的技术。"非物质文化遗产中的传统手工艺、医药、科技等可以运用专利权去进行保护，但是也存在诸多障碍，主要表现在以下三个方面：一是难以满足专利权要求的新颖性。新颖性要求在申请时，不能是国内外公知的技术，但是非物质文化遗产中的技艺、医药等绝大部分在很久以前就已被公知，甚至现在很多技艺、医药等都被作为文化宣传的重点，所以不具备专利权上的新颖性，难以获得保护。二是难以满足专利权的创造性。创造性要求与现有技术相比，具有实质性特点和进步，但是非物质文化遗产虽然很多具有时代性特点，但是与现有技术相比，难以符合专利权的创造性要求。三是专利的申请程序复杂且还要支付维持费用。要想获得专利，必须提交专利申请书，但是很多非物质文化遗产传承人文化水平较低，难以写出符合专利要求的申请书，而且获得专利后，还要支付年费。四是权利主体不明确。与著作权的问题一样，就是谁可作为申请专利的主体，以及专利权的期限较短等，都对非物质文化遗产在专利权保护方面，设置了很多障碍。

三、非物质文化遗产的商标与地理标志保护

商标权，即商标所有人对其注册的商标享有的专有独占权。《中华人民共和国商标法》（以下简称《商标法》）第九条规定"申请注册的商标，应当有显著特征，便于识别，并不得与他人在先取得的合法权利相冲突"，这就是说要想成为商标必须具有显著性。《商标法》第三条又规定了"经商标局核准注册的商标为注册商标，包括商品商标、服务商标和集体商标、证明商标；商标注册人享有商标专用权，受法律保护。本法所称集体商标，是指以团体、协会或者其他组织名义注册，供该组织成员在商事活动中使用，以表明使用者在该组织中的成员资格的标志。本法所称证明商标，是指由对某种商品或者服务具有监督能力的组织所控制，而由该组织以外的单位或者个人使用于其商品或者服务，用以证明该商品或者服务的原产地、原料、制造方法、质量或者其他特定品质的标志"，第三十九条规定了"注册商标的有效期为十年"，第四十条规定了"注册商标有效期满，需要继续使用的，商标注册人应当在期满前十二个月内按照规定办理续展手续"等。综合来看，商标权似乎更能保护非物质文化遗产，因为非物质文化遗产具有显著性，可以明显地将其与其他商品或服务区别开来，注册为商标没有法律上的障碍。非物质文化遗产的传承或者相关群体可以把非物质文化遗产的物化载体的图形、字样等注册为商标，从而获得商标权保护，另外，还可以把运用传统手工艺制作的工艺品的符号、标记、图腾等，以及非物质文化遗产保护区域名称结合起来，申请以地理标志作为集体商标或证明商标注册。但是运用商标权保护非物质文化遗产，也有一定局限：一是商标权的主要功能就是区分商品或服务来源，如果所使用的商标与先注册商标不一样，就不会造成混淆，虽然在道德上有一定的责难，但是根据《商标法》的判断标准，则不构成侵权。如"天津泥人张"与"北京泥人张"之纠纷，二审法院北京市高级人民法院认定北京泥人张与其个人姓名

同时使用，以表明其作品或者产品的来源，公众可以将"北京泥人张"仿古陶艺制品与张铝、张宏岳的"天津泥人张"知名彩塑艺术品加以区分，不致产生市场混淆、误认，故不认为侵权。当然，最高人民法院的终审裁判虽然推翻了北京市高级人民法院的二审判决，但是非物质文化遗产在商标权保护上存在的缺陷，仍值得深思。

商业秘密权，是指当事人可以依法对商业秘密享有占有、使用、收益和处分的权利。根据《中华人民共和国反不正当竞争法》（以下简称《反不正当竞争法》）第九条规定，"经营者不得实施下列侵犯商业秘密的行为：（一）以盗窃、贿赂、欺诈、胁迫、电子侵入或者其他不正当手段获取权利人的商业秘密；（二）披露、使用或者允许他人使用以前项手段获取的权利人的商业秘密"。另外还规定，"本法所称的商业秘密，是指不为公众所知悉、具有商业价值并经权利人采取相应保密措施的技术信息、经营信息等商业信息"。非物质文化遗产里会有很多传统的手工艺、医药技术等，因专利权保护上有一些困难，但可以制订保密措施，运用《反不正当竞争法》中的商业秘密制度进行保护。但是运用商业秘密保护，也具有一些障碍。一是非物质文化遗产的一个重要功能就是进行传承，让人类分享优秀的宝贵的精神财富，但是采取商业秘密进行保护，可能会阻碍非物质文化遗产的传播以及改进，所以采用商业秘密进行保护，需要对商业秘密的保密性以及非物质文化遗产的公共利益性进行衡量。二是商业秘密一旦泄露，造成事实上的传播，那商业秘密权就会消失殆尽，运用商业秘密保护非物质文化遗产的目的就无法达到。

综上所述，知识产权保护价值目标与非物质文化遗产保护价值目标上的不同，造成了运用知识产权去保护非物质文化遗产有诸多障碍。但是纵观与非物质文化遗产保护有关的法律体系，现阶段知识产权保护应该是最有效的。况且，很多非物质文化遗产可以通过加工形成物质性的文化遗产，从而获得知识产权的保护，两者并不存在实质上的冲突和矛盾，完全可以通过多种方式，规避障碍，最终达到保护的目的。

第四节　普洱茶非物质文化遗产的法律保护

普洱茶非物质文化范围非常广泛，包括与普洱茶相关的历史，种植普洱茶的民族的语言、传说，普洱茶相关民俗活动、礼仪、节庆风俗，制茶技能及技艺、与普洱茶有关的具有历史意义的场所等。云南省及各地、州历来非常重视普洱茶非物质文化遗产的保护，如普洱茶制作技艺（贡茶制作技艺）入选国家级非物质文化遗产名录，普洱贡茶和大益茶制作技艺、普洱茶传统制作技艺入选云南省非物质文化遗产名录，各地州也借助丰富多彩的民俗文化和茶叶产业优势，开展非物质文化遗产保护工作。截至 2021 年 1 月，普洱市已累计公布市级非物质文化遗产项目保护名录五批、市级非物质文化遗产保护项目代表性传承人四批，普洱市各级非遗项目达 619 项（国家级 5 项、省级 43 项、市级 365 项、县区级 206 项），有各级非遗传承人 992 人（国家级 4 人、省级 67 人、市级 202 人、县区级 719 人），建成非遗传承基地 54 个（国家级 1 个、省级 1 个、市级 7 个、县级 45 个），并进行了大力传承和保护。截至 2019 年 10 月，文山州有各级非遗项目达 400 项（国家级 5 项、省级 45 项、市级 80 项、县区级 270 项），有各级非遗传承人 505 人（国家级 5 人、省级 75 人、市级 165 人、县区级 260 人），全州共设立非遗传承示范点 36 个，其中不乏与茶有关的非物质文化遗产。最近几年，与普洱茶非遗保护相关的重大事件就是普洱景迈山古茶林文化景观经国务院批准作为中国 2022 年世界文化遗产正式申报项目，如果申报成功，将是世界上第一个以茶文化为主题申报世界文化遗产的项目，也将成为云南省第六项世界文化遗产。

一、普洱景迈山古茶林申遗

（一）普洱景迈山古茶林概况

景迈山位于普洱市澜沧县惠民镇东南部。普洱市是世界公认的茶树原产地，也是最早驯化、栽培、使用茶叶的核心地之一，普洱市于 2013 年被国际茶叶委员会授予"世界茶源"称号。普洱市境内，分布有 26 座古茶山，古茶资源丰富。景迈山属于普洱茶新六大茶山之一，海拔约 1400 多米，土地肥沃，生态环境优良，其中有古茶树 320 万余株，连片采摘面积 1.61 万亩，年均产量 270 余吨。这里还有世代与茶为伴、靠茶为生的布朗族、傣族茶人。据布朗族传说，当地种茶已有 1800 多年的历史；据景迈山上芒景村缅寺木塔石碑傣文记载，景迈山古茶林的种植距今已有 1300 余年历史。当地人把古茶林视为瑰宝，细心呵护，形成了澜沧江流域规模最大、保存最完好、茶林景观最典型、文化内涵最丰富、人地关系最和谐的古茶林，是世界茶文化的发源地，也是中国茶文化发展的历史见证，具有很高的历史、科学、文化、艺术、社会价值。

（二）普洱景迈山古茶林文化景观申遗历程

景迈山世居民族代代传承守护，为世界保留下珍贵的景迈山古茶林文化景观遗产。原住民是遗产保护的主体，有着不可替代的作用。景迈山世居民族合理适度的茶树资源利用方式、可持续发展的理念、对景迈山家园的珍惜持守，为景迈山古茶林申报世界遗产奠定了坚实基础。

2010 年，普洱市决议保护景迈山，国家文物局组织遗产专家进行实地考察，认为其具备申报世界文化遗产潜力。2011 年，普洱市启动景迈山申遗工作，邀请遗产专家多次进行现场考察，普洱市文化局委托专业团队编制景迈山世界遗产申报文本和全球重要农业文化遗产申报文本。2012 年，联合国粮食及农业组织授予云南普洱古茶园与茶文化系统为全球重要农业文化遗产保护试点，国家文物局将普洱景迈山古茶园列入"中国世界文化遗产预备名单"。2013 年，景迈山古茶林被列入第七批全国重点文物保护单位，糯岗村、翁基村、芒景村列入第二批中国传统村落名录，云南省政府批准公布"芒景村布朗族传统文化生态保护区"；2014 年，启动《景迈山古茶林遗产保护管理规划》《景迈古茶园文物保护规划》编制工作。2015 年，启动翁基、糯岗传统村落保护利用工程，包括文物维修、文物消防、环境整治、展示利用等专项。2016 年，启动芒景上寨、芒景下寨、芒洪传统村落保护利用工程，包括文物维修、环境整治、展示利用等专项。2017 年，国家林业局批准景迈山为云南澜沧国家森林公园组成部分，《景迈古茶园文物保护规划》公布执行。2018 年，国家文物局进行首批国保省保集中成片传统村落整体保护利用工作评估现场调查，对景迈山传统村落保护利用工作予以肯定。2019 年，国家文物局、中国古迹遗址保护协会和云南省人民政府、普洱市人民政府举办"茶文化景观保护研究与可持续发展国际研讨会"，启动勐本、翁洼国保传统民居建筑文物维修工程。2020 年，启动实施景迈山遗产环境综合整治提升工程，启动实施景迈山遗产监测、档案、阐释展示工作。2021 年，国务院批准景迈山古茶林文化景观作为中国 2022 年正式申报世界文化遗产项目，向联合国教科文组织世界遗产中心提交景迈山申遗文件。2023 年 1 月 5 日，全国文物局长会议在京召开，文化和旅游部副部长、国家文物局局长李群表示，要确保普洱景迈山古茶林文化景观申遗成功。2023 年第 46 届世界遗产大会将讨论审议景迈山古茶林文化景观是否列入世界文化遗产名录。

（三）普洱景迈山古茶林文化景观申遗内容

10—14 世纪，傣族、布朗族先民陆续迁徙至景迈山定居，并开始驯化原始森林中的野生茶树，将茶叶作为生活中必不可少的食物、药物予以利用。明清时期，驿站的开通促进了云南茶业贸易的发展，景迈山茶林面积也逐渐扩大，茶叶被作为商品出售。直至今日，景迈山的经济收入依然主要依靠茶叶种植。世居民族所采用的垂直海拔土地利用方式，塑造形成了有机演进的景迈山古茶林文化景观。具体来说，景迈山古茶林文化景观申遗内容主要包括：和谐交融的古茶林、传统村落、分隔防护林。其中，古茶林是五片保存完好的古茶林，分布于白象山、糯岗山、芒景山，海拔 1140～1600 米之间的山坡、村寨周边、森林中，总面积 1180 公顷，占遗产区面积的 16.46%，分别是芒埂—勐本古茶林、景迈大寨古茶林、糯岗古茶林、芒景上下寨—芒洪古茶林、翁基—翁洼古茶林。传统村落是九个传统村寨，共有居民约 1200 户、近 5000 人，传统民居建筑 530 座，全国重点文物保护单位文物建筑 321 座，包括以傣族为主的景迈大寨、勐本、芒埂、糯岗老寨，布朗族为主的芒景上寨、芒景下寨、芒洪、翁基、翁洼。分隔防护林为在古茶林、村落之间保留森林，作分隔、防护之用，分别是景迈—糯岗古茶林分隔防护林、糯岗—芒景古茶林分隔防护林、芒景—景迈古茶林分隔防护林。

（四）普洱景迈山古茶林文化景观申遗可行性

1. 符合世界文化遗产标准

根据联合国《保护世界文化和自然遗产公约》规定，申报世界文化遗产项目需符合《世界遗产的评定标准》：一是代表一种独特的成就，一种创造性的天才杰作；二是能在一定时期内或世界某一文化区域内，对建筑艺术、纪念物艺术、城镇规划或景观设计方面的发展，产生过重大影响；三是能为一种已经消失的文明或文化传统提供一种独特的至少是特殊的见证；四是可以作为一种类型建筑群或景观的杰作范例，展示出人类历史上一个（或几个）重要阶段；五是可作为传统的人类居住地或使用地的范例，代表一种（或几种）文化，尤其是在不可逆转的变化影响下变得易于损坏；六是与具有特殊普遍意义的事件现行传统或思想、信仰或文化艺术作品有直接或实质关联（只有在某些特殊情况下或该项标准与其他标准一起作用时，此款才能列入《世界遗产名录》的理由）。

景迈山古茶林的形成，有着悠久的历史。当地傣族和布朗族祖先到达景迈山后，为满足茶树对温度、湿度、光照等要求，在景迈山海拔 1140~1600 米之间的山坡形成林茶共生的栽培型古茶林。茶林外围保留有宽约 40 米的森林防护带和防护林，起到防风、防虫、防冻害和涵养水源的作用。村寨选址位于景迈山雾线以上、茶林之中，海拔约 1280~1500 米之间，保证与生产生活场所的合理距离，以及充足的日照和良好的通风条件。景迈山海拔更低处是提供粮食的农田、现代新辟的台地茶园、经济林地。景迈山农林作物种类及生产方式随时代发展而演进，但"山共林、林生茶、茶绕村"的景观结构延续至今。世居民族对自然合理、适度利用，兼顾生产与生活，村落、茶林不断发展延续。村落以族群的血缘关系为纽带，村民在生产生活的各个方面彼此互助，形成密切的社会关系和情感联系。它们共同构成了景迈山古茶林珍稀独特的遗产价值。

景迈山位于全球生物多样性热点地区。自然环境和森林资源是景迈山文化景观遗产得天独厚的先天优势。经千年发展，茶林与景迈山傣族和布朗族的民族历史、生活习惯、宗教信仰有机融合，相互交织，形成了体现茶种植影响的民族茶文化。从早期的万物有灵、自然崇拜，到本民族世代相传的传说故事，以及外来宗教的影响与发展，无不体现出世居民族对自然造物及先祖的敬畏、珍惜与感恩，表现为朴素的自然生态伦理观念，是世界茶文化多样性的重要组成部分。景迈山古茶林文化景观是茶文化发展的历史见证，开创了旱地梯田茶文化的范例，居住地的建筑和村落体现了人与自然的和谐相处，也孕育了当地独特的茶文化，所以完全符合世界遗产的评定标准。

总之，景迈山古茶林文化景观是传统林下茶种植方式保存至今的实物例证和典型代表。以茶林管理、土地利用和村落建设为代表的传统知识体系，塑造了景迈山以古茶林、村落、森林为核心，生产、生活和生态用地空间合理分布且功能有机融合的茶文化景观遗产。在当今世界工业化种植茶园为主的产业发展背景下，景迈山是世居民族保护并合理利用山地环境和森林资源的典范，是全球茶文化景观的珍稀独特遗产。

2.建立多种遗产监测机制

由遗产地管理局主导、地方政府各业务部门负责落实、民间组织积极参与的监测模式，通过遥感卫星、无人机、移动 App、前端自动监测设备和完备的遗产监测体系，主要监测自然环境、人文环境、遗产要素、遗产展示利用以及管理能力和有效性等内容，实现对景迈山遗产区、缓冲区，5

片古茶林、3 片分隔防护林、9 个传统村落全要素全方位立体监测，有效防范景迈山安全风险，为遗产保护提供规范化的数据管理平台与业务支撑，满足世界文化遗产的保护管理要求。

3．建立多层遗产管理机制

采取政府主导、社区参与、专业人员指导的遗产保护管理机制，为遗产保护与社区发展提供有效的机制保障。依托中国文物行政管理机制，与现行管理层级相结合，实行分级负责、属地管理，纳入国家、省、市/县、乡镇、村专门管理机构等 5 级管理框架，按照《保护世界文化与自然遗产公约》及其操作指南的要求，依据我国有关法律法规开展保护管理。在建立遗产保护共识的前提下，由政府主导，不同专业领域的学者专家提供技术指导，以社区为中心，当地村民最大限度参与遗产保护和活化利用。近年来，国家、地方政府、企业投资等各个渠道投入大量资金，为景迈山遗产保护、基础设施改造、调查研究等工作奠定了物质基础。各级文物部门和专业研究人员持续推动对景迈山的遗产价值研究，并取得了一系列的学术研究成果。

4．建立完善的法规制度

景迈山遗产地受到文物、生态、环境、森林、物种、非物质文化遗产保护等相关法律，以及当地制定的相关法律法规的保护。除了国家制定的各项民事、行政、刑事法律外，景迈山当地政府以及遗产地社区在保护古茶林、利用古茶资源、保护民族文化等方面制定了更为详细的管理制度，如 2009 年 10 月施行的《云南省澜沧拉祜族自治县古茶树保护条例》、2013年 12 月公布的《澜沧拉祜族自治县人大常委会关于景迈山保护的决定》、2015 年 3 月施行的《云南省澜沧拉祜族自治县景迈山保护条例》、2017 年10 月施行的《云南省澜沧拉祜族自治县景迈山保护条例实施办法》、2017年 12 月审议通过的（2018 年 10 月实施）《普洱市古茶树资源保护条例》等。上述地方性法规的实施标志着普洱市古茶树资源的保护步入规范化、法治化轨道，标志着保护古茶树资源有法可依。为加强古村落的保护，2009年 7 月颁布施行的《澜沧拉祜族自治县人大常委会关于保护景迈芒景古村落的决定》、2012 年 1 月发布的《云南省澜沧拉祜族自治县民族民间传统文化保护条例》、2017 年 3 月发布的《中共普洱市委办公室、普洱市人民政府办公室关于进一步加强景迈山古茶林和传统村落保护管理工作的通知》明确了保护管理工作的指导思想和目标任务，规定了保护管理工作的原则和重点，制定了保护管理工作的保障措施，如禁止砍伐古茶林内的古树名木、严禁在古茶林内种植其他作物、严禁在古茶林内乱扔垃圾和污染物；严禁在古茶林内猎捕野生动物、禁止过度采摘等。2019 年 7 月，为切实加强景迈山古茶林保护区内的保护和管理，普洱景迈山古茶林保护管理局发布了《澜沧拉祜族自治县人民政府、普洱景迈山古茶林保护管理局关于对景迈山古茶林保护区实施临时管控措施的通告》，决定于通告施行之日起至 2021 年 12 月 31 日在景迈山古茶林保护区范围内实施临时管控措施，确定了遗产区和缓冲区、外来车辆和外来人员的管理。于 2023 年 1 月 1 日施行的《普洱市景迈山古茶林文化景观保护条例》则明确了主体责任、保护区范围、禁止行为和景迈山管理机构的职责。

古茶林早已是景迈山世居民族的茶园、家园、精神乐园。茶，既是生活用品，也是经济来源，还是民族文化的根源。对古茶林的爱护与保护，来自世居民族的集体记忆、集体认同，并成为共同的行为自觉与价值观。近年来，村民们自发制定了《芒景村保护利用古茶园公约》《景迈村保护利用古茶园公约》《景迈村茶叶市场管理公约》等，具体规定了与古茶林和茶叶种植相关的行为准则、惩罚机制。古茶林内提倡单株种植，且不能种得太密；严禁外来茶叶运入茶山冒充景迈山茶；不得砍伐森林开辟新的茶园等。

二、普洱景迈山古茶林文化景观与非物质文化遗产保护

（一）普洱景迈山古茶林文化景观中不可或缺的非物质文化遗产保护

根据联合国《保护世界文化和自然遗产公约》关于世界文化遗产的分类，世界文化遗产侧重于物质即有形文化遗产。但景迈山独特的有形文化遗产正是由于其独特的无形文化遗产造就的，景迈山古茶林文化景观世界文化遗产项目申报成功后的保护，不仅应保护其有形遗产，更应保护其无形遗产，否则就会丧失世界文化景观的意义。

1972 年 11 月 16 日，联合国教科文组织第十七届会议通过了《保护世界文化和自然遗产公约》。这份国际公约没有按照可移动和不可移动来划分文化遗产，而是用文化遗产和自然遗产替代，但可惜的是并没有意识到文化遗产的有形性和无形性。

1977 年，联合国教科文组织在《联合国教科文组织第一个中期计划（1977－1983 年）》中，第一次使用了"非物质文化遗产"一词。此外，联合国教科文组织在《人类口头和非物质文化遗产代表作条例》中对文化空间（场所）下了如此定义，即"文化空间（场所）的人类学概念被确定为一个集中了民间和传统文化活动的地点，但也被确定为一般以某一周期（周期、季节、日程表等）或是一事件为特点的一段时间。这段时间和这一地点的存在取决于按传统方式进行的文化活动本身的存在"。之后公布的《人类口头和非物质文化遗产代表作申报书编写指南》中，"文化空间"被再一次提起可申报非物质文化遗产。由此可见，文化遗产从现在的观点看，其不仅包括有形遗产，也包括无形遗产。有形文化遗产和无形文化遗产是相互作用和影响的，之所以能成为有形文化遗产，是因为其本身蕴藏的独特的非物质文化，同理，独特的非物质文化遗产也需要表现为一定的物质载体。所以，在讨论普洱景迈山古茶林文化景观申遗的法律保护时，不可避免地要提到其中的非物质文化遗产保护。

（二）普洱景迈山古茶林文化景观中物质与非物质文化遗产法律保护的建议

景迈山古茶林文化景观无论申遗是否成功，都面临着保护的重要性和紧迫性，在原有保护的基础上，如何更进一步加强保护，运用法律规定的多种手段来保护，特别是知识产权法赋予的各种权利，值得思考和探讨。

1. 保护的紧迫性

党的十八大以来，党中央高度重视文化和自然遗产保护工作，不断提高遗产保护能力和水平，让我国的文化瑰宝和自然珍宝焕发新活力、绽放新光彩。2021 年 5 月 25 日，文化和旅游部颁布《"十四五"非物质文化遗产保护规划》，再次强调保护非遗传承的重要意义，指出"十四五"时期，"非遗传承发展环境发生重大变化，一些项目生命力不强，传承存在困难；非遗保护基础相对薄弱，工作队伍不够健全"等问题，要求各级政府要深入实施非物质文化遗产传承发展工程，切实提升非遗保护传承工作水平，提出了"到 2025 年，非遗代表性项目得到有效保护""到 2035 年，非遗得到全面有效保护"的发展目标。保护好景迈山古茶林文化景观既是一种政治担当，又是一种对世界文化遗产传承和保护的贡献。

2．保护的基本原则

（1）整体保护原则。整体保护原则，是文化遗产保护的基本原则，无论该遗产是有形还是无形。"非物质文化遗产在多数情况下，既是昨天的实录，今天的现实，同时也是明天的预示。"[①]非物质文化遗产具有整体的特性，即非物质文化遗产作为一种文化遗产形态，包括了历史环境、传承载体、精神内质三个相互联系的内涵层次，形成了一个有机的文化结构整体。[②]因此对景迈山古茶林文化景观的保护，要从历史环境、传承载体、精神内质上整体保护，正所谓"一个具有悠久历史的民族（社群），她所创造的非物质文化，是多种多样、丰富多彩的，虽然在具体内涵、形式、功能上有所不同，但它们都是该民族精神情感的衍生物，具有内在的统一性，是同源共生、声气相通的文化共同体。我们所要保护的，正是这样一个文化整体"。[③]因此，景迈山古茶林文化景观的保护，要了解其每个景观的整体价值，而不是局部价值，要从宏观上了解其地貌、气候环境、生物多样性、当地村落等要素，了解森林、茶林、耕地、风水林等不同土地利用方式空间分布的自然、生态和文化逻辑，制订合理的保护和开发措施。对传统村落的保护，也要把村落形态、村落形态要素、民居建筑、宗教建筑、遗迹、古树名木等要素考虑在内，只有上述要素都得到有效保护，才是全面保护。对传统民居也要分析和理解其平面布局、空间构成、建筑材料、建筑使用方法、形态演变等，这样才能更好地保护和展示不同时期建筑的特点和差异，通过提取和保留传统建筑价值特征载体，实现使用功能与遗产价值保护的平衡。

（2）活态保护原则。任何文化遗产都是在其漫长历史中不断演进形成的，所以文化遗产的保护，离不开当地特定的文化空间，对文化遗产的利用和开发，都不能脱离其本真的本质内涵和独特方式，要保留其原貌，但也不可回避对其的合理利用和开发。景迈山古茶林文化景观同样也是活态遗产，我们需要思考、研究和解决如何在保护中发展，在发展中保护的问题。对于遗产中的文物，可以合理利用，但要体现遗产的特点和根本性特

---

① 刘魁立. 论全球化背景下的中国非物质文化遗产保护[J]. 河南社会科学，2007（1）：25-34+171.

② 龙先琼. 关于非物质文化遗产的内涵、特征及其保护原则的理论思考[J]. 湖北民族学院学报（哲学社会科学版），2006（5）：47-52.

③ 贺学君. 关于非物质文化遗产保护的理论思考[J]. 江西社会科学，2005（2）：103-109.

征，不能背离。对于村落和民居的建设和发展有其客观需要，要符合社会经济的发展趋势，不能片面强调保护，忽视村落的发展和村民民居改善的需求，同样栽培的古茶林也需要人工照料，只有采摘、生产和销售茶叶，才能更好地发挥其遗产价值。

（3）公众参与原则。景迈山古茶林文化景观植根于人民，更应依赖于人民，广大人民群众既是文化遗产的创造者，更是文化遗产的保护者和传承者。这里所说的公众并不只是指个人，还包括政府、商界、学界、传媒界等相关主体。这就要求需要协调各方利益和需求，建立民主决策机制，加强对村民的教育和宣传，使村民意识到非物质文化遗产保护的重要性，了解其应有的权利和义务，并参与到遗产保护的民主决策中，如成立芒景村布朗族文化保护协会就是可借鉴的做法。另外，在我国现行体制下，政府更应担负起非物质文化遗产保护的主体责任，成立文化遗产保护管理机构，统筹各方利益关系，建立协调机制，并制订各项政策，鼓励文化遗产保护的科学研究，充分发挥学界的技术传播功能。

（4）物质与非物质遗产保护相互促进原则。景迈山借助当地独特的地理环境和丰富的民族文化，在形成物质形态的文化景观中，贯穿了多彩的非物质文化遗产。在悠久的历史发展进程中，当地民众形成了诸多非物质文化遗产，如民族迁徙口述史、采茶相关的民间音乐、节庆活动、祭祀仪式等。在保护物质文化景观的同时，也要保护和发展茶祖祭祀、饮茶民俗、茶歌、茶祖传说、制茶技艺等非物质文化遗产，只有在非物质文化遗产的保护基础上持续发展，才能使景迈山古茶林文化遗产"永葆青春、永不褪色"，从而达到保护遗产元素和遗产环境的双重目的。物质遗产和非物质遗产的保护是密切相关、相互促进的，二者缺一不可。

（5）传承与创新原则。景迈山古茶林文化景观的形成本身就是在传承与创新中形成的，其保护与发展也离不开这一历史规律。当今社会，思想观念、科学技术等的发展都非常迅速，不能固守传统、封闭保护，应放眼发展与创新，因为"保护不是要把它封闭在一个既往的历史时空点上，也并非一种书斋里的历史研究或者仅仅给博物馆提供某种展品，它是我们文化建设系统工程中的一个有机组成部分"。①当然，需要注意的是，在创新时，一定要遵循文化遗产的根本特征和精神内涵，不可使文化遗产在商业

---

① 龙先琼. 关于非物质文化遗产的内涵、特征及其保护原则的理论思考[J]. 湖北民族学院学报（哲学社会科学版），2006（5）：47-52.

化进程中失去本来的面貌，丧失其特质。

（6）惠益分享原则。惠益分享原则并不是在文化遗产领域才出现的，其首次出现在《生物多样性公约》中，要求遗传资源利益的获得者要与遗传资源利益的提供者共享收益。2013年，爱德华·弗里曼等人撰写的《利益相关者理论现状与展望》提出了"利益相关者理论"，是对惠益分享原则的进一步深化。景迈山古茶林文化景观不仅具有珍贵的文化价值，同样也具有巨大的经济价值，在利用过程中，产生的经济利益应该由利益相关者共享，以便将此资金投入到文化遗产的保护中。

（7）临时保护原则。文化遗产的保护，目前存在着保护工作基础相对薄弱、传承人传承存在困难、政策法规不完善、工作机制不健全等问题困境，造成很多文化遗产面临被破坏的威胁或消失的危险。当遇到紧急情况，可能会造成文化遗产遭到破坏或消失的紧急危险时，相关政府机关或机构可以在没有得到权利人或者权力部门的授权情况下，采取紧急措施，予以保护。联合国教科文组织《保护非物质文化遗产公约》第十七条规定了紧急保护制度，日本在非物质文化遗产领域提出了"临时性指定制度"，如在1919年公布的《史迹名胜、天然纪念物保存法》中明文规定：在紧急情况下，地方政府在没有获得上级主管部门正式批复的情况下，有权对那些面临破坏威胁的文物古迹实施临时性指定措施（即临时性指定为某文物古迹国家重要文化遗产），使该文物免遭某些突如其来的破坏，并为上级主管部门的进一步甄别提供时间上的保障。[①]

3．保护的具体措施建议

景迈山古茶林文化景观申报世界文化遗产项目正在进行中，最终能否申遗成功，尚不得而知。笔者试提出以下保护建议，为景迈山古茶林文化景观中的物质和非物质文化遗产的保护，开阔思路。

（1）行政保护

景迈山古茶林文化景观遗产的保护首要主体是政府，政府应承担第一责任。一是明确景迈山古茶林文化景观遗产的管理部门，是放在市级还是县级，是放在文化部门还是另行成立相关机构，应提前规划。二是继续出台关于景迈山古茶林文化景观遗产保护的地方性法规、规章、规范性文件等。三是鼓励和引导当地村民根据民族特点、民俗习惯、祖先训言等制订

---

① 苑利，顾军．非物质文化遗产保护的十项基本原则[J]．学习与实践，2006（11）：118-128．

关于文化遗产的村规民约，运用民族习惯法来进行保护。四是在制订文化遗产保护政策时，应注重与其他领域的政策综合配套施行，给予文化遗产保护方面的税收、贷款等政策支持。五是确保资金投入，一方面要加大对文化遗产保护的政府资金投入，另一方面要鼓励社会资金参与文化遗产保护，并创新方式和机制，调动社会各界的主动性和积极性。六是广泛开展国际合作，景迈山古茶林文化景观遗产不仅是我国的宝贵文化资源，也是全人类的共同遗产，应加强国际交流，吸取经验教训，开展国际性的保护研讨、科研、宣传等。

（2）司法保护

司法保护，主要是指采用公益诉讼的手段去保护文化遗产。公益诉讼分为民事公益诉讼和行政公益诉讼，其法律根据是《最高人民法院、最高人民检察院关于检察公益诉讼案件适用法律若干问题的解释》第十三条第一款"人民检察院在履行职责中发现破坏生态环境和资源保护、食品药品安全领域侵害众多消费者合法权益……损害社会公共利益的行为，拟提起公益诉讼的，应当依法公告，公告期间为三十日"以及第二十一条第一款"人民检察院在履行职责中发现生态环境和资源保护、食品药品安全、国有财产保护、国有土地使用权出让等领域负有监督管理职责的行政机关违法行使职权或者不作为，致使国家利益或者社会公共利益受到侵害的，应当向行政机关提出检察建议，督促其依法履行职责"。以上规定，虽然未明确将文化遗产的保护列入公益诉讼范围，但无论是民事公益诉讼，还是行政公益诉讼，都将损害公共利益作为判断标准，而文化遗产正是社会公共利益的典型代表之一，故由相关机构或当地人民检察院代表景迈山古茶林文化景观遗产保护范围内的民众提起诉讼，不存在法律上的障碍。

（3）知识产权保护

①著作权方面。对文化遗产保护，要采取传承与创新原则，但创新就不可避免地对文化遗产的物质和非物质文化进行必要的利用、开发，在开发中，如果在文化遗产的基础上产生符合《中华人民共和国著作权法》（以下简称《著作权法》）保护范围的作品，那么由谁来许可？是否收费？费用如何管理？如果未经许可，擅自使用，那么如何维权？对此，笔者认为，对于那些文化遗产保护范围内的与文化遗产密切相关的民间故事、民间传说、音乐、节日、习俗等，都可以用《著作权法》来进行保护，其传承人的创作或表演等，都可以按《著作权法》中的作者、表演者等的著作权来予以保护。对于基于文化遗产保护范围内的民间传说、故事、音乐等改编

而来的影视剧或戏曲等艺术作品，可以按照《著作权法》中的邻接权去保护创作者的权利。在进行著作权开发和利用时，需要注意两点，一是按照文化遗产保护的尊重原则，开发或利用者应杜绝对文化遗产的歪曲、篡改等行为，要坚决保护文化遗产的精神内涵；二是利用非物质文化遗产进行商业性活动时，要缴纳一定费用，如果是进行非商业性活动，可以不缴纳费用，但也要注明来源和出处。

②专利权和商业秘密方面。文化遗产的专利权保护方面，主要是针对景迈山古茶林文化景观保护区内的与遗产密切相关的传统手工技艺、生产技能、制作技艺等，如果没有对外公开的，符合专利权申请条件的，传承人或相关机构可以申请专利权保护。在进行专利申请时，为了加强对文化遗产的活态保护，应允许景迈山古茶林文化景观保护区以外的非当地人利用文化遗产内的非物质文化遗产，进行创新形成专利，但是该专利权人要想获得授权，必须满足三个条件：一是注明来源或出处，二是经非物质文化权利人（政府机构或协会或传承人）的同意，三是缴纳一定的使用费用。如果项目已经丧失新颖性，或者创造性的说明很难成立的，或者一些非物质文化遗产是以个人或家庭传承的，则可运用商业秘密进行保护。

③商标权方面。第一，可以借鉴美国针对印第安人传统文化制定的《印第安艺术和手工艺法》中规定的，"为确保传统群体的本真性，由印第安艺术和手工艺委员会申请、经专利和商标局注册为证明商标"。笔者认为这一规定是值得借鉴的，文化遗产与商标法上的集体商标和证明商标都有公共利益的属性，一般都是由具有公共性质的协会等社会机构申请，且申请机构一般不使用商标，但对商标的使用具有监督和管理作用。可以设立一个景迈山古茶林文化景观遗产保护协会，由协会代表对遗产文化景观中的造型、图像、习俗等物质和非物质文化遗产申请集体商标或证明商标，并由该协会管理和监督。在这里需要注意两点：一是文化遗产保护范围内的个人或企业如果符合条件的，可以在其产品上标识文化遗产的相关商标，并同时标注自己的商标，因为两者意义不一样，文化遗产集体或证明商标表示产品与文化遗产有某种联系，而企业自己的商标，表明产品来自哪个厂商；二是注册后，同集体或证明商标一样，在许可时，只能许可给那些与文化遗产有关的企业，不能许可给与文化遗产无关联的企业，且该商标具有不可转让性，不可转让给其他企业，由景迈山古茶林文化景观遗产保护协会享有专有权。

④数据库方面。我国历来非常重视非物质文化遗产数据库建设，国务

院办公厅印发的《关于进一步加强非物质文化遗产保护工作的意见》明确提出"加强对全国非物质文化遗产资源的整合共享，进一步促进非物质文化遗产数据依法向社会开放"，我国已于 2017 年，建立"中国非物质文化遗产基因数据库"。同样，可以建立普洱茶非物质文化遗产数据库，并适时更新，进行动态监测，力争将此数据库纳入国家有关数据库系统，并与国家知识产权局有关系统互联，避免有人对文化遗产进行不正当竞争知识产权的注册。

第五节　普洱茶非物质文化遗产数据库的法律保护

建立普洱茶非物质文化遗产数据库可以更直接地对文化遗产进行保护，其具体的建立以及如何保护值得探究。

一、建设普洱茶非物质文化遗产数据库的必要性

数据库是现代化的一种管理方式，具有操作灵活、便于储存和管理的优点，对于文化遗产中的物质文化遗产和非物质文化遗产的认定、保存、传播，以及基于文化遗产的理论和实践研究都具有非常重要的意义，而且数据库的建设本身就是文化遗产进行保护的重要手段。

建设数据库，使分散的文化遗产汇集起来，进行一定的分类，认定权利主体、保护主体，可以明晰责任、明确职责，便于监管文化遗产的保护现状、制订相应的保护措施，有利于对文化遗产保护进行科学指导和宏观管理。

二、建设普洱茶非物质文化遗产数据库的初步设想

文化遗产分为两类：一是物质文化遗产，二是非物质文化遗产。它们都是人类文化多样性的生动展示，也是人类创造力和智慧的结晶。普洱茶非物质文化遗产数据库的建设，笔者认为：第一，应进行大分类，按照物质文化遗产和非物质文化遗产进行分类；第二，物质文化遗产分类中，可按古茶林、古村落、分隔防护林以及民族习俗传承载体等进行分类，非物质文化遗产分类中，可按照民族传说或故事、宗教信仰、生产或制作技艺、民间音乐、节庆活动、祭祀仪式等进行分类；第三，辅以总体介绍、特征、图片、文字、影像等进行记载；第四，要认定每种文化遗产的管理部门、

具体职责，传承人的相关资料等。当然，这只是笔者的初步设想，完善的数据库建设，仍需不断研究，并进行探索实践。

三、普洱茶非物质文化遗产数据库建成后的知识产权保护

当今社会，随着计算机技术和互联网技术的飞速发展，数据库已经遍布于社会的各个角落，特别是在技术领域和文化领域更是如此，比如各种期刊数据库、字体数据库等，我们的生活也已经离不开这些数据库。作为新生事物，数据库的相关保护法规也越来越为人们所重视，数据库在法律上应如何进行保护，众说不一。有著作权保护说、专利保护说、单独权利保护说等。大部分国家依靠知识产权的相关法律如《著作权法》和《反不正当竞争法》进行保护，我国应采用何种保护方式，值得探讨。

（一）数据库概念争论和比较法上的分析

什么是数据库，具备哪些特征才能构成数据库，这是探讨数据库法律保护的前提，对此我国暂无明确法律规定。纵观全球各国法律，关于数据库的概念在三个法律中提到过，其中最具代表性的是《欧盟数据库指令》第一条第二款规定"本指令所称数据库是指经系统或有序的方法编排的、并可通过电子或其他方式单独访问的独立作品、数据或者其他材料的集合"①。通过对这一规定进行解读，可见称为数据库必须具备这样三个特征，分别是经系统或有序安排，可通过电子手段或其他手段独立访问，是作品、数据或其他材料的集合。我国《著作权法》第十五条规定，"汇编若干作品、作品的片段或者不构成作品的数据或者其他材料，对其内容的选择或者编排体现独创性的作品，为汇编作品，其著作权由汇编人享有"，可见在我国，只将有独创性的材料的集合，归为数据库，这样就缩小了数据库的范围，使很多我们在实践中遇到的虽无独创性、但很实用的一些材料之集合，无法得到《著作权法》的保护。

（二）数据库法律保护比较法分析

当今各国，对于数据库保护的方式主要分为两种，一种是可以给予《著

---

① 焦泉，王进. 知识产权概论[M]. 北京：人民邮电出版社，2010.

作权法》的保护，一种是给予独立权利的保护。对于第一种保护方式，世界贸易组织、世界知识产权组织、《伯尔尼公约》都把数据库作为《著作权法》中的"汇编作品"给予保护，其中《与贸易有关的知识产权问题协议》（TRIPS 协议）第十条第二款和《世界知识产权组织版权条约》（WCT）第五条以及《伯尔尼公约》第二条第五款都对数据库的保护有明确规定，即都是给予汇编作品方式的保护。这些规定对著作权保护都规定了一个实质性的条件，即内容的选择和编排要构成"智力创作"，即独创性。这样的规定使那些不具备独创性的数据库无法得到《著作权法》的保护。第二种保护方式则是在《欧盟数据库指令》中规定的，《欧盟数据库指令》第三条第一款跟其他规定一样，把那些具有独创性的数据库给予《著作权法》的保护，但该指令第七条第一款则规定"在数据库内容的获取、检验核实或选用方面，经定性或定量证明作出实质投入"，就可获得"独立权利"的保护，此处所谓的"实质投入"，即数据库的制作耗费了人力、物力。因此，《欧盟数据库指令》对数据库的保护更加完整，即那些有独创性的数据库可以得到《著作权法》的保护，而那些没有独创性，但有实质性投入的数据库，则可获得"独立权利"的保护，而那些既有独创性又有实质性投入的，则可获得《著作权法》和"独立权利"的双重保护。我国《著作权法》第十五条规定，汇编若干作品、作品的片段或者不构成作品的数据或者其他材料，对其内容的选择或者编排体现独创性的作品，为汇编作品，其著作权由汇编人享有，但行使著作权时，不得侵犯原作品的著作权。

（三）数据库保护的方式在比较法上的分析

我国《著作权法》的客体保护范围为其第三条列出的九大类作品。而数据库的范围远远大于我国《著作权法》中的九大类作品。即使《著作权法》第三条第九款规定了一个兜底条款，但是法律、行政法规并没有规定的其他材料如何进行保护呢？我国汇编作品的客体就是《著作权法》保护的客体范围，可见我国的汇编作品并没有三大国际公约规定的数据库的概念那么严谨。司法实践中如果遇到不在我国《著作权法》保护客体保护范围内的其他材料的汇编作品，用《著作权法》去保护就远远不够了，还要选择其他相关法律去保护。

对于我国是否采用《欧盟数据库指令》中的"独立权利"保护制度，很多学者予以否定，因为此项制度片面地强调了对数据库权利人的保护，而忽略了社会公共利益，其规定数据库特殊权利自数据库完成之日起生效，如果在此期间对数据库进行实质性增加或者减少，则可被看作一个新的实质性投入，改变后的数据库就适用新的保护期，如此往复，成了无限保护，从而导致垄断。"目前建立数据库特别保护体系的最大障碍表现为：在保护数据库制作者利益的同时，如何实现个体利益与公共利益的平衡①"，故在很多学者看来，此项制度不符合我国实际，不能采用。笔者认为，从细节方面考虑，上述学者指出的问题确实存在，且我国目前在技术能力和文化影响力方面都不如发达国家，如果采用这项制度，会使我国在与发达国家的竞争中处于不利地位，但是随着我国经济、科技、文化等方面的发展，对数据库给予"独立权利"的保护应是一个发展的方向。

我国现阶段应采取何种方式去最大限度地保护数据库呢？笔者认为，为了更好地对数据库作品进行保护，可以把数据库分为两部分进行区别保护，即在我国《著作权法》保护客体范围内的汇编作品和不在我国《著作权法》保护客体范围内的汇编作品。对于前者，我们可以用我国《著作权法》的汇编作品相关制度进行保护。

对于不在我国《著作权法》保护客体范围内的汇编作品如何进行保护呢？我们可以肯定不能用《著作权法》来保护，因为其不属于我国《著作权法》保护的范围。

那么是否可以利用《中华人民共和国专利法》（以下简称《专利法》）来进行保护呢？数据库中的具有独创性的内容选择与编排和《专利法》中的发明、创造相比，投入较少，也并不具备《专利法》中要求的明显的新颖性，这就使数据库无法用《专利法》来保护。如果不降低《专利法》中的新颖性去保护数据库，那么数据库也无法得到《专利法》的保护。

如上所述，对于不具独创性的数据库，《著作权法》和《专利权法》都不能给予保护，那么我国现行法律框架下，就只有《中华人民共和国反不正当竞争法》中的商业秘密保护制度。《与贸易有关的知识产权协定》（TRIPS 协定）也规定了对"未披露信息的保护"。TRIPS 协定第三十九条第二款规定，"只要有关信息符合下列三个条件，'在一定意义上，其属于秘密，就是说，该信息作为整体或作为其中内容的确切组合，并非通常从事有关该信息工作之领域的人们所普遍了解或容易获得的；因其属于秘密而具有商业价值；合法控制该信息之人，为保密已经根据有关情况采取了合理措施'，则自然人及法人均应有可能防止他人未经许可而以违背诚实商业行为的方式，披露、获得或使

① 王英杰，杨守泉. 论数据库的法律保护[J]. 今日湖北（理论版），2007（3）：212-213.

用合法处于其控制之下的该信息"。

由此可见，商业秘密的客体相当广泛，完全可以容纳各种思想、工艺、操作方法等不受其他知识产权法保护的对象，只要它们是秘密的，具有商业价值且采取了合理的保密措施。

综上所述，在我国现行法律体制下，对数据库提供完整的保护只有依靠《著作权法》中的汇编作品制度和《中华人民共和国反不正当竞争法》中的商业秘密制度来进行保护，普洱茶非物质文化遗产在现阶段只能用上述方法进行保护。

第七章　普洱茶品牌建设与开发策略

第一节　我国茶叶区域品牌发展状况

农业供给侧结构性改革是一项庞大的系统工程，而品牌化是推进农业供给侧结构性改革的重要抓手。由于茶叶生产对地理资源具有相对依赖性，因此中国茶叶生产和发展具有明显的地域特征，如西湖龙井、云南普洱、安溪铁观音等，大多形成了特殊的地域种植关系。这种特殊关系的形成，使茶叶以及茶叶相关产品带上了浓郁的地方自然特征，形成了天然的品牌雏形。在具有悠久茶叶种植历史的区域，地方政府和行业协会等单位会通过整合区域资源，注册区域品牌商标，推广茶叶区域品牌。

一、茶叶区域品牌建设主体及形成机理

（一）我国茶叶区域品牌的建设主体状况

区域品牌的塑造与推广是一个系统性工程，涉及很多跨部门、跨行业和跨学科的工作，没有任何一个人能够仅凭自己的专业能力就可以完成这些工作。因此，茶叶区域品牌的构建需要一个强有力的领导部门来引导专业机构和人员从事此项工作，才能保证工作的顺利进行。在我国茶叶区域品牌构建的过程中，政府、茶业协会、茶业企业以及茶农，是品牌构建工作的主要参与对象。

1. 政府

茶叶区域品牌具有一定意义上的"公共性"，这种公共性决定了当地政府部门在茶叶品牌构建过程中的权威性和不可替代性，同样也决定了构建与推广区域茶叶品牌是当地政府的责任和使命。就目前的茶叶区域品牌构建现状来看，政府在品牌的设计、形成、塑造和推广过程中，发挥了重要的引导作用。

（1）制定茶叶区域品牌发展规划。地方政府要树立积极的区域品牌意识，立足当地茶叶产业实际、吃透产业政策，拓宽国际视野，积极学习国

内外茶叶区域品牌建设的先进经验，结合当地茶叶产业发展和市场竞争现状，把茶叶区域品牌建设纳入区域农业产业发展战略之中，合理引导区域茶叶产业化升级和品牌化战略实施。

（2）完善农业科技文化教育与推广体系建设。科技是经济发展的第一推动力，通过完善农业科技文化教育推广体系，完善现代化的农业生产与加工体系，是我国农业发展的基本方向。在完善农业科技文化教育与推广体系的过程中，地方政府可以通过提升基层农业技术推广机构服务水平。鼓励基层农业技术推广机构为小农户和新型茶叶种植主体提供全程化、精准化和个性化科技服务。加强科技服务人才队伍建设，鼓励引导茶叶种植与推广专业人才向一线流动，出台有针对性的人才引进政策。

（3）推动农业营销及服务体系建设。茶叶种植与生产经营过程应以消费需求为导向，以优质优价为目标，将现代电子商务营销与传统营销相结合，推动茶叶区域品牌的传播与推广，为区域茶叶产业发展注入新的动力。要充分利用农业展会、产销对接会、产品发布会等营销促销平台，通过现代传播技术和传播渠道，探索茶叶品牌营销推广的新渠道。完善茶叶营销及服务体系，制订专业化的营销服务保障制度，加大推动农业金融和农产品流通体系建设速度和质量，确保区域内企业和茶农没有后顾之忧。

（4）扶持茶叶区域品牌建设、保护与公共推广。积极鼓励和支持区域茶叶产业升级，加大对"三品一标"、龙头企业、茶业协会及优秀服务主体的宣传和奖励，努力打造推广茶叶区域品牌、企业品牌。对茶叶区域品牌保护、宣传应提供财政支持。充分发挥政府在整合资源和宣传引导上的优势作用，积极组织开展区域茶文化民俗推广活动，引导形成热烈、浓郁的区域茶文化氛围。

2. 茶业协会

与政府相比，茶业协会的优势在于贴近市场、贴近企业，对市场的需求变化以及企业的发展现状有更为系统、细致的认识，并且茶业协会作为茶叶行业发展的引导组织，具有一定的组织力和公信力。因此在茶叶区域品牌构建的过程当中，茶业协会要充分发挥其优势作用，配合政府、动员企业完成茶叶区域品牌构建的任务。

茶业协会要充分发挥自身市场认识上的优势，通过对区域行业资源的整合，加大宣传教育和引导，团结茶叶企业共同推动茶叶区域品牌建设。茶业协会要积极为政府部门建言献策，参与茶叶区域品牌政策、法规的建设，引导企业积极落实各项规定，帮助政府协调好政企关系。

3. 茶业企业

茶业企业是茶叶产业经营活动的主体，也是与茶叶品牌建设、推广工作关系最为密切的一方。在市场经济条件下，茶业企业为了自身的经营利益，会根据市场的变化不断调整企业的经营策略和资源配置，并通过构建现代化的产业"生产、加工、销售"体系降低企业的市场风险。在市场经营和茶叶品牌构建的过程中，一些龙头茶业企业通过规模化、标准化生产，提升了茶叶生产的品质保障，为茶叶区域品牌构建奠定了一定的基础。

4. 茶农

茶农是茶叶产品的生产主体。由于茶农数量、规模、素质的不同，导致生产出来的茶叶产品品质也大不相同。茶农种植水平的高低，直接影响着茶叶的质量，进而影响茶叶区域品牌的美誉度造成。因此，对于茶叶区域品牌的建设，茶农的力量不容小觑。要积极推进茶农向家庭农场这一新型农业经营主体转型。

（二）我国茶叶区域品牌的形成机理状况

学者们从不同角度论述了农产品区域品牌的形成规律，提出了农产品区域品牌成长的三阶段、四阶段、五阶段模型，系统分析了农产品区域品牌成长各阶段中政府、行业协会、企业等主体的主要作用。基于农产品区域品牌的核心价值，农产品区域品牌的发展模式可概括为资源优势型、文化优势型、科技优势型等。

基于已有研究成果，总结出茶叶区域品牌形成机制，如图 7-1 所示。茶叶区域品牌的形成建立在一定的基础条件之上，通常包括特定的自然资源、悠久的茶的人文历史，以及先进的科学技术。在以上要素的共同作用下，各地形成了具有地方特色的茶叶产品。经过政府、茶业协会、茶业企业和茶农的共同推动，不少地区的茶叶区域品牌特征和产品特色逐渐凸显，并以区域市场为依托，向更大的市场不断拓展。茶叶产业既是传统产业，同时兼具现代产业的特点，在世界范围内拥有极大的市场潜力。现代茶叶产业的发展要充分挖掘茶叶种植历史和地方茶文化的特色，释放茶叶区域产业发展的活力，带动茶叶区域品牌的发展成熟。

茶叶产业集群发展是现代茶叶产业发展的基本特点之一，集群式的发展可以最大限度发挥区域资源的优势，共享的基础设施和行业信息不仅降低了生产成本，还为茶叶市场的开发提供了有利的条件。在茶叶区域生产优势不断凸显的行业态势下，明确茶叶区域品牌定位，加快茶叶区域品牌建设与推广步伐，对茶叶产业的发展具有重要的意义。

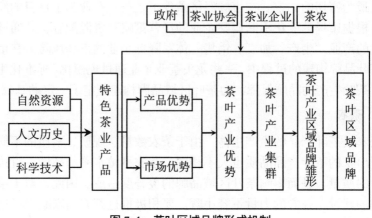

图 7-1　茶叶区域品牌形成机制

二、茶叶区域品牌发展阶段特征

茶叶区域品牌在不同成长阶段具有不同特征，如图 7-2 所示。

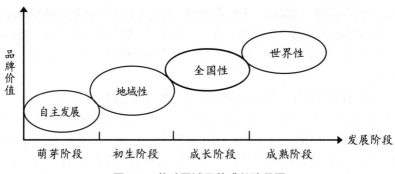

图 7-2　茶叶区域品牌成长阶段图

（一）萌芽阶段

萌芽阶段是茶叶区域品牌发展的开始阶段，茶叶区域品牌处于自主发展的状态，政府没有对茶叶区域品牌进行注册认证，茶叶区域品牌的概念也并未形成。萌芽阶段茶叶区域品牌的发展，主要是茶叶产品在区域气候、种植技术、文化内涵等因素的影响下逐步获得一定的市场认可，并初步形成区域特色的过程。随着茶叶区域产品市场特色的逐步形成，其销量逐渐提升，为了更好地满足市场需求，茶农开始扩大茶叶种植面积，茶叶生产企业的产品供给也不断增加。随着茶叶区域种植面积的增加和企业数量的增多，市场竞争进一步显现，并逐渐成为制约茶叶区域产业做大、做强的阻碍因素之一。这一时期，茶叶产业发展的特点体现为：茶叶种植面积小、增长快，茶叶企业规模小、增速快。

（二）初生阶段

随着茶叶区域产业规模的扩大，茶叶销售量不断增加，形成了一定的品牌美誉度，并且引起了地方政府的关注。在这一阶段，地方政府开始参与到茶叶区域产业的发展和区域品牌建设中来，茶叶区域品牌的发展理念开始逐渐清晰，茶叶品牌经注册认可正式形成。为了进一步拓展茶叶区域品牌的市场影响力，地方政府开始采取一系列的措施促进茶叶区域品牌的传播，使当地茶叶产品逐步在众多的国内茶叶品牌中形成自己的特色。在茶叶区域品牌的初生阶段，茶叶产品的附加价值逐渐提升，价格不断上涨，茶叶企业的数量快速增加，并逐渐形成具有一定影响力的龙头企业。茶叶区域品牌初生阶段，茶叶区域企业之间的竞争较为激烈，一部分有创新精神的企业开始由传统的生产经营模式逐步向标准化、专业化和现代化转型。

（三）成长阶段

成长阶段的茶叶区域品牌，其影响力和美誉度已经在国内市场得到认可，并逐渐向国际市场拓展。这一阶段，茶叶区域品牌的知名度较高，产品附加值也比较高，产品价格处于相对高位，市场上开始出现仿制品或假冒伪劣产品。茶叶区域品牌的成长阶段，形成了旺盛的市场需求，客户群体不断扩大，其市场占有率不断提升。为了满足旺盛的市场需求，区域内的茶叶企业开始尝试规模化经营，茶叶的产量不断提升。在茶叶企业规模化发展的带动下，区域内的茶叶种植面积不断提升，并逐渐成为带动地方经济发展的重要推动力。在地方政府和茶业协会的引导下，以龙头企业为支撑，不同规模、不同特色的企业之间合作越来越紧密，逐步形成了产业集群发展的优势。

（四）成熟阶段

在茶叶区域品牌的成熟阶段，区域茶叶品牌拥有了较高的市场认可度和影响力，赢得了众多消费者的认可，茶叶的销售量逐渐达到峰值。随着茶叶区域品牌的不断成熟，市场竞争逐渐升级，部分企业积极调整、不断创新，逐渐在全国乃至世界茶叶市场得到认可。这一阶段，一部分规模小、竞争力弱的中小企业，开始通过为大企业代工贴牌生产获得生存空间，茶叶区域企业之间的合作与联系更加密切。龙头茶叶企业的出现，使得品牌区域内的生产合作模式发生了转变，以现代生产和经营理念为基础的新型经营模式逐步取代传统模式，茶叶区域产业不断向着现代化发展。

三、茶叶区域品牌发展现状

（一）中国茶叶产量逐年递增

中国茶叶产量逐年递增，如表 7-1 所示是我国近几年茶叶产量统计表。

表 7-1　我国近几年茶叶产量统计表

单位：万吨

	2014 年产量	2015 年产量	2016 年产量	2017 年产量	2018 年产量	2019 年产量	2020 年产量
产量	209	224	241	255	261	280	297

数据来源：国家统计局网站。

国家统计局数据显示，2020 年我国茶叶产量为 297 万吨，增产 7.1%。我国茶叶产量逐年稳步增长，每年茶叶总产量的增长率呈上升趋势，茶叶年总产量也从 2014 年的 209 万吨增长到了 2020 年的 297 万吨，近九年茶叶总产量增长率达到 42.1%。

我国自古以来就有喝茶的习惯，作为世界主要的茶叶生产国和消费国，虽然在茶叶产量上领先于其他国家，但较少形成具有全球影响力的茶叶品牌。相较于国外的高端茶叶品牌，我国茶叶品牌的影响力和附加值较低，我国茶叶企业要充分认识到茶叶品牌建设和推广的不足，通过改善生产技术、提升管理水平、提高营销意识等手段不断释放我国茶叶品牌建设和发展的潜力，打造具有全球影响力的茶叶品牌。

（二）茶叶区域品牌和企业品牌并行发展

中国茶叶品牌可划分为两种类型：区域品牌和企业品牌。

茶叶的种植和生产受区域自然风物和气候条件的影响，在悠久的饮茶、制茶历史中，我国茶叶适产区的先民，根据茶叶区域种植和生产的特点因地制宜，形成了独特的茶叶加工工艺、具有高辨识度的地域特色。2003年，国家工商行政管理总局修订发布了《集体商标、证明商标注册和管理办法》，将地理标志纳入法律保护的范围之内，对申请以地理标志作为集体商标等做了严格规定，为各地特色产业区域品牌的形成奠定了基础。经过多年的探索，茶叶产业领域涌现出了一批极具地域特色的茶叶品牌，极大地丰富了我国茶叶市场，为我国茶叶产业的发展做出了重要贡献。

2018年底，由浙江大学CARD农业品牌研究中心牵头，联合中国农业科学院茶叶研究所《中国茶叶》杂志、浙江大学茶叶研究所、浙江永续农业品牌研究院对国内107个有效评估茶叶品牌进行了评估，并于2019年4月公布了相关的品牌数据。此107个区域品牌的平均品牌价值为17.75亿元，较上一年度增加了1.44亿元。其中，西湖龙井、普洱茶、信阳毛尖、福鼎白茶、洞庭山碧螺春、大佛龙井、安吉白茶、蒙顶山茶、六安瓜片、安化黑茶为茶叶区域品牌最具品牌价值的前十位（见表7-2）。另有洞庭山碧螺春、缙云黄茶、西湖龙井被评为最具品牌溢价力的三大茶叶品牌；福鼎白茶、安吉白茶、大佛龙井被评为最具品牌带动力的三大茶叶品牌；普洱茶、浮梁茶、西湖龙井被评为最具品牌资源力的三大茶叶品牌；普洱茶、福鼎白茶、都匀毛尖被评为最具品牌经营力的三大茶叶品牌；正山小种、祁门红茶、六堡茶被评为最具品牌传播力的三大茶叶品牌；武夷山大红袍、安化黑茶、凤冈锌硒茶被评为最具品牌发展力的三大茶叶品牌。

表7-2　2019中国茶叶区域公用品牌价值前10位的区域品牌

排名	茶叶品牌	品牌价值/亿元	排名	茶叶品牌	品牌价值/亿元
1	西湖龙井	67.40	6	大佛龙井	43.04
2	普洱茶	66.49	7	安吉白茶	40.92
3	信阳毛尖	65.31	8	蒙顶山茶	33.65
4	福鼎白茶	44.96	9	六安瓜片	33.25
5	洞庭山碧螺春	44.49	10	安化黑茶	32.99

我国茶叶品牌的稳定发展离不开各地政府的积极引导，离不开地方茶业协会的积极协调，离不开茶叶区域企业的积极建设，更离不开广大茶农的辛勤劳作。茶叶区域品牌的形成和发展，不仅能够活跃区域经济的发展，更有利于企业市场竞争力的提升和广大茶农收入的增加。茶叶区域品牌的发展，是一项有利于多方利益的事业。

与区域品牌相对应，中国茶叶的企业品牌在近年来也表现出稳定发展的态势。根据中国茶叶品牌价值评估课题组的统计，2019年参与评估的173家中国茶业企业（有效评估品牌170个），产品的品牌总价值达1899.25亿元，平均品牌价值为 17.75 亿元，较 2018 年上升 1.9%。其中品牌价值在 40 亿元以上的企业品牌达 7 个，创下历年来数量之最。改革开放初期，我国茶叶产业在国外品牌的冲击下艰难发展，后来在茶叶区域品牌理念的引导下，我国茶叶品牌迅速发展，从无到有，从多到精，一批口碑好、信誉好的茶叶企业开始崛起，中国茶叶品牌在国际茶叶市场逐渐得到了人们的认可和赞誉。

四、茶叶区域品牌发展中存在的问题

我国茶叶区域品牌的发展是随着社会主义市场经济体制的确立而发展起来的，相较于国外成熟的市场体系和经营理念，国内品牌化意识的形成起步较晚。我国茶叶区域品牌和企业品牌虽然在社会经济的带动下迅速发展，但仍然存在许多不容忽视的问题。

（一）区域品牌内部产品质量良莠不齐，不利于品牌形象的建立

区域品牌作为一种具有区域公共经济属性、社会属性和文化属性的"公共物品"，不存在排他性。茶业区域品牌形成后，在一定的地域范围和历史文化传承范围内，所有的茶业企业都可用茶叶区域品牌作为进入市场的敲门砖。茶叶区域品牌的这种特性，为中小茶业企业进入市场提供了方便的条件，极大地活跃了品牌区域内中小茶业企业的发展，对带动地方就业、增加地方居民收入具有重要的作用。同时，当大量技术水平和经济实力有限的中小茶业企业和散户进入市场后，良莠不齐的产品势必会对品牌形象的树立造成一定的影响，同时松散的经营方式也会对区域产业的规模化生产和集约经营产生影响。

茶叶品质的鉴别门槛相对较高，需要通过专业机构的数据检测才能确定茶叶的品级，普通消费者大多是通过品牌口碑和市场认可度来对茶叶的品质进行基本认定。如果区域品牌内部的企业生产出的产品质量不过关，无疑会使消费者对茶叶品质的信任度降低，对茶叶区域品牌形象的维护产生不利的影响。

（二）企业品牌发展求新求快，脱离产品实质

2018 年，一夜爆红的"小罐茶"作为绝对的黑马闯入消费者的视野，该品牌的年销售额也超过了 20 亿美元，在当年的茶叶品牌评选活动中斩获多项荣誉。北京小罐茶业有限公司成立于 2014 年底，短短三年的时间便在品牌林立、竞争激烈的茶业市场中迅速杀出重围，其品牌发展与推广中的

成功经验值得广大茶业企业学习和借鉴。随着小罐茶的日益火爆，部分消费者认为小罐茶宣传当中的"大师作"名不副实，虽然小罐茶官方对此进行了解释，但是小罐茶涉嫌虚假宣传的负面言论仍成为消费者热议的话题。

小罐茶营销成功的关键在于精准的品牌定位，其生产、包装、定价以及营销手段极具创意，将高端茶叶品牌的形象塑造得淋漓尽致，这使得小罐茶在短时间内取得了成功。但是从小罐茶的后期宣传争议来看，品牌的形成需要经过时间的考验和积累，尤其是在茶叶领域，在注重市场手段的同时也要深耕产品品质，只有将过硬的产品品质和有效的营销手段结合起来，才能保证企业品牌的稳定发展。

（三）品牌定位缺乏差异性

当前，我国规模性茶业企业一窝蜂瞄准高端市场，造成高端茶叶品牌市场产品扎堆，竞争异常激烈。茶叶作为人们日常生活中一种经常饮用的饮品，其价格定位不宜过高，否则会造成品牌定位与普通消费者消费需求的脱节，影响产品的销售。

我国作为饮茶历史最为悠久的国家之一，茶叶消费需求旺盛，茶业企业在进行产品品牌定位的过程中，要充分考虑消费者的实际需求，通过多元化的品牌定位不断优化产品结构，激发市场活力，才能把茶业市场不断做大，为企业的长期发展创造更好的条件。

第二节　普洱茶区域品牌经营状况分析

一、云南普洱茶经营的文化背景

普洱茶在我国具有悠久的历史，关于"普洱"这一名字的来源已无法准确考证，但大部分学者认为"普洱"一词应该是沿袭某一历史时期的地名或来源于茶叶创始人。在云南普洱茶种植区域，至今仍然生长着树龄千年的古茶树，这些古茶树见证着普洱茶发展的历史，具有重要的历史价值和文化价值。

在交通不发达的时代，普洱茶主要通过茶马古道出滇，随着茶马古道的兴盛传入各地，并逐渐发展成为云南地区的一张地域名片。古代普洱茶贸易非常兴盛，唐宋时期云南成为我国重要的茶叶贸易基地之一，清朝时期普洱茶开始销往东南亚地区。

经过长时间的发展，普洱茶成为云南地区独具地方特色的产品，同时也形成了一定的品牌效应。普洱茶成为云南区域品牌的一个代名词。

普洱茶具有深厚的历史文化底蕴，具有天然的文化属性。普洱茶品牌与普洱茶文化是相辅相成、相互促进的两个要素，普洱茶文化的发展和传播为普洱茶品牌的推广提供有利条件，普洱茶品牌的发展则为普洱茶文化的发展提供更加坚实的支撑。

二、云南普洱茶市场供需状况

（一）普洱茶的产销状况

（1）普洱茶的种植和生产状况。云南普洱茶主产区主要分布在北纬25°以南的滇南茶区，包括思茅、红河、西双版纳和文山四个地州的 22 个县市。

云南普洱茶主要有乔木型古茶树和人工灌木栽培型两种。2010 年，云南省的茶叶种植面积达 560 万亩，比 2009 年增加 26 万亩，增幅为 4.87%；投产面积为 403 万亩，同比增长 12.57%；茶叶总产量为 20.73 万吨，比 2009 年增加 2.43 万吨，增长 13.28%，其中普洱茶产量为 5.08 万吨，增幅 12.9%。2007 年普洱茶产量激增，导致 2008 年普洱茶的成品库存压力较大，价格低迷，因此产量锐减，仅有 5.28 万吨，同比减少 46.7%。2010 年，云南省遭遇百年一遇的全省性特大旱灾，普洱产量进一步减少为 4.5 万吨。2019 年，云南普洱茶产量约为 15.5 万吨，较前一年度上涨 1.5 万吨，同比增长 10.7%，占云南省同年茶叶产量的 36.8%，占全国茶叶总产量的 5.55%；云南普洱茶农业产值约 78.3 亿元，占全国茶叶农业总值的 3.26%，相较于 2015 年的产量 12.93 万吨和农业产值 46.4 亿元，分别增加了 19.88% 和 68.8%。

2007 年，由于市场需求激增，云南普洱茶生产进入急速扩张状态，上半年云南生产的茶叶绝大部分加工成普洱茶（上半年云南普洱茶产量 5.48 万吨），但其价格受泡沫影响严重，随后便出现了云南茶总产量增加，普洱茶产量反而减少的现象。出现这种情况是因为云南省普遍种植大叶茶树，各地可以根据市场需求变动，积极调整产品结构（普洱茶、红茶、绿茶不同品种之间的转换），随着普洱茶市场经济效益的增长，各地增加了普洱茶的产量比重，同时减少了红茶和绿茶的产量比重。2012 年，云南省未出现影响普洱茶生产的极端恶劣天气，普洱茶休眠时间相对延长，采摘茶叶期间天气较好，加上茶园的管护水平以及加工技术水平的提高，使当年普洱茶品质总体好于往年。

（2）普洱茶的加工状况。普洱茶加工水平的提高应归功于 2007 年以前普洱茶市场价格高速上涨，使大量资金投入普洱茶产业。据云南省统计局统计数据，2006 年投入到云南普洱茶产业的资金高达 10 亿元，新增加工工厂约 400 家；2012 年云南普洱茶产量已经超过 8.13 万吨，年加工能力在 200 吨以上的普洱茶生产加工企业约有 100 家；2021 年云南普洱茶产量达到 16.1 万吨。普洱茶按照生熟来分，可以分为普洱生茶制作工艺，以及马帮运输或干燥存储中自然陈化形成的传统普洱茶和熟普洱茶制造工艺；按照普洱茶加工过程是否进行人工熟化，可以将普洱茶加工工艺分为传统制作工艺和现代制作工艺。无论采用何种加工工艺，都要把握各环节的关键点，比如普洱茶杀青时要对其进行挑选，将老嫩茶叶分类，遇到潮湿天气需对鲜叶进行摊晾，清理杀青锅，杀青锅温度一般为 100 度，杀青时间为 5～10 分钟，以免影响普洱茶的品质。

（3）产品形式。随着需求的不断变化，普洱茶产品的形式也日益多样化，市场上主要有以下六种形式：散装茶（常规的散装普洱茶和袋泡、速泡普洱茶，按茶的品质一般分为十个等级）、紧压茶（传统的紧压茶和小型化、微型化的紧压茶，主要有沱茶、砖茶、饼茶和方茶）、浓缩茶与速溶茶、普洱茶饮料、花香型普洱茶以及相关的普洱茶食品，其中普洱茶膏、普洱茶食品是近几年出现的，主要利用超细粉碎技术将普洱茶磨成细粉后，添加到如饼干、糕点等食品中，使"饮茶"向"吃茶"方向发展。

（4）普洱茶的销售状况。普洱茶的销售状况主要包括普洱茶的市场销量、现行价格和销售渠道三个方面。

第一，普洱茶市场销量增加。为应对 2007 年后普洱茶市场的不景气，众多普洱茶企业积极调整营销策略，走出批发市场，走向专卖店经营。经云南省茶业协会统计数据显示，2008 年国内销售区域与 2007 年相比扩大一倍，消费群体与 2005 年相比增长了 3 倍。以普洱茶传统销售区域的广州为例，2008 年熟茶销售量比 2007 年增长约 30%。由传统的茶叶消费向饮品消费转变也是普洱茶销售量增长的主要原因之一。

普洱茶出口量增加。2010 年普洱茶出口量增长显著，海关统计数据显示：2010 年普洱茶共出口 0.46 万吨，出口金额高达 2621 万美元，分别比 2009 年增长了 31.31%和 33.99%。自 2015 年以来，我国普洱茶出口数量整体呈下降趋势，出口金额较为波动，2019 年出口数量降至 0.28 万吨，同比下降 5.74%，出口金额则上升到 5223.2 万美元，同比增长 86.24%；2020 年 1—10 月我国普洱茶出口数量累计为 0.27 万吨，出口金额为 8365.8 万美元。

第二，普洱茶市场价格回升，品牌效应明显的普洱茶价格回升更为显著。普洱茶经过 2007 年的价格高峰，2008 年只能在危机中求生存，2009 年后价格稳步回升，如老班章春茶，2011 年收购价格基本回升到 2007 年的价格水平。

2013 年，在春茶上市中，普洱茶价格上涨较为显著，特别是野生品种的普洱茶价格暴涨（2007 年野生品种和人工栽培的台地茶的价格都暴涨，与之区别）。新茶中，最便宜的台地茶由 2012 年的 240 元/公斤涨到 2013 年的 300 元/公斤，广州、北京等地的普洱茶市场销售价格涨幅均超过 50%；而在普洱茶产区云南，2010 年普洱茶的收购价格一般在 50～60 元/公斤，2013 年春涨至每公斤 100 多元，其整体的收购价格涨幅至少在 30%，有的产区价格涨幅甚至高达 100%，其中古树茶产地的平均价格涨幅约为 30%～60%，而一些名山上的古茶树产的古茶每公斤的价格可达 8000～10000 元，尤其是高端品牌和高端普洱茶价格更是翻番，与 2012 年相比涨幅超过一倍，有的甚至超过 2007 年普洱茶高峰时期的价格水平，成为 2007 年后价格涨幅最大的一年。

普洱茶价格回升的原因主要有四个方面。

政府的科学调控。云南省人民政府经过严密的考察论证，对全省的普洱茶种植面积和企业生产的产品结构进行了调整，引导企业加大创新投入研制特色产品。连续的政策调整使全省的茶叶产品品质提升，但产量减少，在市场供求关系的影响和作用下，普洱茶价格开始回升。

需求量增加。在市场经济中，价格的最终决定因素是市场需求，因此普洱茶价格回升的根本原因是市场消费需求的增长。

成本上涨。根据市场经济的基本规律，成本也是决定价格的主要因素之一。普洱茶价格的上涨，是受到成本上涨的影响，比如劳动成本的提升、物流价格的上涨、营销费用的增加等。

品牌效应明显。近年来，随着优秀传统民族文化和习俗的复兴，传统品牌的市场青睐度逐渐提升，普洱茶作为优秀传统茶叶品牌的代表，在市场上逐渐形成了消费热潮。

第三，销售渠道多样化。我国茶叶行业近几年快速发展，产业规模不断扩大、利润不断提高。随着电子商务的兴起和发展，传统的经营模式正在悄然发生改变，很多茶业企业开始拓展网络销售渠道，最突出的表现是从单店单一模式转向移动平台销售模式。

传统的茶叶销售主要依靠实体店，但实体经营的成本较高，销售渠道和辐射范围较小，对于普洱茶销量提升和品牌构建不利。随着互联网的兴起和发展，网络购物逐渐成为人们的主流消费方式，在这种发展趋势的影响之下，一大批茶叶网络销售平台开始出现，促使传统的线下市场向移动互联网拓展转移。

销售模式的转变虽然对实体经营产生了较大的冲击，但实际上对于茶叶实体店的经营者来说，网络销售拓展了品牌的市场影响力，将区域品牌的茶叶销售与全国范围内的消费群体连接起来，最大限度地满足了市场的消费需求。

电子商务经营对于塑造茶叶区域品牌形象具有非常积极的促进作用，不仅能够帮助茶业企业和经营者拓展消费市场，还可以帮助区域内的中小企业开展自主经营，增强企业活力。

在"互联网+"时代背景下，电子商务和网络购物已经不是什么新鲜词。现代购物方式的改变，让普洱茶的经营更加多元化，不仅为普洱茶品牌的推广提供了更多更好的渠道，也为普洱茶的品牌形象塑造提供了有利条件。

（二）普洱茶的需求状况

（1）一般消费性需求分析。2020年我国茶叶消费量达到220.16万吨，销售额超过2888.84亿元。普洱茶的需求量在逐年递增。以东莞为例，普洱茶需求量的增加可以从东莞各城镇地区的茶叶市场需求反映出来。以前主要集中于石美老茶叶市场、万江阳光海岸茶叶市场和道滘华南茶叶交易中心，现在遍布于常平和塘厦等地茶叶市场。

普洱茶的根本属性是饮品，其次是其收藏价值。因此，普洱茶的一般消费群体可以分为以下几种：第一，一般需求的消费者；第二，有接待需求的消费者；第三，偏好普洱茶的消费者；第四，喜欢收藏普洱茶的消费者。普洱茶的消费市场主要集中在终端市场，节日、礼品市场，拍卖市场、收藏市场、网络市场。通常在普洱茶的消费过程中，消费者会比较注重普洱茶的品牌档次以及价格，会在节假日走亲访友时，将中高档品牌的普洱茶送朋友或家人；高端普洱茶主要出现在拍卖市场或收藏市场等。

（2）投资或炒作需求分析。普洱茶具有越陈越香的特性，是"能喝的古董"，尤其是某些著名品牌的陈年普洱更是具有投资或收藏价值。据相关数据统计，存放得当且品质较好的普洱茶，每年的涨幅在 15%～40%，如果普洱茶品质特别好，价格涨幅甚至可以翻番。比如金瓜贡茶、同庆号老圆茶、福元昌圆茶等。有些人开始借机对普洱茶进行炒作，普洱茶的拍卖价格较高不排除有炒作的嫌疑。

目前普洱茶市场相对理性。随着普洱茶投资市场悄然兴起，投资者也应在茶业企业品牌的知名度、茶产品价格的合理性方面严格把关。对于热衷于炒作的人来说，由于股市低迷，很多人更愿意选择投资普洱茶，但他们相当谨慎，对茶产品的品牌，品质、年份都提出较高要求。

三、影响云南普洱茶品牌经营的因素状况

我们可以从品牌构建的角度对普洱茶市场销售和品牌建设的主要因素进行剖析。普洱茶品牌的构建，主要包括基础要素、核心要素、延伸要素、传播要素和个性要素。

（一）普洱茶品牌经营中的基础要素

（1）产品内在。通过技术创新，建立和完善茶树种质资源圃，收集保护优异种质资源，开展创新与利用，为保证优质茶叶生产提供保障。在科学技术的加持下，普洱市茶叶科学研究所选育出的云梅、云魂、矮丰、普茶 1 号、普茶 2 号等多个良种，大幅度提升了原材料品质的稳定性和优质性。同时，普洱茶生产企业通过标准化、规模化生产，实现了茶叶发酵、杀青等过程全程检测，最大程度保证了茶叶制作的品质。

（2）产品外在。通过技术手段可以改变成品的外观，使其更具特色，还可以通过无毒塑料彩印纸盒、金属茶盒、土陶、竹、木工艺美术包装等丰富产品的外包装。要以品牌定位为根，延伸品牌形象设计。品牌形象要能够更好地展现品牌卖点、价值理念和差异化优势，便于消费者理解记忆。普洱茶企业要结合自身特点和品牌诉求，或是紧跟时代潮流，以时尚、简约、雅致等形象贴近消费者生活；或是融入普洱茶传统文化精髓，民族文化理念，提高品牌附加值。

（二）普洱茶品牌经营中的核心要素

1. 发展要素

普洱茶在品牌形成和发展的过程中伴随着历史和文化的积淀，很容易给人

留下具有"厚重的历史感"的品牌印象。茶叶的品牌价值与其发展历史、文化内涵具有非常紧密的联系，普洱茶悠久的历史和历代文人墨客的书写称赞，形成了普洱茶品牌的文化价值。

2. 功效要素

功效要素是产品应具备的基本使用价值，就普洱茶来说，茶性温和、养胃、护胃、暖胃，同时具有清热、消暑、去腻、止咳生津、益气等功效。这些功效在普洱茶长期的市场销售过程中，逐渐成为一种基本认识，代表消费者对普洱茶功效的认可。

3. 行为要素

行为要素主要是指茶业企业和经营者在普洱茶销售过程的各种行为，如服务水平、市场推广策略等。企业建立普洱茶质量安全追溯制度，为普洱茶消费者的权益负责，为企业的发展和区域品牌形象的构建负责。

4. 市场指标

市场指标是衡量产品品牌占有率的一项重要指标，该指标是一项综合性的指标。比如普洱茶的销售额增长率、市场覆盖率、市场占有率和消费者的复购率等。

（三）普洱茶品牌经营中的延伸要素

（1）品牌的横向延伸是指一个品牌涵盖的内容，表现为品牌组合的广度，比如大益普洱茶涉及品饮、收藏、礼品等各领域。

（2）品牌的纵向延伸是指一个品牌支撑的品牌项目，表现为品牌组合的深度，比如"名门普洱""东方茶尚""庆沣祥""茗悦红"等组成的"七彩云南"品牌。

（3）品牌定位延伸是指对原有品牌的定位进行改变或扩展，以此向目标市场靠近。比如扩展或改变普洱茶品牌的等级和品味、品牌运营的理念等。

（4）品牌社会延伸是指该品牌对社会的影响力。比如普洱茶企业参与社会文化和教育活动的程度、支持社会公益事业和社会福利的积极性、对灾害问题的参与解决能力等。

（四）普洱茶品牌经营中的传播要素

（1）广告传播。广告是现代营销的重要手段，在普洱茶品牌的构建过程当中，可以使用多种媒介进行广告宣传，如报纸、广播、电视、互联网、手机移动终端等。现代技术的发展为普洱茶品牌的发展和传播提供了丰富的手段，要充分利用宣传媒介，塑造立体化的普洱茶品牌。另外，在传播过程中，普洱茶品牌构建主体可以根据不同媒介的特点，利用广告对普洱茶的特点、历史、文化等方面进行宣传，树立文化底蕴深厚的茶叶品牌。

（2）公共关系传播。公共关系也叫公众关系，是指有一定社会名望的组织、机构或者个人通过多种渠道与公众构建良好的关系。在普洱茶品牌的构建过程中，要注重公共关系的维护，并通过塑造良好的公共关系促进品牌形象的提升。在塑造良好公共关系的过程中，普洱茶企业可以通过公关活动、公益活动来提升企业的品牌竞争力，打造良好的公众形象。

（3）营业推广传播。在注重利用现代技术手段宣传推广普洱茶品牌的同时，也要注重传统品牌塑造手段的运用，比如在销售过程中通过赠品、折扣等促销方式让顾客得到实惠。

（4）人际沟通传播。人际沟通传播是指通过消费者之间的口口相传提升品牌知名度的一种方式。在市场运营过程中，普洱茶企业要注重产品质量、完善售后服务，通过高质量的产品和优质的服务获得消费者的好评，以达到人际沟通传播的目的。

（五）普洱茶品牌经营中的个性要素

（1）企业文化特征。在普洱茶品牌的构建过程中，企业的形象与品牌形象关系密切，因此在构建品牌形象的过程中，普洱茶企业要致力于企业文化的积淀。

（2）企业品牌策略。普洱茶品牌策略对普洱茶品牌形象的构建具有重要的意义。完善普洱茶品牌策略，需要普洱茶企业建立有效的品牌构建机制，保证品牌决策的顺利实施以及品牌推广效果的及时反馈，为企业不断完善和调整品牌策略奠定坚实的基础。

（3）企业运营能力。企业的运营能力是企业管理水平的体现，普洱茶企业必须不断完善自身管理，建立现代化管理体系，才能为企业品牌形象的塑造与推广提供良好的运营基础。

四、云南普洱茶品牌经营存在的问题

第一，消费者对普洱茶品牌的认知度较低。从普洱茶品牌建设的现状来看，消费者大多只知道普洱茶是云南地区出产的茶叶，茶叶品质较高，但却不知道有哪些著名的品牌。究其原因，既有历史文化认识因素的影响，也有品牌宣传上的不足，同时市场上普洱茶产品品质的良莠不齐也是造成这一现象的重要原因。

第二，普洱茶生产和经营企业缺乏明星品牌。普洱茶在历史文化因素的作用下，已经被公众所熟知，但是这并不代表独立的普洱茶品牌也能为公众所熟知。近年来，随着大益、龙润等品牌迅速发展，普洱茶品牌虽然有了一些具有明星品牌的潜力，但实际上这些企业的市场占有率和影响力并不大，很多消费者在购买普洱茶时，并不会因为其品牌优势而优先考虑购买。

在普洱茶企业的经营过程中，很多企业虽然都意识到品牌对企业发展的重要作用，但是从品牌的推广来看，并没有取得实质性的效果。很多普洱茶中小企业由于资金、技术以及管理体系等原因，在品牌构建过程中困难重重，甚至很难迈出第一步。

第三节　普洱茶区域品牌构建的策略与建议

一、普洱茶区域品牌构建的策略

普洱茶与人们的日常生活关系密切，其品质影响着人们对普洱茶品牌的认可程度，因此在普洱茶品牌构建的过程中，保证产品的品质是构建良好品牌形象的基石。在区域品牌的构建过程中，如果不能保证产品品质，市场会迅速做出反馈，品牌建设也将缺乏动力。在区域品牌的构建过程中，首先要保证区域品牌产品的市场认可度。从这一认识出发，普洱茶企业想要塑造良好的品牌形象，必须要保证产品质量，努力打造明星产品。

云南地区适宜的气候条件和地理风物使得普洱茶具备天然优质产品的基础，普洱茶企业要充分依靠优质的基础条件保证产品质量，通过优质的服务和科学的营销手段在竞争激烈的茶叶市场树立品牌优势。

（一）普洱茶品牌定位

品牌定位是企业品牌构建的第一步，品牌定位是否科学合理关系到企业品牌建设的成败。企业品牌定位要以品牌建设的基本目标为基础，通过合理的品牌定位促进品牌建设目标的实现。

普洱茶是一种非常有益的健康饮品，与人们的现代健康生活理念相契合。普洱茶企业可以根据普洱茶的基本功效来确定目标市场，将健康生活的理念融入品牌塑造与构建中。企业品牌定位需要明确产品的目标市场，通过构建品牌形象影响目标市场消费者的购买倾向，从这一点上来说，企业的品牌定位与市场定位实际上有很多相似之处，因此在普洱茶品牌定位的过程中普洱茶企业要充分考察市场的消费需求，明确目标市场和方向，达到品牌形象塑造的效果。

（二）普洱茶品牌设计

当今时代的包容性极高，个性在这个时代得到了极大彰显，个性消费也成为一种主要的消费文化。在普洱茶品牌构建过程中，突出产品消费的个性和品牌个性，对品牌构建具有重要的影响。茶叶消费个性和品牌个性的不同会吸引不同的消费群体，产品的品牌价值也会存在差异。如红茶与普洱茶在功效上并不相同，因此二者在品牌定位和品牌个性上也会有差异。品牌的差异性是现代品牌建设的重要策略，差异化的产品适合需求个性产品的消费者，能够帮助企业在激烈的市场竞争中打开局面。在品牌设计过程中，不仅需要注重品牌的个性，还需要考虑普洱茶的文化内涵，但无论是个性化的品牌设计还是文化内涵的注入，都要建立在可靠的产品质量上。

（三）普洱茶品牌的商标设计

商标是商品品牌的视觉体现，是茶叶品牌设计过程中非常重要的一个环节。如果产品品牌名称特色突出，很快就会在消费者心中留下印象，形成一定的市场知名度。普洱茶产品品牌的差异化不仅来自茶叶本身外形和特性的差别，与众不同的商标设计和名称选择也是形成品牌茶叶的重要影响因素。要构建差异化的品牌形象，可以从品牌的商标、名称等要素入手，力求既体现产品的特征，又区别于当前市场上的企业品牌名称，能给人留下深刻的印象。就普洱茶的加工制作来说，大部分普洱茶品牌的用料都是云南大叶茶，"大益"茶的商标名称就是源自普洱茶制作原料的这一特性，与"大叶"谐音，不仅表明了普洱茶产品的生产特征，也间接说明了长期饮用普洱茶对身体"大有裨益"。

（四）普洱茶品牌的传播

品牌只有通过传播才能被人们认识和接受。对品牌进行传播和推广，让更多的人认识和认可产品品牌，从而吸引消费者购买。在更广的市场和消费者群体中打造具有影响力的品牌形象，是品牌建设与企业推广的最终目的。

随着健康生活理念的发展，人们对生活品质的追求越来越高，茶作为一种健康饮品，符合现代社会生活发展的基本潮流。19世纪，咖啡从一种区域饮品发展成为世界型的饮品；20世纪，碳酸饮料成为最大的饮品赢家；21世纪，我们要充分挖掘茶饮的发展潜力，让茶饮和饮茶文化成为人们生活的一部分。社会在发展，时代在进步，人们对健康生活的追求也在不断发展，在茶叶品牌创建与传播的过程中要充分体现茶叶的文化属性，将茶叶与高品质的生活联系在一起，不断培养拓展茶叶市场。

产品品牌的传播会随着产品销售扩大而不断推进，因此茶叶的销售渠道和销售过程也是茶叶品牌传播的途径。普洱茶企业在进行品牌传播的过程中，可以以普洱茶的销售为基础，通过拓展营销渠道、优化营销过程、创新营销策略等方式提升茶叶的销售量和市场占有率，促进企业品牌在更广的消费群体中普及。

二、普洱茶区域品牌构建的建议

（一）增强竞争力

企业的最终目的是追求利益，科技创新往往会增强其市场竞争力，为企业带来利润。因此，利益驱使企业进行科技创新，并成为企业进行科技创新最主要的内在动力。此外，大多数企业的管理者都具有企业家精神，他们内心渴望追求新事物，进行革新。这些企业内部往往会形成一种对创新不懈追求的企业文化，成为企业进行技术创新的动力。

就普洱茶的品牌建设来说，茶叶生产和制作具有特殊性，其工艺在长期的传承过程中已经相对固定，很多茶农都掌握了茶叶制作与加工技术。但是由于生产分散、规模小、生产设备和生产条件简陋，普洱茶的制作工艺很难利用现代技术进行整体改造和提升。

1. 创新技术

（1）提高茶园管理技术水平。茶叶产品是通过对原材料进行加工得到的，因此，想要得到高品质的茶叶产品就必须要保证加工原料的优质性。原料品质的高低取决于茶园的生产管理水平，凡是以产品质量著称的茶叶品牌都非常重视茶叶的原材料的质量。一些大的茶叶品牌，为了保证原材料的质量，会培育自己的原材料生产基地，最大限度保证原材料供应的品质。想要保证茶叶原材料的品质，可以从两个方面入手。

首先，要根据产品的特点选择气候条件和自然风物都适合的原料产地，通过栽种良种提高原材料的品质和产量。但是想要达成这一目标却非常难，因为在茶叶种植区茶农的单户种植规模比较小、不同户之间种植比较分散，且在培植茶叶的过程，由于资金、技术等条件的限制，生产条件得不到改善，所以产品原材料的品质难以得到保障。此外，企业需要通过向大量茶农收购原材料才能保证一定数量的生产材料供应。由于生产原材料来源分散，企业很难精细地对每一个茶农的原材料供应进行全程追踪，原材料品质很难达到精细控制。

其次，即使原材料供应方能够保证茶树品种的优良性和生产条件的标准化，但是如果茶农的生产管理技术水平达不到要求，原材料依旧无法达到企业想要的产品质量标准。因此在茶叶产业提升的过程中，政府、企业和茶业协会应该联合行动，对茶农的生产管理技术进行培训和提升，从数量上和质量上保证茶叶种植的品质。

（2）发展精加工技术。产品精加工是现代生产管理的基本要求，对茶叶进行精加工后，可以得到种类丰富的茶叶产品，市场适应度和盈利能力也会得到提升。茶叶的精加工技术能够提升茶叶产品的附加值，还可以拓展茶叶产业链条，最大限度地提升茶叶产品的盈利能力。

在目前的茶叶市场中，大部分茶叶产品是原茶产品，并且产品的类型趋同，同质化现象非常严重，激烈的竞争使企业的利润无法得到保障，缺乏稳定的盈利空间使茶叶产品的品质参差不齐。因此想要在如此激烈的市场竞争环境中获得良好的发展空间，必须对茶叶进行深加工、精加工。就茶叶产业现状来看，粗糙、单一的产品类型使茶业企业在市场上的升值空间不断缩小，如果茶业企业无法通过技术创新拓展企业的产品品种、延伸企业经营范围，必将会在激烈的竞争中逐渐失去活力。茶叶中含有多种有益成分，目前我国对茶叶中有益成分的提取技术已比较成熟，但是从目前企业经营的产品种类来看，极少有茶业企业涉及茶叶有效成分提取的相关业务，茶叶产业链条得不到有效延伸，使茶叶销售市场无法得到进一步扩大，茶业企业的生存空间越来越小，难以进一步做大做强。

（3）消费需求培育。消费需求的产生分为两种：一种是随着社会和生活的发展，消费者自然出现的需求；另一种是产品企业通过引导和宣传，在消费者市场上培育起来的需求。普洱茶作为一种非必需性的产品，其广泛的市场需求是经过长期的培育和历史积淀形成的。在现代普洱茶企业的经营过程中，企业的管理者要充分认识到普洱茶市场需求的根源，通过合理宣传和引导培育新的市场需求，激发市场活力，提升企业的品牌影响力。

2. 提高质量

质量是企业品牌竞争力的基本保障，也是企业品牌能够经受市场和时间考验的基础。质量不仅体现在产品本身的质量上，也体现在品牌质量上，这里我们所说的品牌质量是指品牌的口碑、市场认可度、美誉度以及良好的社会公众形象。质量是企业生存和发展的基本保障，只有将产品的质量放在企业经营的首位，企业才能具备稳定发展的基础。质量是消费者衡量企业产品和品牌的基本标尺，消费者只有认可企业的产品质量，才会认可企业的品牌，并购买企业生产的产品。

现在市场上同质类型的产品非常多，消费者在购买产品的过程中虽然有丰富的选择，但同时也会出现因为不了解产品的品牌而带来选择困难，因此，品牌知名度和市场美誉度成为消费者购买产品的主要参考。

质量作为产品属性中最重要的一个因素，普洱茶企业在生产经营过程中必须重视产品的质量，并通过优质的服务赢得消费者的支持。云南省普洱茶企业品牌的构建与经营，可以从三个方面进行改善与提升。

（1）严抓原材料质量。在茶产品生产制作过程中，无论是从企业自身的原材料生产基地获取原料，还是向茶农收购原材料，都要保证原材料的质量。对于企业自身的生产基地，企业可以通过先进的技术和现代化的管理保证原材料的生产质量。对于向茶农收购的原材料，企业可以提前与农户签订收购合同，承诺为茶农提供技术支持，以保证原材料生产达到企业的质量标准。

（2）提高生产安全条件。云南省普洱茶企业数量多、规模小、较分散，大部分企业由于技术和资金条件的限制，其茶叶加工的设备比较简单，技术条件相对落后，并且卫生环境差。一些小型的茶叶加工作坊，多使用传统的人工制作方式，茶产品品质很难得到保障。为了提高茶产品的质量和产量，引进现代化的生产设备和生产技术对茶叶产业的发展和现代化具有重要的意义，只有将茶叶加工纳入现代生产管理体系，茶产品的品质和质量才能得到可靠保障。

（3）增强质量意识。质量是产品在市场上立足发展的基础。在普洱茶企业的生产经营中，由于普洱茶价格相比其他茶叶品种普遍较高，很多企业为了追求利益放松了质量要求，以次充好，甚至以假乱真。这对普洱茶的品牌声誉和品牌形象造成了严重的负面影响。企业要树立良好的品牌形象，必须以良好的产业环境和市场环境为基础。普洱茶企业应注重普洱茶区域品牌的口碑和声誉，在维护区域品牌形象的基础上，打造高质量的企业品牌。

3. 培养专业人才

普洱茶产业发展面临着提质增效、可持续发展等重大问题，对高层次技术人才的数量和要求提出了新的需求。在茶叶种植与茶园管理方面需要掌握标准茶园创建及茶园标准化生产管理、茶园绿色防控技术、生态茶园建设、低产和老茶园改造等关键技术，能胜任茶园建设管理等方面工作的应用型创新人才；在普洱茶生茶制作领域需要掌握茶叶清洁化生产、普洱茶及其他茶类茶叶初加工和精制加工、茶产品 SC 认证等技术技能，可胜任茶叶标准化生产管理、茶叶精加工及高附加值茶叶食品或保健品研发方面工作的高级技术人才；在普洱茶销售方面需要大批掌握茶文化基础知识，具备茶艺茶道展示、茶文化传播等技能的高素质人才；为了促进普洱茶产品向国外市场的发展，需要一批具备国际视野又懂得茶叶市场运作和茶叶产业经营的复合型专门人才。

（二）提高延伸能力

品牌延伸能够拓展产品的销售空间，提升产品的盈利能力，激发企业的市场经营活力。产品品牌的延伸需要企业产品质量作为保障，还需要通过对产品功能进行延伸，拓展新的市场领域。

1. 加速新品开发

目前茶叶市场上没有一款具有真正绝对影响力的普洱茶品牌，因此品牌的建设仍然是普洱茶企业在今后一段时间的重要经营内容。随着茶叶市场竞争的日益激烈，越来越多的茶业企业开始意识到在产品同质化严重的市场中获得品牌优势的困难，因此很多茶业企业开始通过研发新产品激活新的市场需求，从同质化的产品竞争中跳脱出来，通过在新兴销售领域的经营逐渐形成品牌效应。新产品的研发和新兴消费领域的开发，拓展了茶业企业产品的销售渠道，为茶业企业品牌的延伸和发展提供了很好的机会。

2. 选择合适的延伸策略

企业产品的延伸策略对企业品牌的发展具有重要的意义，企业在品牌经营过程中，应该立足生产和经营实际，通过合理运用延伸策略达成品牌经营目标。对于产品种类丰富的普洱茶企业来说，可以通过优化产品类型提升企业的综合经营能力，为企业品牌发展和延伸提供更加坚实的基础。对于产品种类相对单一的普洱茶企业来说，要在保证产品质量的基础上，不断完善和优化自身服务水平，以优质产品和服务赢得消费者的认可和青睐，塑造良好的品牌形象。

（三）改善营销

合理科学的营销方式和手段，可以快速提高品牌的知名度，帮助产品顺利进入市场。普洱茶企业可以通过以下几个方面改善营销状况。

1. 科学定位

普洱茶品牌只有在消费者的心中留下印象，才能在消费者选择茶叶的过程中成为消费者优先考虑的品牌。创意理论（Unique Selling Proposition，USP）主张建立独特的产品差异性，让产品的功能差异、外形差异或者功效差异成为其区别于其他同类产品的选择特性，从而获得消费者的认可并使消费者最终选择该品牌。当产品的差异性品牌印象形成并得到消费者的认可后，这种品牌消费的影响力会迁移到其他消费领域，使消费者即使在产品的功能、外形等特征相同时，仍然倾向于选择该品牌。因此，在产品品牌形象构建的过程中，企业最先关注的应该是树立产品的品牌形象，让产品品牌深入消费者的内心。在目前的普洱茶品牌构建过程中，普洱茶企业要注重普洱茶产品的差异化特征，通过树立良好的品牌形象来综合推进普洱茶品牌建设工作，提升普洱茶产品的市场认可度，释放品牌潜力。

（1）寻找差异点联想。中国的茶叶种类非常丰富，按照发酵程度主要的差别，可以分为绿茶、白茶、黄茶、青茶、红茶、黑茶六大类。每一种茶叶都有其自身独特的功效和特性，但是作为一种日常生活饮品，虽然不同种类茶叶之间有某些共同的特性，但它们之间的差异不可忽略。从消费者的角度来说，产品特性的差异能够帮助他们更好地选择适合自己的产品种类；从茶业企业的角度来说，茶叶产品的特性差异能够帮助其更好地塑造品牌形象，满足消费者的消费需求。

在消费过程中，消费者面对诸多的茶叶品牌无从选择，茶叶种类和品牌之间的差异成为影响消费者选择的主要因素。大多数具有品牌优势的企业都在努力通过产品品牌和特性差异培养新的市场需求，以更好地拓展市场，延伸企业的产品销售链条。目前，普洱茶企业在品牌创建的过程中，大多只突出普洱茶的产品功效特性，而忽视普洱茶品牌在文化内涵、历史积淀等方面的差异，使得众多的普洱茶企业在品牌构建时陷入了自己设置的功能同质化陷阱。

（2）寻找共同点联想。随着生产技术的进步和发展，产业细分化程度越来越高，不同生产领域的专业性和差异性也越来越大。在产品品牌构建过程中，虽然专业差异和产品差异能够为企业带来独特的竞争优势，但为了让消费者能够更直观地认识产品、了解产品的产业归属，引导消费者树立基础的消费认知，企业需要从基本的产品属性和产业特点出发，明确产品的基本产业属性。因此普洱茶企业在构建产品品牌的过程中，不仅要明确自身的差异性，也要明确普洱茶饮品的基本属性及其所代表的健康、时尚的生活理念。

当产品品牌在市场的认可度和美誉度达到一定程度的时候，便会衍生出新的品牌。从这个角度来说，新品牌与原有品牌之间的共同联想就显得尤为重要。普洱茶作为一种具有独特饮用功效的饮品，只要技术条件具备、生产设备到位，就能够开发与衍生出更多新产品、新品牌。如当前火爆的茶饮料，如果茶饮料不具备与茶一样的健康保健功效，其在消费市场上就很难得到消费者的认可。

2. 突出特色

从创意理论到品牌形象论，都在强调产品的特性和对企业品牌建立的重要意义。品牌构建的市场意义就在于通过其区别性和差异性，赢得特定市场消费者的认可，拓展企业品牌的影响力。因此企业品牌构建一定要注重产品特色和品牌特色，强调自身品牌与其他品牌的差异，构建独特的品牌形象。

虽然在普洱茶消费市场里，产品种类很多，但这些产品的外形特征、功效特征几乎一模一样。虽然普洱茶相对于其他种类的茶叶而言，具有本身独特的特色，但在普洱茶同类产品里，这种差异性非常小，以至于造成消费者无法分辨品牌的尴尬现状。要改变这种局面，必须突出单独品种的产品特色，每个普洱茶企业都应该尝试结合自身的茶园特点、加工制作特点，打造属于自己的普洱茶产品特色。

（1）结合文化突出普洱茶特色。普洱茶的种植、加工和饮用具有悠久的文化历史传统，在云南少数民族地区是日常生活的必备品之一，也是云南省极具特色的经济作物。在悠久的种植、加工和饮用过程中，普洱茶形成了深厚的文化积淀和历史积淀，并且与当地少数民族的文化习俗和传统习惯密不可分。饮用普洱茶有很多讲究，普洱茶叶片的品质、冲泡的水质、煮茶的方法都会影响普洱茶饮用的口感，这些讲究都是在长期的饮用过程中逐渐积累的，并形成了独特的饮茶文化特色。在现代生活中，人们饮用普洱茶不仅追求健康保健的功效，也非常注重普洱茶的文化品位，因此在普洱茶品牌构建的过程中，普洱茶企业一定要充分结合普洱茶的文化内涵和当地的文化特色，构建独特的普洱茶品牌文化。在云南地区，不同的民族、不同的地域，饮用普洱茶的习惯和方法也有所差异。普洱茶企业应该充分抓住这种差异性，结合企业所在的区域特点和普洱茶文化特色，打造具有独特文化底蕴的普洱茶品牌。

要打造特色鲜明的普洱茶文化，必须要抓住并突出普洱茶文化的核心内涵和产品特色。普洱茶饮茶文化并不只是简单的几套茶具以及讲究颇多的煮茶过程，想要真正了解并突出普洱茶品牌的文化特色，必须深入到普洱茶的生产和种植地区，了解当地的民俗文化和人文风貌，明晰当地普洱茶发展的历史源流，从民俗、历史、文化以及地理等诸多方面，综合考察与探讨当地普洱茶文化特色。只有这样才能真正抓住普洱茶文化的核心内涵，普洱茶品牌文化的构建才能有的放矢。

（2）结合独特功效开发普洱茶特色产品。普洱茶的保健功效非常多，普洱茶企业应该加强技术投入和产品研发，充分挖掘普洱茶区别于其他茶类饮品的功能特征，借此将普洱茶与其他茶叶品种区分开来，形成针对性的目标销售领域，保证产品销售的稳定性。普洱茶与其他茶叶品种都有很多相似功能，如果普洱茶品牌不能突出自身独特的功能性，就无法在市场上形成独特的品牌特点和功能特点，也无法在消费者的心里占据有利的品牌地位，更无法形成独特的品牌效应。

3. 创新营销方式

营销是现代品牌建立的重要手段。在激烈的市场竞争中，中小企业的资金和技术实力很难实现品牌影响力上的突破，我们应该鼓励大型的普洱茶企业整合中小企业资源、种植户资源，通过有效的营销手段打造共同的区域品牌。积极建立现代营销市场体系，不断拓展销售渠道，通过运用电子商务、直播带货等新型营销手段，提高产品销量，扩大市场覆盖率，不断提高品牌的综合竞争力。

参 考 文 献

[1] 蒋文中，张明春普洱茶文化百科[M]. 昆明：云南科技出版社，2006.

[2] 郭禾. 知识产权法[M]. 北京：中国人民大学出版社，2008.

[3] 易亚兰，项朝阳. 试析农产品区域性品牌的创建原则[J]. 华中农业大学学报（社会科学版），2010（1）：36-39.

[4] 李亚林. 区域品牌的形成创建机理研究：以农产品区域品牌为例[J]. 科技创业，2012（11）：58-60.

[5] 董帅. 我国产业集群区域品牌建设的现状与路径研究[D]. 上海：上海社会科学院，2012.

[6] 林文其. 醴陵陶瓷产业区域品牌建设研究[D]. 长沙：湖南农业大学，2015.

[7] 赵芳苑. 区域产业品牌传播策略研究：即墨服装产业为例[D]. 济南：山东大学，2017.

[8] 曹立群. 舟山特色农产品区域品牌建设研究：以舟山"晚稻杨梅"为例[D]. 舟山：浙江海洋大学，2017.

[9] 韩志辉，刘鑫淼. 农业区域品牌价值战略[M]. 北京：中国农业出版社，2017.

[10] 肖蓉. 地方优势农产品区域品牌建设[J]. 湖南农业科学，2018（8）：96-99.

[11] 王欢. 以茶叙事：茶艺审美的诗意化表达[M]. 杭州：浙江大学出版社，2019.

[12] 金刚. 普洱茶典汇[M]. 长春：吉林出版集团股份有限公司，2018.

[13] 冷荣芝. 最新企业知识产权保护研究[M]. 北京：现代出版社，2019.

[14] 缪泽群，缪曼. 普洱茶百科[M]. 广州：中山大学出版社，2019.

[15] 严永和. 传统文化资源知识产权特别权利保护制度的构建[M]. 北京：

中国社会科学出版社，2020.

[16] 李涛，王思明，高芳. 中国地理标志品牌发展报告（2019）[M]. 北京：社会科学文献出版社，2020.

[17] 廖翼，张婕妤，张国政. 茶叶区域品牌与企业品牌的互动效应研究[M]. 北京：中国农业出版社，2020.

[18] 刘强. 人工智能知识产权法律问题研究[M]. 北京：法律出版社，2020.

[19] 李炎，胡洪斌，胡皓明. 中国普洱茶产业发展报告（2019~2020）[M]. 北京：社会科学文献出版社，2020.

[20] 段砚. 普洱市古茶树资源保护的理论与实践[M]. 昆明：云南大学出版社，2020.

[21] 刘晓明. 风险投资 IPO 退出机制与策略研究[M]. 北京：中国金融出版社，2013.

[22] 吴文建. 风险投资退出研究综述[J]. 重庆社会科学，2014（6）:21-26.

[23] 许婷. 我国创业风险投资退出方式比较[J]. 现代经济信息，2012（6）:176.